# 作文教育における
# 文章化過程指導の研究

大 西 道 雄

溪水社

まえがき


　大西道雄博士（前安田女子大教授・元福岡教育大学教授）が独自の研究成果をまとめられた学位論文を『作文教育における創構指導の研究』として、渓水社から刊行されたのは、平成9（1997）年12月のことであった。それは次のように構成されていた。

　　序　章　研究の目的と方法
　　第一章　受容史的観点から見た創構指導研究の到達点と課題
　　第二章　創構指導の理論的基礎
　　第三章　創構の系統的指導の構想
　　第四章　意見文・論説文の創構指導の臨床的実践的研究
　　終　章　研究の総括と結論

この創構指導研究の総括（→結論）を大西道雄博士は、次のようにされている。

　　作文教育における創構指導のあり方を求めて、受容史的観点からその到達状況と問題点、創構指導の理論的基礎、創構指導の系統的目標を解明するとともに、得られた知見にもとづいて、意見文・論説文の創構指導の、臨床的実践的授業研究を実施した。この研究成果を生かすことによって、コンポジション理論による作文教育を、創構を軸とする生成的作文教育に改造することができる。これが、本研究の結論である。

　　　　　　　　　　　　　　　　　　　　　　（同上書、559ページ）

　斯界の注目を浴びた研究成果はみごとな到達点を示し、それは清新な道標となった。しかし、大西道雄博士にとって、それは終着点ではなかった。新たな出発点であった。新著で取り上げられた、文章化過程指導の研究は、大西道雄博士の場合、自ら「はしがき」に述べられているように、「創構指導の研究成果の発展的研究として必然性をも」っており、博士は、「本書では、歴史的研究をも含めて先行研究成果を整理するとともに、本書の研究課題に

資する実践成果を探索し、その成果にもとづいて実験的調査を行い、課題に応えようとした。」と述べておられる。

　大西道雄博士は、研究者として独自の仮説を持し、取り組まれる研究課題・研究計画に関しては、周到な先行研究の調査・考究に徹し、そこから得られた成果を十分に活用して体系化を図られる。研究者としての取り組みが確かであり周到である。

　大西道雄博士のわが国における作文教育に関する研究は、独自の研究構想が確立され、考えられる限りの研究法を工夫し活用して、作文教育における指導のあり方に関する成果を数多く産み出してこられた。発想の新しさ、分析の鋭さ、把握の確かさ、体系化への気くばりなど、一つひとつに大西道雄博士ならではの独自性が見い出される。

　大西道雄博士は、これからの研究課題を「残された研究課題」として、五つ((1)〜(5))新著（293ページ）に挙げられている。研究課題の沃野とも思われるほどである。

　作文教育について、先達が開拓してこられた成果を継承しつつ、さらに独創的で新たな実践を、その研究を、積み上げていかれるよう祈念してやまない。研究を進められるのに多くの協力が得られるのは、すべて博士のお人柄にもとづいていると思われる。今後とも幸せに歩みつづけられるよう祈ってやみません。

　　2004（平成16）年8月16日

　　　　　　　　　　　　　　　広島大学名誉教授　　野　地　潤　家
　　　　　　　　　　　　　　　鳴門教育大学名誉教授

## は　し　が　き

　本書は、前著『作文教育における創構指導の研究』(1997)を展開させたものである。前著において、作文過程を、書く場の条件の発見と認識、創構過程、文章化過程、活用過程の４分節に措定した。本書では、文章化過程に焦点を当てて、書く場の条件がどのように文章化されていくかということについて、その内実を解明しようとした。文章化過程は、構想過程と叙述過程に分節される。構想過程は、創構された、文章の中心的内容となるべき統合想を線条的に展開するための見通しを立てる段階である。その意味で線条化構想とも言うことのできる段階である。線条化構想にもとづいて文章に綴る段階が、叙述過程である。この叙述には特定の様式が形成され、その様式が文章としての形態（ジャンル）を特徴づけるとされている。その叙述様式が、作文過程においてどのように発現するのかということを明らかにすることは、作文の叙述過程の指導法を開発するために重要な課題である。

　本書の内容をなす研究は、創構指導の研究成果の発展的研究として必然性をもつものである。文章形態（ジャンル）を形成するのは、書き手の目的意識であるとする見解は、すでに明治期の西洋修辞学にもとづく著作に説かれていることである。そこで、本書では、歴史的研究をも含めて先行研究成果を整理するとともに、本書の研究課題に資する実践成果を探索し、その成果にもとづいて実験的調査を行い、課題に応えようとした。本書の構成は、次の通りである。

　　序　章　問題の所在と研究の目的及び方法
　　第一章　作文の構想過程指導に関する基礎的研究
　　第二章　作文の叙述過程指導に関する基礎的研究
　　第三章　作文教育における条件作文法の考究
　　第四章　作文における文章化過程指導の実践的検討
　　第五章　作文における文章化過程指導の臨床的実験的解明

終　章　研究の総括と課題

　筆者は、作文は書く場の条件を発見し、それを文章に具現する営みであるという仮説をもっていた。すなわち、文章を書くという言語行為は、条件作文法を駆使することであるという考え方である。本書も、結局のところその仮説を検証する研究であったということになる。それは、作文活動が書き手の必然的な要求意識にもとづいて発動され、文章を産出する行為を生成的に促進する刺激としての条件を提示する、条件作文指導法の開発を意図したものでもあった。

　書く場の条件を生かした作文指導は、必然的に、文章形態（ジャンル）に即した作文法を目標にしたものとなる。本書において、主として対象としたのは、意見文（論説文）である。これは、創構（インベンション）指導を中心とした、実験的臨床的研究の第一著作『意見文指導の研究』(1990)以来、文章ジャンルとしては、意見文を対象としてきたことによる。他のジャンルにも目配りをしながら、研究を進めてきてはいるが、書く場の条件と文章ジャンルとの関係の解明にも、今後、積極的に取り組んでいかなければならない。このほか、さらに拡充しなければならない複数の課題を残しているが、『意見文指導の研究』、『作文教育における創構指導の研究』と連続的に研究してきたテーマの全体像を明らかにすべく、『作文教育における文章化過程指導の研究』としてまとめ、次の研究へのスプリングボードとするために、あえて出版に踏み切った次第である。したがって、本書のテーマに関わる研究は、さらに継続される。

　『意見文指導の研究』以来、一貫してご指導を仰いできた、広島大学名誉教授・前鳴門教育大学学長野地潤家先生には、本書にも、お心の籠もった、あたたかいまえがきをたまわり、光彩を添えてくださった。身に余る光栄である。今後の研究への励ましとして、言葉に尽くせない喜びを感じるとともに、次の研究への覚悟を新たにしたことであった。記して、深甚なる感謝の誠を捧げるものである。

　　　平成16（2004）年9月

　　　　　　　　　　　　　　　　　　　　　　　　大　西　道　雄

作文教育における文章化過程指導の研究

# 目　　　次

まえがき……………広島大学名誉教授　野　地　潤　家… i
　　　　　　　　　　鳴門教育大学名誉教授
はしがき……………………………………………………………… iii

## 序　章　問題の所在と研究の目的及び方法

第一節　問題の所在 ………………………………………………… 3
　第一項　「文章化過程指導」とは何か ………………………… 3
　第二項　創構過程指導に関する研究の概要 …………………… 4
　　1　研究の概要　4
　　2　残された課題　6
第二節　研究の目的 ………………………………………………… 8
　第一項　生成的文章指導観 ……………………………………… 8
　第二項　「場」と叙述様式の形成要因 ………………………… 8
　第三項　支援・援助の方法 ……………………………………… 9
第三節　研究の方法 ………………………………………………… 10

## 第一章　作文の構想過程指導に関する基礎的研究

第一節　昭和初期における作文の構想研究の討究（１）
　　　　——垣内松三・金原省吾の場合—— ………………… 11
　第一項　問題の所在 ……………………………………………… 11
　第二項　垣内松三の「構想論」と実証研究の検討 …………… 13
　第三項　金原省吾の「構想論」と実証研究の検討 …………… 21
　第四項　検討の集約 ……………………………………………… 27

v

## 第二節　昭和初期における作文の構想研究の討究（2） ……… 30
　　　　　——西尾実の場合——

### 第一項　西尾実の「構想論」の成立過程の検討 ……… 30
　1　ラファカディオ・ハーンの『創作論（On Composition）』の影響　30
　2　モウルトンの『文学の近代的研究』（大正4＝1915）における
　　　文学的形態形成論の影響　36
　3　垣内松三・金原省吾の研究成果の影響　41
　4　検討の集約　45

### 第二項　西尾実の綴方作品の縦断的研究の検討 ……… 46
　1　小学生の綴方作品の縦断的共同研究結果の検討　46
　2　文章産出論の立場からの「主題－構想－叙述」論の検討　51

### 第三項　西尾実の構想研究の現代的意義 ……… 60

## 第三節　作文の構想過程モデル作成の試み ……… 64

### 第一項　作文の構想過程に関する先行研究の整理と考察 ……… 64
　1　先行研究の達成　64
　2　先行研究の成果の整理と課題　73

### 第二項　作文の構想過程モデル作成の試み ……… 75
　1　作文の構想過程モデル作成のための理論的仮説　75
　2　作文の構想過程モデル作成の試み　76

# 第二章　作文の叙述過程指導に関する基礎的研究

## 第一節　文章の叙述様式成立に関する先行諸説の整理と考察
……… 80

### 第一項　修辞学の場合
　　　　　——武島又次郎・五十嵐力・佐々政一について—— ……… 80
　1　武島又次郎の説について　80
　2　五十嵐力の説について　82
　3　佐々政一の説について　84
　4　まとめ　86

### 第二項　表現学の場合　——松永信一・土部弘について—— ……… 87
　1　松永信一の説について　87

2　土部弘の説について　89
　　　3　ま と め　90
　　第三項　文章論の場合　——相原林司・長田久男について——……… 91
　　　1　相原林司の説について　91
　　　2　長田久男の説について　93
　　　3　ま と め　95
　第二節　作文の叙述過程モデル作成の試み……………………………… 97
　　第一項　作文の叙述過程モデル作成のための理論的仮説…………… 97
　　第二項　作文の叙述過程モデル作成の試み…………………………… 99
　第三節　作文の叙述過程モデルの実践的展開に備えた
　　　　　授業の思考実験的検討 ……………………………………………102
　　第一項　書く場の設定と創構活動……………………………………… 102
　　　1　作文指導における課題・条件の意義　102
　　　2　書く場の設定と創構活動の発現を促す課題・条件　103
　　第二項　創構活動を発動させ、展開させる「境遇」の
　　　　　　意識化と構想活動………………………………………………… 105
　　　1　第一次想（漠想）の分化、統合　105
　　　2　書く「場」を「境遇」として意識化した構想活動の発動　105
　　　3　線条化構想活動の結果を生かしての叙述活動　107
　　　4　活用段階の活用活動　111
　　第三項　実験的検証のための課題 ……………………………………… 111

# 第三章　作文教育における条件作文法の考究

　第一節　作文教育における条件作文法の問題史的考察……… 113
　　第一項　上田萬年の課題・条件作文論………………………………… 113
　　第二項　友納友次郎の練習目的論……………………………………… 116
　　　1　友納友次郎の練習目的論の基本的考え方　116
　　　2　練習目的論にもとづく指導系統案　118
　　　3　友納友次郎の練習目的論のまとめ　125
　　第三項　和多史雄の条件作文論………………………………………… 126

         第四項　巳野欣一の課題条件作文論 ………………………… 133
             1　巳野欣一の課題条件法による作文指導の基本的立場　133
             2　巳野欣一の課題条件作文指導方法論　144
         第五項　藤原与一の短作文論 …………………………………… 148
             1　藤原与一の短作文論の基本的立場　149
             2　短作文教育の方法　150
             3　藤原与一の短作文教育のまとめ　155
         第六項　大西道雄の短作文論 …………………………………… 156
         第七項　問題史的考察のまとめ ………………………………… 157
     第二節　条件作文法に関する基礎理論的考察 ………………………… 159
         第一項　条件作文法の基礎理論的考察 ………………………… 159
         第二項　作文力形成の促進要因としての作文条件の体系的整理 …… 161
         第三項　考察の集約と課題 ……………………………………… 165
             1　集　　約　165
             2　課　　題　166

# 第四章　作文における文章化過程指導の実践的検討

     第一節　小学校の場合 ……………………………………………………… 167
         第一項　広島市立己斐東小学校の事例 ………………………… 167
             1　実践のねらい　167
             2　実践によって産出された、この２クラスの作文の検討　167
         第二項　福岡市立青葉小学校の事例 …………………………… 176
             1　実践者（平川德幸教諭）の立てた仮説　176
             2　実践によって産出された作文の検討　177
         第三項　安田学園安田小学校の事例 …………………………… 180
     第二節　広島市立安佐中学校の事例 ……………………………………… 183
             1　実践のねらい　183
             2　実践によって産出された作文（手紙文）の検討　184
     第三節　鹿児島県鹿児島実業高等学校の事例 …………………………… 189

第一項　実践研究成果の整理 ……………………………………… 189
　　1　論考Aの実践　190
　　2　論考Bの実践　193
　　3　論考Cの実践　196
第二項　授業実践の分析と考察 …………………………………… 201
第四節　実践的検討結果の集約 ………………………………………… 203

# 第五章　作文における文章化過程指導の臨床的実験的解明
——高等学校1年の場合——

第一節　臨床的実験的解明のための実験的調査仮説 ………… 205
第二節　検証のための授業形式による実験的調査の構成と実施 ……………………………………………………… 206
　第一項　実験的調査の協力校及び協力者 ………………………… 206
　第二項　調査のための作文単元の構成 …………………………… 206
　第三項　作文活動の展開計画 ……………………………………… 207
　第四項　実験的調査の経過の概略 ………………………………… 209
第三節　実験的調査結果の分析と考察 ……………………………… 211
　第一項　分析の観点と方法 ………………………………………… 211
　第二項　分析と整理 ………………………………………………… 212
　第三項　標本事例の抽出 …………………………………………… 214
　第四項　抽出した標本事例の分析と考察 ………………………… 215
　　1　2種類の写真と2種類のエッセイを提示したクラス（1組）　215
　　2　2種類のエッセイを提示したクラス（2組）　237
第四節　分析・考察の集約と課題 …………………………………… 270
　　1　実験クラスの反応の全体的傾向　270
　　2　事例分析結果のジャンル別のまとめ　270
　　3　事例分析結果の全体的総括　278

ix

## 終　章　研究の総括と課題

### 第一節　研究の総括 …………………………………………………… 281
#### 第一項　文章化過程における構想過程指導の基礎的研究
　　　　　（第一章）の集約 ………………………………………… 281
　　1　垣内松三・金原省吾の構想研究について　281
　　2　西尾実の構想論について　282
　　3　作文の構想過程モデルについて　283
#### 第二項　文章化過程における叙述過程指導の基礎的研究
　　　　　（第二章）の集約 ………………………………………… 284
　　1　修辞学・表現学・文章論の先行研究諸説について　285
　　2　作文の叙述過程モデルについて　287
#### 第三項　作文教育における条件作文法に関する基礎的考察
　　　　　（第三章）の集約 ………………………………………… 288
　　1　条件作文法の問題史的考察について　288
　　2　条件作文方法論について　288
#### 第四項　作文の文章化過程指導の実践的検討（第四章）の集約 …… 289
#### 第五項　作文の文章化過程指導の臨床的実験的解明
　　　　　（第五章）の集約 ………………………………………… 290
　　1　創構過程における叙述形成の傾向　291
　　2　文章化過程における叙述形成の傾向　291

### 第二節　残された研究課題 …………………………………………… 293

引用・参考文献 ………………………………………………………… 295

あ と が き ……………………………………………………………… 297

# 作文教育における文章化過程指導の研究

# 序　章　問題の所在と研究の目的及び方法

## 第一節　問題の所在

### 第一項　「文章化過程指導」とは何か

　文章制作指導過程は、一般的には、取材過程・構成過程・記述過程・推敲過程・処理過程に分節される。この分節の仕方に対応させると、文章化過程は、構成過程と記述過程とをあわせたものになる。この考え方の基礎にあるのは、文章の特質である「線条性」ということである。文章の定義として、定説となっていると言っても過言でない市川孝の所説によると、文章成立の条件は、全体性と統合性である。全体性は、前後に脈絡をもたず、それ自体として完結していることを指し、統合性は、複数のセンテンスを、ある中心観念的なもののもとに統合することを意味する。

　この見解に立って考えると、「文章」を制作するということは、統合に働く中心観念的なものを線条的に展開し、脈絡をもったセンテンスを連ねて叙述することであると言うことができる。つまり、文章を書くということは、文章を統合する中心観念的なもの（文章の主題）をまとめ、しかる後にそれを具体化し、線条化するという手順をとって叙述するということになる。文章の主題は、観念のまとまり＝構造化されたアイディア（思想）で、文章において述べ表そうとする中心をなすものである。すなわち、この構造化された中心的思想は、全体との関係において部分に分け、全体の中の部分として

整頓されている。文章化するには、このように整頓された部分を、読み手の可読性に配慮しながら線条的に配置し、それにもとづいて叙述していくことが求められる。この段階の作業は、文章に述べ表そうとする思想内容を生み出す作業（創構）に続くものであるが、構造化とは次元の異なった、線条化するという仕事である。したがって、構成は文章化＝線条化の段階に位置づけられ、叙述と同一次元に置くことが可能である。

文章化過程は、このような連続的過程ととらえて、指導の対象とすることができる。

## 第二項　創構過程指導に関する研究の概要

### 1　研究の概要

筆者は、『作文教育における創構指導の研究』(1997) において、まず、明治期から昭和戦後期に至るまでの、創構に関する先行研究を調査し、明治期の武島又次郎 (1898)、大正期の垣内松三 (1992)、昭和戦前期の金原省吾 (1933)、戦後期の波多野完治 (1973)、輿水実 (1969)、樺島忠夫 (1970) らの業績に注目し、その成果を摂取して創構過程モデルを作成し、それについての実験的調査の結果にもとづいて、授業仮説を設定し、臨床的実践的研究を行った。

創構過程モデルは、次頁のように、図式化している。これは、意見文・論説文の創構過程を対象としたものである。

創構過程に対応する創構力は、次のように仮説している。

| 1）出会い | （1）課題を受ける | ①事実認識力 |
| 2）発見 | （2）問題を見つける | ②問題発見力 |
|  | （3）解答を仮定する |  |
| 3）分化 | （4）視点を転換する | ③視点転換力・論点形成力 |
|  | （5）論点を見つける |  |

序　章　問題の所在と研究の目的及び方法

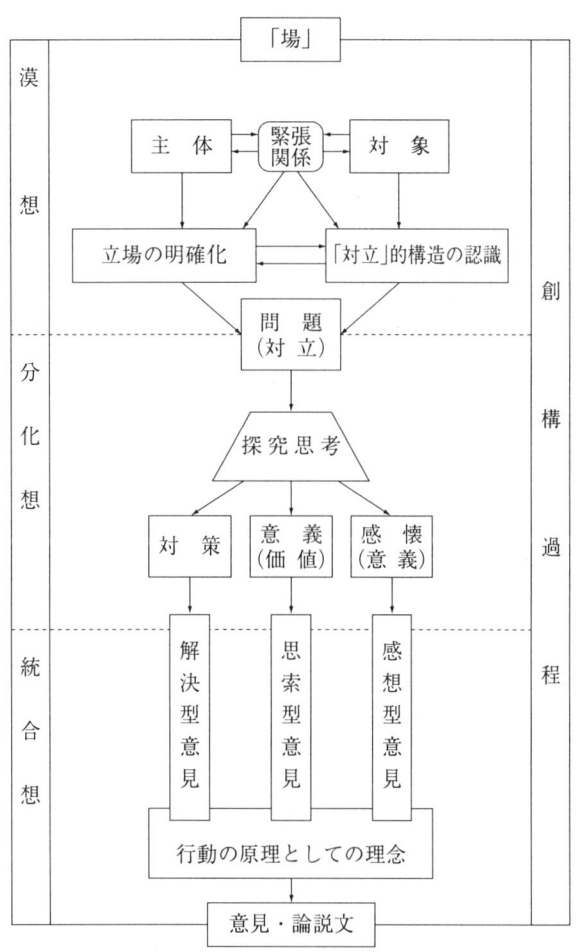

創構過程モデル

4）統合　　（6）解答を確定する　　④論点統合力
　　　　　（7）論点を組織する
　これらをふまえて、授業仮説の基礎となる指導原理を次のように措定している。

1) 状況的場の設定
2) 問題意識（目的意識）の喚起と主体の形成
3) 場の条件の発見による視点の分割、転換
4) 文章想の組織化を促すキーワードの発見と活用
5) 場の条件にもとづく活動化

　臨床的実践的授業研究にあたっては、この原理にもとづいて創構指導の系統的目標を設定し、小学校6年生・中学校2年生・高等学校1年生を対象として、それぞれ授業仮説を立て、課題作文単元を構成している。
　小学校6年生の場合―「ゆずりあいの席」（6時間扱い）
　中学校2年生の場合―「ほんとうの優しさ」（7時間扱い）
　高等学校1年生の場合―「環境と人間」（8時間扱い）
　この授業研究の結果、仮説は成立するという結論を得ている。

## 2　残された課題

　創構活動によって生み出された、文章に述べ表すべき統合想は、線条的に展開されなければならない。その手だては十分に解明されていない。特に構造化されている統合想は、そのままでは、文章に叙述できない。この間に存在する、一種の断層を越える手だてが講じられなければならない。つまり、構想段階の展開のありようを規定するものが明らかにされ、それにもとづく方法と技術が開発される必要がある。
　次に、文章に叙述するためには、表現内容に対応する叙述様式の形成要因を析出して、それにもとづく方法・技術を措定し、活用できるようにすることが求められる。
　さらに、創構活動を発動させる「状況的な場」が、構想段階、叙述段階にどのように作用するか解明することが必要である。創構段階で意識化されていた「場」が、構想段階、叙述段階において、それぞれどのように意識化されるようになるか追究されなければならない。
　これらは、要するに、文章産出過程における文章化過程のメカニズムを明

らかにし、それにもとづく文章制作活動のための、方法と技術を具体化するということである。これらのことが、これから追究すべき研究課題ということになる。

## 第二節　研究の目的

### 第一項　生成的文章指導観

　現在の作文指導は、いわゆるコンポジション理論にもとづいて行われている。すなわち、コンポジション作文である。作文の方法原理としてコンポジションの有効性は、否定できない。しかし、コンポジション理論によって体系化された作文の方法的知識と技術とを、文章制作の際に教条的に適用して文章を作ろうとすると、必ずしも作文主体の切実で創造的な文章表現とはなりがたいという問題がある。この問題については、戦後のコンポジション理論の普及に功績のあった、森岡健二（1976）に反省的発言がある。この問題の解決には、既成の方法と技術を適用して文章を構成（コンポーズ）するという考え方から、作文主体が、「場」の力動的作用を受けて、発動的内発的に文章を産出するという考え方に作文指導観を変換する必要がある。コンポジションによる文章制作法を文章構成法と訳すとすると、発動的内発的な文章産出の方法は、文章生成法、あるいは生成的作文法と呼ぶことができよう。

### 第二項　「場」と叙述様式の形成要因

　生成的文章指導のあり方を明らかにするためには、「場」の問題を追究することが、原点である。すなわち、創構段階と「場」、構想段階と「境遇」、叙述段階と「場面」、といった、文章産出の各段階における「場」のメカニズムとその働きを解明することが求められる。この「場」は、言語活動の展

開される場面でもある。言語活動は、主体の目的達成行動としての営為である。このことが、生み出された文章表現に具体的な様式形成を促す作用因となる。この見解は、すでに明治期の武島又次郎（1898）、五十嵐力（1905）などに見いだされる。先行研究の探索を含めて、理論的実験的に究明することが必要である。

　文章形態の成立は、叙述様式と対応する。すなわち、論理的文章の記録文・報告文・説明文・論説文などには、それぞれに特有な叙述の仕方がある。文学的文章の小説・詩・俳句・短歌なども同様である。そうであるとすると、叙述様式を成立させる要因を明らかにするとともに、それを叙述に活用できる方法・技術が求められる。

## 第三項　支援・援助の方法

　発動的内発的文章産出の方法を習得させる生成的作文指導としての支援、援助の方法を開発することは、新しい作文指導観に立つとき必然的な課題となる。この方法を開発するためには、前述の諸問題を解決することが求められる。
　以上3項にわたって述べたことが、本研究の目的である。

## 第三節　研究の方法

　創構指導の研究の成果と残された課題とを受けて、新しく研究課題を設定し、それに関連する先行研究を調査し、その成果を摂取して課題解決のための仮説を立てる。仮説の検証にあたっては、実験的調査、臨床的実践的授業研究を実施して、有効性を確かめることとする。

# 第一章　作文の構想過程指導に関する基礎的研究


## 第一節　昭和初期における作文の構想研究の討究（１）
　　　——垣内松三・金原省吾の場合——


### 第一項　問題の所在

　現代の作文指導は、一般的には[1]述べ表すべき内容を生み出し、[2]それを線条的に配列し、[3]文章として叙述するという、作文の分節的過程を設定している。これらの分節に働く作文力を、[1]取材力・[2]構成力・[3]記述力と措定している。本章において取り上げる「構想」は、コンポジション理論にもとづいて見ると、この「構成」に対応すると考えられる。

　しかし、レトリックにおいては、構想は必ずしも構成と等置されてはいない。武島又次郎は、その著『修辞学』（明治34＝1901）において、レトリックの一部門として「構想」を取り上げ、次のように述べている。

　　吾人が、一事物を述べんとするに当り、之に就きたる思想を集め、之を潤飾し、布置する等の働きを修辞学上に構想（Invention）といふ。構想とは、羅典語のInventioといふより来る。新たに感想を作り出すの義なる也。かくて構想とは、第一に記載の材料を得ること也。二に其の適不適を識別し削るべきは削り、用ゐるべきは用ゐるべきこと也。而して三に、是材料を如何に配列すべきかを一定すること也。

　　（同上書　14頁。圏点は原文。なお以下引用に際しては、新字体によることとする。）

構想の内実を分析して、3つの要因を取り出して定義している。現代の作文用語と対照すると、それぞれ、「第一」は取材・集材、「二」は選材、「三」は構成に相当する。武島の言う「構想」は、コンポジションでは「取材」と「構成」に当たることになる。つまり、武島の「構想」は包括的なとらえ方になっている。
　古典レトリックは、次の5部門の組織をもつとされている。
　1　創構　（Invention）
　2　配置　（Disposition）
　3　修辞　（Elocution）
　4　記憶　（Memory）
　5　所作　（Action）
　インベンションは、「アイデア（考え）の創出とその組織化」という意味をもち、創構とも訳されている。この訳語は、昭和戦後期の波多野完治『現代レトリック』（昭和48＝1973）に見いだされる。これによって見ると、武島のとらえているインベンションは、次の配置（ディスポジション）までを含んでいることになる。武島は、明治末期に『文章入門』（明治40＝1907）を著して、レトリック理論を作文指導の実際に展開しようとしているが、本書においても、構想のとらえ方は変っていない。
　芦田恵之助は、作文指導の実践研究を進め、その組織化系統化を志向して、『綴り方教授』（大正2＝1913）を著している。その中で、指導過程を次のように示している。

　　材料 ｛ 文題の選択（教）
　　　　　 思想の収集（生）
　　自作
　　指導 ｛ 構想の指導
　　　　　 発表の指導
　　処理 ｛ 批正（教）
　　　　　 推敲（生）

　これによると、「構想」の指導は、「思想の収集」の次の段階で行うことに

なっており、インベンションは対象とされていない。芦田は、「『構想』の指導とはその名のごとく思想の構成に関する方法を指導するもの」(同上書　54頁)と説明し、具体的に、小学校低・中・高学年の段階別目標と方法を示している。

　低学年＝各自書くべき想をもっていることを自覚させること
　中学年＝文を綴る場合の目的に応じて思想を自由に先後、軽重すべきこと
　　　　　を知らしめること
　高学年＝着想と思想排列の工夫を知らしめること

　中学年の「目的に応じて思想を自由に先後、軽重すべきこと」、高学年の「思想排列」は、構想指導が、配置・構成に力点が置かれていることを裏づけている。

　このように見てくると、「構想」のとらえ方に二様のものがあることが知られる。この認識のずれは、レトリックの立場から見るか、コンポジションの立場からとらえるかという、視座の置き方の違いに起因するとも見られる。が、この問題は、両者の比較検討によるよりも、作文教育の基礎研究に位置づけて究明することによって本質に迫ることができると考える。昭和期の構想研究が本格的に始められたのは、初期の垣内松三、金原省吾によってであり、昭和10年代に入ってからは、西尾実の実証的な研究が発表されている。本節では、垣内松三、金原省吾の研究を中心に考察を進め、手がかりを得たい。

## 第二項　垣内松三の「構想論」と実証研究の検討

　垣内松三の構想研究は、「構想の諸相(作文教授研究の一つの試み)」(雑誌「国文教育」昭和3＝1928年1月)・「構想の諸相㈡(作文教授研究の一つの試み)」(雑誌「国文教育」昭和3＝1928年3月)によって知ることができる。垣内の構想論の先蹤となるものに、『国語の力』(不老閣　大正11＝1922。引用は有朋堂版昭和28＝1953による)に説述されている「プロット」論がある。

垣内は、プロットについて、作者が Motive force に駆られて人物の性格の造型を志す際、現実の人物の性格に自由な選択を加えて、典型的な人物像を創造する。その人物の作中に展開した姿が、Motive form であり、プロットであると述べている。ただ、これだけでは Motive force と Motive form とをつなぐ内的作用が明らかでないとして、プロットの奥にあるものを次のように究明している。

　二　プロットの奥　<u>然るにこゝに以上の問題を明にする他の一つの方法として、プロットの歴史的研究がある。モウルトンのいふごとく文学の上に顕はれたるプロットの形を見ると二の展開が認められる。一つはPlot of passion 他は Plot of action である。</u>モウルトンが文学を区分して詩（抒情詩）・散文（哲学）・記述（叙事詩）・表現（劇）と分けたのは、文学の形態的観察の帰結であるが、<u>私の考ふるところではそれを内面に約する時にその形態を産出する能産の姿が以上の二に収約せられると思ふ。抒情文学に内在する Plot of passion と叙事文学に潜在する Plot of action とを透視したとすれば、更にかくの如くプロットの内面に沈潜することからかくの如き二の姿は、また一に約することができるのである。</u>

　プラトンの理念 Idea はもと「観ること」Das Sehen を意味し、この理念のみが真の実在で純粋直観・純粋思惟の内容が認識の真の内容であると考へられるごとく、<u>彼の「視る」「観る」の如き、又「鑑る」「試る」「省る」「惟る」の語根が「見る」であることを認むる時に、「視ること」は「考へること」の中心であるやうに見える。このプロットの中に内在する能産の作用は「視ること」を考へる時に更に一つにまとめられるのではあるまいか。</u>　　　　　（同上書　112－113頁。施線は引用者。なお、
　　　　　　　　　　　　　　　　　引用に際しては漢字は新字体によった。）

　垣内は、モウルトンの説にもとづいて、プロットの奥にある Plot of passion の能産の姿としての抒情文学、Plot of action が発現して叙事文学が形成されるとする認識を示している。さらに、Motive force が、「視ること」の作用によって Motive form を形成すると述べている。

　このように見てくると、垣内の「プロット」は、生成的プロット観と言う

ことのできるものであることが理解される。そして、それはまた、垣内の「構想」観解明の手がかりを与えてくれるものとなっている。

　作家が動機につきうごかされて、現実の人間から典型性を備えた人物を造型し、その人物が事件を通して展開していく姿がプロットである。プロットの奥には、パッションを主とするものとアクションを主とするものとの能産作用があり、それぞれが働いて抒情文学、叙事文学を形成する。それらの作用の根源にあって発動、促進させるのは、考えることの中心である「視ること」である、とする。

　このような考え方が、垣内の構想観にどのように反映されているか。「構想の諸相」「構想の諸相㈡」において、次のような構想観を表明している(以下、引用は『垣内松三著作集第六巻』光村図書出版　昭和52＝1977所収論文による)。なお、この構想論は、児童に、絵(「曙」・「火見櫓」)を見せて文章を書かせた際の、活動の姿とできあがった作文との観察結果にもとづいて述べられたものである。

○順応（引用者注。児童が絵をみて書く活動を始めるまでの作業課題への順応を言う）の問題は、それ（引用者注。作文所要時間と文字数）に尽されて居るのではない。不安定を示さない順応の性質は、その「印象」に於て見なければならない。更に厳密にいへば「相関」Referent に於て考察しなければならない。「相関」といふのは、同一の絵に対して、各自が見てとった印象はそれ〴〵に異って居るが、こゝに「見るもの」と「見られるもの」との相関の「層」がある。これは「境位」Situation と聯関して構想の諸相を成し、作文教授の基礎的研究に連る問題である。

　　　　　　（同上書　435頁。施線は引用者。なお、漢字は新字体によった。）

○この数字（引用者注。作文所要時間）は意味と言表（文字）との聯関、換言すれば、筆者の見た「相関」の展開と、筆者の所有する「言語」との象徴的聯関を示すものであって、構想の諸相は表記されたる文字の形相の上に現はれて居る。文字の形相といふのは、主として「節」の形相・「句読」の形相に依りて成る「形象」の露出としての「表現面」である。これは個性的なる言語表現慣習 Language Usage であって、読

方に於ける形象の注意と一致した表現作用の質を示すものである。
　　　　　　　　　　　　　　　　（同上書　436頁。施線は引用者。）
○ <u>構想の展開は、意味と言表との聯関作用を統率する内実の展開であり、「表現層」の諸相として表現されるのである</u>。S（引用者注。Symbolization）は絵と語との聯関の最表層を示すものであって、ＬＲ（引用者注。Legal　Relation）はその最深層を示すものである。（同上書　437頁。施線は引用者。）
○ <u>これに依りて順応と境位との関係は、構想の諸相を展開せしむる作用であり、表現作用の出発点は直観の差異に依るものであるといふことができる</u>。従ってその作用の訓練は直観作用の陶冶に俟たなければならぬ。作文教授研究の根底とせらるる「生活指導」といふことの内容は「<u>見ること</u>」であり、着想及び言表の両端の指導は、その象徴的聯関の「<u>反省</u>」（かへり見る）に於て統一されなければならぬ。「絵」と「文」との協調はこの基本的意識の覚醒の基礎となり更にこれを自由に拡大し練習することに依って作文教授の茫漠たる問題が闡明せられる手がかりが見出されるかも知れないと考へるのである。(同上書　437－438頁。施線は引用者。)
これらの引用によって、垣内の構想論を整理すると次のようになろう。
1　絵を見る。
　　　↓（個別の所要時間）
2　作業課題に順応する。
　　　↓
3　個別の「印象」をもつ。
　　　↓
4　印象は「見るもの」と「見られるもの」との相関による「層」を形成する。
5　「見るもの」と「見られる」との層としての印象は、「境位」(Situation) と聯関して構想を形成する。
　　　↓
6　形成された構想は、「節」や「句読」の形相として生成され、「形象」

を通して表現される。
　↓
7　構想の展開は意味と言表との聯関作用を統率する内実の展開であるとともに、「表現層」の諸相として表現される。
　↓
8　「表現層」には、Ｓ（Symbolization）・ＴＲ（Temporal Relations）・ＳＲ（Spacial Relations）・ＣＲ（Complex Relations）・ＬＲ（Legal Relations）がある。Ｓが最表層で、ＬＲが最深層である。
　↓
9　構想の諸相を展開せしむる作用は、順応と境位との関係であり、表現作用の出発点は直観の差異による。
　↓
10　着想及び言表の両端の指導は、その象徴的関聯の「反省」（かへり見る）において統一されなければならない。

　このように整理すると、垣内の構想論の根底にあるのは、「視ること」の作用であり、これは、『国語の力』において、モウルトンの学説に依拠しながら展開した、生成的プロット論に通底する。ただ、一方は、完成された文学ジャンル形成の基礎であるプロット生成論であり、他方は、児童作文の産出過程における構想形成論であるため、同一の基準では論ずることはできない。しかし、構造的な観点からは、共通するものを見いだすことが可能である。

　文学のプロット論では「視ること」の作用を根底に置き、Motive force としてのパッションが発動して題材を選択し、それを媒介として展開すると抒情文学が形成され、Motive force としてのアクションが発動して題材を選択し、それを媒介として展開すると叙事文学が形成されるとする。作文の構想論では、「見ること」を根底に置き、生成された印象が境位（Situation）と聯関して構想が形成されるとする。その際、生長過程にある児童の認知型（視覚型・聴覚型）によって構想作用に差異を生じ、それが産出された作文に反映されるとしている。

　このような構想観にもとづいて、垣内は、児童に絵を見せて文章を書かせ

*17*

るという実験的な方法によって、実証しようとしている。

　予備的研究として、「火見櫓」を描いた絵を見せて、起筆するまでの時間、執筆、擱筆までの時間と記述された文字数を計測するとともに、表現層を5段階に分析して分類している。その結果をふまえて、「曙」を描いた絵によって同様の実験を試みている。ただ、「曙」の作文の実験研究・分析は未完のまま、その研究の継続が金原省吾に委ねられた。ここでは、「火見櫓」の研究結果を中心に討究する。

　21名の児童を対象にした実験的調査の結果は、4つの表に整理されているが、そのうち、時間的量的な調査と質的な分析とを取り上げる。

第1表

(午後2時6分を基準として)

| | イ | ロ | ハ | ニ | ホ | ヘ | ト | チ | リ | ヌ | ル | オ | ワ | カ | ヨ | タ | レ | ソ | ツ | ネ | ナ |
|---|---|---|---|---|---|---|---|---|---|---|---|---|---|---|---|---|---|---|---|---|---|
| 一. 書き初めた時（単位「分」） | 1 | 4 | 6 | 2.5 | 5 | 6 | 4 | 1.2 | 0.5 | 0 | 4 | 4 | 4 | 4 | 4 | 4 | 1 | 0.5 | ? | 2.5 | ? |
| 二. 書き終るまでに要した時間 | 28 | 43 | 38 | 31.5 | 44 | 38 | 35 | 39 | 40.5 | 44 | 45 | 44 | 43 | 40 | 35 | 40 | 40 | 32 | ? | 21.5 | ? |
| 三. 以上時間内に表記したる文字数 | 500 | 320 | 430 | 580 | 420 | 200 | 380 | 800 | 520 | 420 | 320 | 220 | 480 | 520 | 280 | 230 | 380 | 400 | 480 | 370 | 500 |

(同上書　438頁。引用者注。表の枠は引用者による。第3表も同じ。)

第3表

| S　(Symbolization) | － | ロ | － | － | － | ヘ | － | － | － | － | ル | － | － | － | － | － | － | － | － | － | － |
|---|---|---|---|---|---|---|---|---|---|---|---|---|---|---|---|---|---|---|---|---|---|
| T R　(Temporal Relations) | － | － | ハ | ニ | ホ | － | － | － | － | － | － | オ | － | カ | － | － | レ | － | － | － | － |
| S R　(Spacial Relations) | － | － | － | － | － | － | － | － | － | － | － | － | ワ | － | ヨ | タ | － | ソ | － | ネ | － |
| C R　(Complex Relations) | － | － | － | － | － | － | － | リ | － | － | － | － | － | － | － | － | － | － | － | － | － |
| L R　(Legal Relations) | イ | － | － | ニ | ホ | － | ト | チ | － | ヌ | － | － | － | － | － | － | － | － | ツ | － | ナ |

(同上書　438－439頁。引用注。（　）内は、原文では注として別記されている。)

　第1表は、「火見櫓」の絵を提示し、[1]児童が書き始めるまでの所要時間、[2]書き初めから書き終りまでの所要時間、[3]記述文字量を、21名の児童について測定したものである。この期における作文指導の基礎研究としては、画期的な方法である。特に、書き始めるまでの時間測定結果は、書く活動への「順応」を示すものとされていて、書く構えづくりの個人特性把握の手がかりをなしている。

また、第3表の整理は、第1表によって量的にとらえられた「順応」の問題を質的に分析したものである。垣内は、順応の性質は「印象」に見なければならないとして、以下のように言う。「絵に対して、各自が見てとった印象はそれぞれ異って居るが、こゝに『見るもの』と『見られるもの』との相関の『層』がある。これは『境位』Situation と聯関して構想の諸相を成し、作文教授の基礎的研究に連る問題である。」（同上書　435頁）さらに、絵に触発された印象が境位（Situation）と聯関して構想を形成し、その構想は意味と言表との聯関作用を統率する内実の展開として、「表現層」に形象化されるとし、構想の展開の諸相を、第3表のように5つの層に分析、整理している。すなわち、S・TR・SR・CR・LRである。Sが最表層に位置し、LRが最深層にあることを示している、とする。
　Sは、絵の情景を言語化したレベルのもの。TRは、時間の順序で情景の変化の様相をとらえるという構えのレベルにあるもの。SRは、絵の情景を空間的な順序でとらえ、対象への視点を変化させる構えのレベルのもの。CRは、絵を見て文章化する際に筆者の立場からと、対象の火見櫓の立場からとの視点の変化が、交互に発現するレベルのもの。LRは、対象の中心にある火見櫓に同化し、絵の情景の内側に入って、想像したことを整合性のある述べ方で展開しているもの。垣内は、構想の発現と展開の様相を、このように表層から深層へと発生、形成されていくとする見方でとらえ、整理している。構想の発生的研究の成果として注目される。
　第1表に示された作文所要時間と作文の文字量との測定結果は、子どもの作文産出スタイルを解明する手がかりとなりうるものである。例えば、書き始めるまでの時間が0.5と示されている子どもは、書き終るまでに40.5分を要しており、記述した量は、520字であった。構想の分類ではCRに位置づけられている。この児童の場合、題を与えられ、直ちに執筆を始め、どんどん書き進め、擱筆までの所要時間はほぼ学級の平均、分量は平均よりやや多い、という作文を書きあげている。これは、書き始めるまでに6分という最長の時間をかけた児童が、執筆所要時間36分、分量200字という作文を書きあげたのと対照的である。作文に認められる構想の様相は、前者は、絵への

同化・連想型になっており、後者は絵の対象化・凝縮型となっている。作文産出スタイル、認知スタイルの発現を見いだすことができるデータである。
　後者の例のみをあげる。

　　　薄暗い夕暮の空に可愛いヽ⌒三日月が下のものを<u>いつくしむが如く</u>眺めて居ります。火見櫓は、自分がこれほど高くてもまだまだ天は遠くにゐるのを<u>さもうらめしげに</u>立つてゐます。
　　　ぼんやりした景色に月が出てゐるのは、<u>おちついて淋びしいよい景色</u>でございます。林の木がほんの少しばかり見えてゐる所にさびしみがあります。場所は田舎とも思へないがあんまり開けたところでもないらしい。この頃やうやつと開けはじめた所らしい。
　　　<u>写真としては、非常に良いと思ふ</u>、長くみていればいるほどはつきりして、尚遠くからみると良い。<u>撮る択び所もよくとり方もよい。</u>
　　　　　　　　　　　　　　（同上書　442頁。施線は引用者。）

　第1段落は、施線部分のように擬人法を用いながら、絵の情景を印象的にとらえて描写している。第2段落は、描写された情景を対象化（客観化）し、批評的に分析している。「～所にさびしみがあります」と述べている所にそれを認めることができる。第3段落は、第2段から一歩進めて、「写真」（絵）の撮影者の対象のとらえ方にまで批評の眼が及んでいる。
　第1段落は、三日月に焦点をあて、第2段落では、三日月の背景をとらえ、第3段落はそのような構図に構成した作者に目を向けている。全体的に中心点が明確で、収束化、凝縮化した文章となっている。書き始めるまで熟慮し、さらにじっくりと考えつつ書き進めることで、思考は構造化に向かい、文章も凝縮した表現となる。同化、連想型は、これとは対照的な文章スタイルを形成している。
　垣内松三の構想研究は、未完に終ったが、多様な発展の契機を内包している。すでに述べたように、この研究は、金原省吾に託されて継続されていく。

第一章　作文の構想過程指導に関する基礎的研究

## 第三項　金原省吾の「構想論」と実証研究の検討

　金原省吾の「構想」観と実証研究の成果は、『構想の研究』（古今書院　昭和8＝1933.7）によって知ることができる。垣内松三に委託された構想の実証研究は、雑誌「国文教育」（昭和3＝1928年4月号・6月号・8月号）に発表された論文が本書に「第五章　構想の展開形式」として収められている。本書の目次は次のようになっている。
　第一章　観る働・描く働
　第二章　眞実
　第三章　言葉の幅とその定位
　第四章　構想
　第五章　構想の展開形式
　第六章　構想作用
　金原は、構想発生の根基をなすものは「観る働と描く働」であるとして、それぞれ図式化して示している。

　　　観る働
　　第一内容（対象）×第一形式（当然性）→第二内容（対象性）
　　　　第一の実現　　更に実現せんとするもの　第二の実現
　　　　　感激（文意）――（反省）――構想

　　　描く働
　　第二内容（対象性／内容の内容）×第二形式（言葉・文字／形式の形式）→文章
　　　　第二の実現　　更に実現せんとするもの　第三の実現
　　　　スケッチ（節意）――最後の表現　　　　表現面
　　　　　　　　　　　　（表現層＝句意、／語意・文字）　象徴と形象

　　　　　　　　　　　　　　　　　　（同上書　161－162頁）

「対象（第一内容）」に感激し、それを作品化しようとする志向の中に反省が生起し、「第一形式」が得られる。この段階に「構想」が発生する。また、「感激」という全体が分化し、見取り図としての「スケッチ（節意）」を成立させると、「最後の表現」――「文章」を「実現」させる、とする。さらに、「感激」と「構想」は「観る働」に属し、「スケッチ」と「文章」は「描く働」に属するとしている。なお、「構想」は「スケッチ（節意）」成立の段階においても進行を続けるとして、「観ないでは書かないこと」と同時に、「観ながら書くこと」を綴方の原則とすべきことを述べている（同上書　153頁）。つまり、「構想とは此の書く働を、観る働によって展開せしめることである。この観る働に集中して、描く働を、観る働によって展開せしめることである。この観る働に集中して、描く働を深めるのが構想である。」（同上書　158頁）ということである。

　この「構想」の考え方は、レトリックで言うインベンション（創構）に相当する内容となっている。すなわち、「アイデア（想）の創出と組織化」という意味内容にほぼ重なる。金原は、このような「構想」観に立って、「構想の展開」について児童作文の推敲過程を実験的に調査することによって明らかにしようとしている。

　実験的調査は、小学校6年生を対象に、「雪」という題で作文を書かせ、それを2回、3回と推敲させて、その間にどのような構想の展開を認めることができるか、を明らかにしようとしたものである。甲組は女子ばかり45名、乙組は男女混合で39名であった。

　甲組の展開形式の類型として、次の6類型を析出、整理している。（一・二・三は作文回数）

　　　1 展開形式　　一→二→三（→）
　　　　　変体　　　一→二→三
　　　　　　　　　　一→二→三
　　　　※適応の遅速はさまざまであるが、展開があり、深さに至る可能性を示す。
　　　2 反復形式　　一・二・三

※反復するのみで、適応性は大きく、早いけれども深さはない。
3 変換形式　一・二・三
※相互に無関係な変換をし、適応は早いけれども、深さはない。
4 附加形式　一・一ａ・二ｂ即一ａｂ
※展開がなく前回に新しいものを附加することを重ねるという尾部延長型である。適応は大。
5 雑集形式　一・一＋ａ・二＋ｂ即一＋ａ＋ｂ
※推敲ごとに雑然と採集するだけで統一性のないもの。適応性も遅い。
6 混合形式＝展開変換形式・展開附加形式・展開雑集形式・変換附加形式・変換雑集形式　一・二・→三／一→二・三
※実例のあるのは、展開変換形式のみ。

(同上書　215－217頁。※は引用者の要約。)

乙組は、甲組の整理の上に立って、次のようになされている。

展開形式 ｛ 系統化展開 ｛ 定位性展開 / 移動性展開 ｝ …雑集形式
　　　　　 部分化展開……………… ｛ 反復形式 / 変換形式 / 一附加形式

(同上書　266頁)

金原は、このような児童作文の分析、整理にもとづいて、構想の内面的関係を体系的に整理して示している。

展開形式系 ｛ 系統化展開形式 ｛ 定位性展開……雑集形式 / 移動性展開……附加形式 ｝ 延長形式系
　　　　　　 部分化展開形式 ｛ 定位性展開……反復形式 / 移動性展開……変換形式 ｝ 無展開形式系

(同上書　287頁)

金原は、甲組の構想展開形式の分析、整理をした時点で、「四個の重要事

実を確かめ得た」として、綴方の能力の問題、適応の問題、全体性の問題、推敲の問題を示している。要約的に引用する。

- その第一は綴方の能力の問題である。能力の低い生徒は経験が経験の形で其の儘にあるから生彩があるが、内観化の傾向を取り得ないので、推敲による展開がない。能力の高い生徒は経験を思惟化しているから、第一回には概念化された筋書の形で出てくるが、第二回からはそれを具体的な形で生かしていく。思惟化された経験は、具体的な経験になっても心の全体の背景をもって、内観的な深さに達し得る。
- 第二は適応の問題である。適応の遅速は展開の深度とは関係がない。第一回の綴方成績は適応の遅速を示すことが多いから、これをもって生徒の綴方の力を査定するのは、不深切である。
- 第三は全体性の問題である。最初にあるものは全体であり、その全体は第一句を得た時に結晶をはじめ、結晶傾向を決定する。
- 第四は推敲の問題である。個性は推敲を経て後に達し得るものであるから、推敲は生徒に対しては個性を確立せしめ、教師に対しては個性を発見せしめる。そして推敲の回数は、その属する展開形式によって相違がある。

第一の能力と作品の質の関係の問題は、垣内松三が、綴方を質的観点からS・TR・SR・CR・TRの5段階に分類していることと関係づけて理解することのできる内容である。金原は、経験を経験のままの形で表したレベルのもの、概念化して表したレベルのもの、心の全体を背景として内観化され、具体的に表したレベルのものというように質的層のあることを見いだしている。ただ、垣内は、初回の作文をもとに分類しているのに対して、金原は3回の推敲過程の変容を通して把握したものであった。

適応の遅速の問題は、展開の深度とは関係がないというのは、遅速が能力差ではなく個性差であるという認識を示唆している。第四点としてあげられている、推敲は個性の発現を促すという考え方と深くつながっている。これは、文章の個性化を促す指導の問題として、今日的な作文指導の課題としても研究的意義を失っていない。なお、金原の「適応」は、垣内においては「順

応」という言葉で示されていたことで、垣内は、時間・分量でそれを測定している。

　第三にあげられている全体性の問題は、金原の構想論の中核をなすものである。最初にあるものは全体であるという見解は、この後、さらに発展させられていくが、児童の作文を通してこのことが確かめられたのは、作文の構想指導に重要な手がかりを提供したものと、現代からも高く評価することができる。

　金原省吾は、この実験的調査研究の後に、本書『構想の研究』の第六章に「構想作用」として収載された内容の論文を、「コトバ」（昭和11＝1936年11月号）に発表している。

　構想展開における全体性優先の問題は、さらに発展させられて、構想を軸とする綴方の表現過程が次のように5段階に分節されている。整理して示す。

　0　視─志の発現の時期
　1　前部構想の時期
　2　慣れの時期
　3　後部構想の時期
　4　表現の時期

　「視─志」の「志」は、表現を希求する心であり、その「志」は、よく「視」よく考えることによって高まる。さらに、「視」を深めるには、「感動」がなくてはならない。「感動」は、「自分を空しくして対するものに身を任せることである」とする。また、「文を植物とすれば、視─志はその種子である。視─志は文全体の傾向を定めることは出来るが、しかし、それは傾向であって、具体的な文の構成には距離がある。」（同上書　316－317頁）と説明する。

　前部構想は「視─志の論理的展開である」として、細部の収集、吟味、相互間の系統化の工夫などによる、視─志の細部的展開のありようを説いている。

　慣れの時期については、前部構想をもつが、それが忘却され、ある時間を経過して、突然後部構想に移る、としている。

　後部構想は次の特色をもつとされる。

1　突然出現すること。しかしそこには誘導の方向があること。
　　　2　全展開が自然的であり、構想者は受身であること。しかしこの自然展開を貫いて、志の持続があること。
　　　3　この全展開の間、慣れは猶その傾向を続け、意識には猶暗さが残ってゐること。
　　　4　展開の進行につれて、構想は漸次に表現の形をあらはして来、それと共に意識の暗さは消失の傾向をとること。
　　　5　この段階で構想のスケッチが作られ得ること。　　（同上書　332頁）
　表現の時期については、後部構想が自然に表現に展開するのが一般的傾向であるが、受動的と能動的との2タイプがあり、後者は、論理的文章に現れる傾向がある、としている。
　金原は構想の過程を「視─志」の働きによって生成された「全体」が展開する過程とし、それを、前部構想、慣れ、後部構想の3つに分節している。これは、垣内の構想論を継承しながら、さらにそれを発展させたものである。特に、前部構想と後部構想とに分節したのは、レトリックの立場からではないが、結果的に、レトリックのインベンション（創構）に相当する内容を前部構想に位置づけることになっている。細部を収集、吟味し、細部相互間の系統化を工夫するという前部構想の活動内容は、「アイデアの創出と組織化」というインベンションの活動そのものである。
　この前部構想が後部構想に展開するのは、自然的連続的ではなく、「慣れ」という一種の醸成期間をおいて、後部構想が突然現れるとしている。後部構想は、前部構想に比して自然におだやかに展開し、そのまま表現に移行するというのは、後部構想が、前部構想で形成された表現すべき内容を線条的に展開する思考作業であるから、時間的順序、空間的な組織といった自然的な秩序によるものは、なだらかに受動的に展開する。しかし、論理的文章のように、論理を柱に構築しなければならない文章の場合は、金原の言うように、能動的に、吟味し、系統化、組織化することが求められる。つまり、前部構想は全体的なものを軸とするまとまりであり、後部構想は表現に展開するための線条化の段階に分かれているということである。そのため、前部と後部

との間に断層があり、そこをどのように渡っていくか、その渡り方をどのようにすべきかということのとらえ方によって、指導過程の構成も異なってくる。

この構想の把握が、コンポジション理論にもとづくものではなく、生成的作文観によっていることは明らかである。

垣内松三も金原省吾も、文章想の生成の起点を「視ること」に置いている点は共通している。垣内は、さらに視ることから書くことへの「順応」の問題を取り上げ、描く構えづくりについて調べている。金原は、「適応」という言葉を用いて書くスピードと構想の展開の深さの問題について考究している。金原の研究が、垣内の研究を継承し、その意図の方向に向けて発展させようとしていることが、これまでの考察・検討で明らかになった。それとともに、金原では、垣内に比べて構想の内的過程の考察が一層深いところで進められており、周密になされていることが理解された。

## 第四項　検討の集約

わが国近代の作文教育における「構想」のとらえ方は、レトリックの言うインベンションに重点をおくものと、コンポジションが強調する構成・配置に力点をおくものとに分かれる傾向を示していた。それはやがて、技術主義・型優先の作文教育の弊を生じた。現代の作文教育は、コンポジション理論に依拠するものがその主流をなしている。

作文教育における「構想」研究が、科学的な方法にもとづいて本格的に取り組まれたのは、昭和初期であった。特に、国語教育の理論的実験的研究を推進し、その近代化を図ろうとした垣内松三の「構想」研究を取り上げるとともに、その研究を継承し、発展させた金原省吾の研究をあわせて検討することによって、「構想論」の成立と発展的展開の一端を明らかにしようとした。

垣内松三は、モウルトンの文学理論にもとづいて、独自の生成的プロット

論を形成している。これは、垣内の構想観のもとをなすものである。垣内の構想観には、レトリックの影響が認められる。垣内は『国語の力』（既出）において、「文に現はれたる構想・句法・措辞の形は invention より導かるる内面的必然性を有するのである。」(173頁)と述べて、インベンションと構想との有機的関連性についての認識を示している。

　垣内の構想論の特色は、インベンション（創構）の展開相として構想が成立するとする生成的構想観に認められる。これは、Motive force にもとづいてプロットが形成されるとする生成的プロット観に通底する。さらに垣内は、プロット・構想発現の源泉は、「視ること」にあるとし、それは印象を結び、シチュエーション（Situation）と聯関して構想を形成するという見解を示す。垣内は、この構想観の検証のために、児童に課題作文を制作させ、実験的に調査している。その結果、課題にそって書くことへの「順応」の時間、記述の所要時間、記述量に個人差のあることを発見している。また、発現した構想の諸相を、[1] Symbolization ・[2] Temporal Relations ・[3] Spacial Relations ・[4] Complex Relations ・[5] Legal Relations の5類型に分類して示している。これは、近年研究されてきている作文産出スタイルと構想・文体形成の関係を解明する試みの先駆をなしていると見られる。

　金原省吾は、垣内の委託のもとに、この研究を継承、発展させるとともにその理論的実証的密度を高めている。金原の構想論の特色は、垣内と同様に生成観に立っているところにある。特に、「観ること」と「描くこと」とを原動力として措定し、そこで成立する「視―志」が、構想・表現生成の促進力となるとしている点は、垣内の所説に通底する。「観ること」によって発生した「感激」という未分の「全体」的なるものが展開して、構想を成立させるとする。この考え方は、児童の3回にわたる課題作文の推敲過程を分析、整理することによって検証されている。その結果、(1)作文の記述テンポは、必ずしも作文の質とは相関しないこと、(2)作文能力の差は、推敲過程において、経験を経験のままに展開させえないものと、経験を概念化を媒介として高次の具体化を図ることのできるもの、というように質的差をもたらすこと、(3)構想の展開形式として、①展開・②反復・③変換・④附加・⑤雑集・⑥混

合の６類型を析出したこと、(4)推敲を通して個性が発現すること、などの成果のあったことを報告している。

　金原は、これらの研究にもとづいて構想作用を検討し、構想を前部構想と後部構想とに分節している。さらに、この両者の間に「慣れ」という一種の醸成期間を措定している。前部構想は、想のまとまりを内実としており、後部構想は、それを線条的に展開したものである。「慣れ」は、前者を後者に展開する移行過程であるとする。前部構想は、レトリックで言うインベンション（創構）に相当し、後部構想は、ディスポジション（配置）にあたるものと考えられる。コンポジションにおいては、この後部構想は、「構成」ととらえる。

　この期の構想研究の成果は、作文教育がコンポジションにその根拠を置き、やがて、技術・型優先の教条的指導に陥ることの弊害克服への示唆となるものである。


**参考文献**
野地潤家著『綴方教授の理論的基礎』教育出版センター　昭和58＝1983

## 第二節　昭和初期における作文の構想研究の討究（2）
### ——西尾実の場合——

### 第一項　西尾実の「構想論」の成立過程の検討

　西尾実の構想論の成立には、次の3者の影響を仮定することができる。
1　ラファカディオ・ハーンの『創作論（On Composition）』の影響
2　R・G・モウルトンの『文学の近代的研究』の文学形態形成論の影響
3　垣内松三・金原省吾の先行研究の影響
以下、それぞれについて討究することとする。

　1　ラファカディオ・ハーンの『創作論(On Composition)』の影響

　西尾実は、ハーンの『創作論（On Composition）』に強い影響を受けたことを、『国語国文の教育』（昭和4＝1929）ほかの著書や論文で述べている。『創作論』との出会いとその影響を受けた点について、次のように言う[1]。
　　　かくて（引用者注。綴方指導に腐心してきたにもかかわらず苦い結果をもたらしたことについての反省をさす。）、型を脱して真情に立脚させ得たと自信して来た綴方の道も、まだまだ安易な自己肯定にすぎなかったことにようやく気がつくと共に、今一段の展開を画さなくてはならぬことがいよいよ明瞭になった。私はいろいろ試みた。生徒たちにも警告した。しかし実績はどうにもならないままに、焦慮と苦悶の幾か月かが過ぎた。<u>この時私をこの苦悶から救い、新しい前進に対して少なからぬ暗示と啓発を与えてくれたものは、コロンビア大学教授 J. Erskin 氏によって新たに編纂された、L. Hearn の講義集の一つである、"Life and Literature"</u>

のうち、ことに"On Composition"と題する一篇であった。
　ラフカディオ・ハーンの"On Composition"から、どのような啓発を受けたかということについて、西尾は、ハーンの論文を詳細に討究し、説述している。特に、ハーンの所説のうち、西尾が注目しているのは、「情緒表現論」である。「文学は情緒表現の芸術である。」とする定義にもとづいて展開される文学論を検討して、「推敲」という労作の上に成立する情緒の展開こそ、作品として作品たらしめる真の表現作用である、という「推敲」の意義を発見している。さらに、この「推敲」が、作品成立にどのように作用するか、ということについて、西尾は、ハーンの所説を以下のように要約して示す2)。
　今、彼がここに述べている要点を概括すれば、
一　情緒の再生は、これを記録し、添削してゆく「苦役的労作」を通じてのみ成立すること。
二　しかしてこの添削は、文を修飾し、いわゆる美化する作用ではなく、かえって修飾的部分・偶然的部分を除去して、しだいに純真な情緒そのものを発見してゆく作業であって、真の表現すなわち情緒そのものの展開はここに成立の端緒を得る。換言すれば、彼が「苦役的労作」と呼んだ記録添削の大部分は、真の文学的主題を把握せんがための労作であり、したがってその主題が主題としての展開を始めるべき表現作用の誘導過程であった。建築にたとえれば、本建築に対する足場にも比すべく、やがては撤去せらるべき足場の架設が、実は本建築のために必要欠くべからざるものであるように、結局廃棄せらるべき記録の作成と何回かの書き換えの作業が、真の主題感動を把握し、その展開作用を実現するためには避けることのできない先行過程であった。
三　かくして、ついに真の表現作用に到達する。これらを作者の心理に即していえば真実の主題の発見であり、またその経過からいえば、今や意図的努力を絶した情緒自身の自律的展開であって、いわゆる「自然の如く働く精神」という趣を呈し来るであろう。ここに至って、事

実即情緒、情緒即事実というごとき融即関係が成立したのであって、真の情緒再生が実現されるのである。というのは、感情はその性質上、知的作用が主観客観の対立を明識することによって有力になるのとは反対に、我を忘れ主観を没して対象に同化する恍惚状態において最も純粋に働き力強く発展するものであるから、表現作用のこの段階に至って始めて情緒の真の表現が始まるので、今までの仕事は、単なる情緒の記録や説明に過ぎなかったのである。情緒表現をもって文学の意義となす彼が、この境に作品成立の内面的意義を見ようとしたのはゆえんあることでなければならぬ。

　四　しからば、かくして得た作品の意義は何であるか。すなわち最初の記録にあっては、単に作者に対してのみ意義と価値を有する主観的符合にすぎなかったものが、今は作者の主観から独立した、一個の客観的存在となり得たことでなくてはならぬ。文学形象としての客観性の獲得、これが作品の作品たる意義でなくてはならぬ。

　西尾実は、ハーンの所説を忠実に享受するとともに、自己の問題意識にもとづいて一定の解釈を施し、さらに独自の文学成立論を展開している。すなわち、この真の作品の成立——文学形象の形成に至るまでの推進力が、未分化あるいは断片的な記録を、推敲、精錬していく「苦役的労作」であるとする。そして、苦役的労作は、未分化、断片的なるものを、分化・統合化し、さらに象徴化の過程を経て、作品として形象化を図ることを、その内実としているという見解を示す。

　西尾は、この文学形象形成論が、自らの「作文教授」にどのように影響を及ぼしたかということについて、「推敲」「添削」の意義の発見という観点から述べる[3]。

　　この例説（引用者注。「ジャーナリズム」と「真の作品」とを区別すべき標準を説明するために引いたもの。）から帰納される原理は「価値の発見」の有無であって、この思想は彼の所説の至るところに見出されるものであるが、ここにも、「巨匠によって書かれた偉大な物語は、それを読みかへす度毎にその美しさを増し、幾代幾世紀を経て弥々益々美しく感じら

## 第一章　作文の構想過程指導に関する基礎的研究

れる」と述べている。かくて価値の反復的発見が傑作の傑作たる要件であり、この要件はすでに述べたごとく、植物の種子にも比すべき最初の記録が、添削に添削を重ねた苦役的労作を通じて適切な展開をとげ、かくて文学的形象を実現せしめる上に成立するものである。これが彼の根本思想であり、体験の事実であった。

　私が作文教授の上において、直接ヘルンから啓発されたのは、実にこの所論であって、生徒をして主観的隘路に彷徨せしめていたのは、全くこの推敲の真意義に目覚めていなかったからであることに気づいて来た。そして作文を彼等の内生活に立脚せしめ、彼等の主観的な意景を表現することであるという大道に立たせたけれども、更にその文に客観性を有せしめるまでの展開と、その労作の必要を自覚させなかったのが、わが作文教授の弊所であることに気づいて来た。

ここでは、文学の創作と作文とにおける共通項として、記録→推敲→主題の発見→「文の客観性」＝「文学的形象性の客観性」の確立、という過程を措定している。特に、「労作」・「推敲」をその中核に置いている点が注目される。

この段階では、まだ、「構想」ということばは用いられていない。胚芽した植物の種子に、添削＝推敲という労作を施し、主題が主題として生成され、文学的形象が形成される、という文学の制作過程を示しているだけである。西尾は、本書の「方法体系」の「二基礎経験」において、自己の綴方教授の体験を、ハーンの「創作論」の立場に立って照射することによって、上述のような作文教授の原理的な考えを発見し、整理したのであった。ただ、少なくとも、本書のこの段階までは、「構想」ということばが用いられていないことに、留意しておきたい。ハーンの論文においても、取り上げられている「文の構成論」・「文体論」についても略説するのみで、詳しい考察はなされていない。それは、ハーンの所説が、型にもとづいた着想や構成を否定し、主体の書きたいことを書くことから出発し、それを「書き替える」ことによって、「結構」の整った作品を完成するに至る、としていることに由来する。すなわち、すでに、添削・推敲という労作の意義について説き明かしている

西尾にとっては、ハーンの「構成論」の説くところも、この推敲・添削に尽きるという認識に行きつくことになるからである。

西尾実は、昭和6 (1931) 年8月の長野県飯田小学校において、小学校教師を対象として「綴方における推敲と写生について」と題する講演を行っている。この講演の語り起こしの部分で、「話の題目は、『綴方における構想及び写生の問題』という名前になると思うが、その順序は、私の書いた極めて小さい書物の中にある順序と同じである。」と述べている。また、同講演の中でハーンの所説に学んだことを述べ、推敲の重要性を説くとともに、「構想の問題は綴方としては推敲の指導である。推敲は、何のためにするのであるかと言えば、それは主として構想のためにするのである。」と言い切っている[4]。さらに、「しからば構想とは何かと言えば、主題の展開ということである。作者の中にはっきりした書こうという動力を持つことが、どう文の上に展開しているか、その構造をいうのである。それは作者について言えば展開の過程であるし、作者を離れて文について言えば展開の構造ということである。作者に真の主題が確立すれば、それは有機的、必然的に展開してくる。それが構想であり、この展開の構造を練ることが推敲である。単に語句を美しくすることでなく、主題が必然的に具体化されてくることと、その過程が構想の問題である。」と述べている[5]。

西尾の、この創作論に立つ推敲論は、ハーンに学びながらハーンを越えるものになっている。それは、綴方指導の実践体験にもとづく論考であるからと考えられる。

『国語国文の教育』においては、「二節　文学形象の問題」の「二　文の主題とその展開」の項で、「㈠　主題と構想」という見出しのもとに、主題の展開としての構想について述述している[6]。

　　私は作品におけるかくの如き体験的関連（引用者注。表現層における自律的時間的展開としての体験的関連をさす。）としての自律的総合を「構想」と呼ぼうと思う。この意味で構想は文のプロットでありムウヴメントであるけれども、それは表現された成績を結果から眺めた論理的構造としてのプロットでもなければ、叙述面の起伏として意識されるムウヴ

メントでもない。主題そのものの自律的展開としての内面的プロットであり、表現作用としての時間的立体的ムウヴメントでなければならぬ。ゆえに構想を見ることは、単なる知的認識ではなくて、表現の立場に立った体験的認識でなければならぬ。

ここでは、「主題そのものの自律的展開としての内面的プロット」という定義のもとに、その構想観を明確に示している。注目されるのは、「表現された成績を結果から眺めた論理的構造としてのプロット」ではないという立言である。これは、「単なる知的認識」ではなくて「表現の立場に立った体験的認識」でなければならぬと述べていることと照応している見解で、作文教授の立場でとらえた「推敲」・「労作」とほぼ同内実のことを含意していると見ることができる。

ハーンの「創作論」においては、"Contraction" ということばが用いられている。これはまた、"the architecture of the Composition" とも言い換えられていて、「結果としてとらえられた構造」という見方でなく、つ̇く̇り̇あ̇げ̇ら̇れ̇て̇い̇く̇、という形成的な見方を表明していると考えられる。ハーンは、次のように述べている[7]。

> By developing the different parts or verses separately from each other. You will soon discover this astonishing fact that they have a tendency to grow together of themselves, and into a form different from that which you first intend, but much better.

自己の内面に生起する想を内的必然に従って追求することで、結果的に一つのまとまった Contraction として生成されるべきものであることを説いている。

西尾実が、自己の綴方教育観形成に、ハーンの創作論に大きな影響を受けたことを、先に引いた「綴方における推敲と写生について」において述べていることを指摘しておいた。ハーンが、ここで述べていることと同趣旨のことを、同講演の中で次のように話している[8]。

（前略）初めに書いたことはほとんどではなくて、書いた末にならねば、ほんとに書くことができぬのである。書いた末に、今までのは間に合わ

ぬということになって、初めて全体がおぼろげながら出てくる。こうして出てきたものがほんとのものである。ここに主題が生まれてくるのである。はじめのは真の主題ではない。主題が動いてはいるが、まだいろいろのものに包まれた主題であって、書いて書いて書きぬいた末に、新しい姿となって出てくるものがほんとの主題である。最初のものが有機的構造をとって、間に合うこともあるが、真の有機的発展は、労作の上にはじめて出てくるべきものである。

　西尾実の見解に、ハーンの所説が深い影響を及ぼしていることは、以上で明らかである。

## 2　モウルトンの『文学の近代的研究』（大正4＝1915）における文学的形態形成論の影響

　西尾実は、「綴方における推敲と写生について」（前出）という講演において、子どもの綴方の分析結果を通して、「構想に現れた子どもの文の類型」を次の5つに分けて示している。

　　一　行動的のもの
　　二　事件的のもの
　　三　観察的のもの
　　四　思惟的のもの
　　五　象徴的のもの

　この5つの構想類型にもとづいて、学校における綴方指導のあり方について、次のような見解を示している[9]。

　　今の小学校の綴方は、多くは行動的、事件的なものにとどまっている。行動的、事件的なものから上へ出られないというのは、見る力が養われていないからである。教師がよく児童の文を読んで、これが類型の上の位置づけをなし、綴る働きをのばしてやろうとする努力がなくてはならぬ。綴る働きを養うには、結局、見る力・観察力を養わなくてはならぬ。学年の進むに従って、この力を養って、類型をのばしてやる努力が必要である。

第一章　作文の構想過程指導に関する基礎的研究

ここに述べられていることから理解できるのは、次のようなことである。
1　一〜五の類型は、発達の段階を示していること。
2　一〜五の類型の段階的進展は、綴る働きによって行われること。
3　綴る働きは、見る力・観察力を養うことによって、行動的のもの、事件的のものからさらに上の段階に発達すること。

西尾実は、構想の類型の成立と展開の契機となるものについて、2つの働きがあるとして、「見る働き」と「考える働き」とを提示する。この「見る」と「考える」とは、前者は、「外を見ること」であり、後者は「内を見ること」であるとも述べる。このような考え方の根拠を、モウルトンの文学の形態的発達の図表を参考にして、次に掲げる図1のように、図式化している。

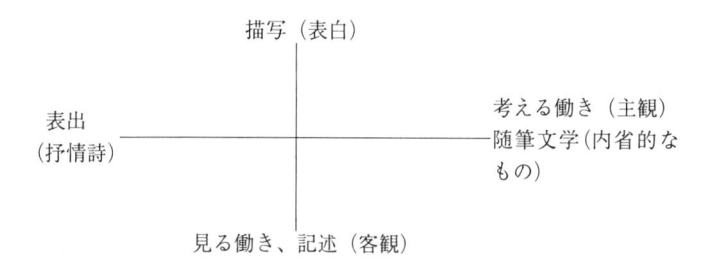

```
              描写（表白）
                  │
                  │     考える働き（主観）
   表出           │     随筆文学(内省的な
  （抒情詩）──────┼──── もの)
                  │
                  │
            見る働き、記述（客観）
```

**図1　構想類型の成立と展開の契機の関係図**

西尾は、児童の綴方の分析を通して、現象する5つの構想類型の根基に作用して、構想発現の動力となるものとして、「見る働き」「考える働き」を措定し、モウルトンの理論を援用して、東西南北の軸に、構想を促す作用としての「見る働き」・「考える働き」を配置し、作用の結果の外化された姿としての表現相を「描写」・「記述」に分けて示し、表現態度として、「主観」・「客観」を、文学ジャンルとして「随筆文学」・「抒情詩」を提示している。

西尾が依拠したと見られるモウルトンの文学形態成立の東西南北軸の図は、次頁の図2のようになっている。これによって理解できるように、西尾の見解が、モウルトンに触発されたものであることは、明らかである。

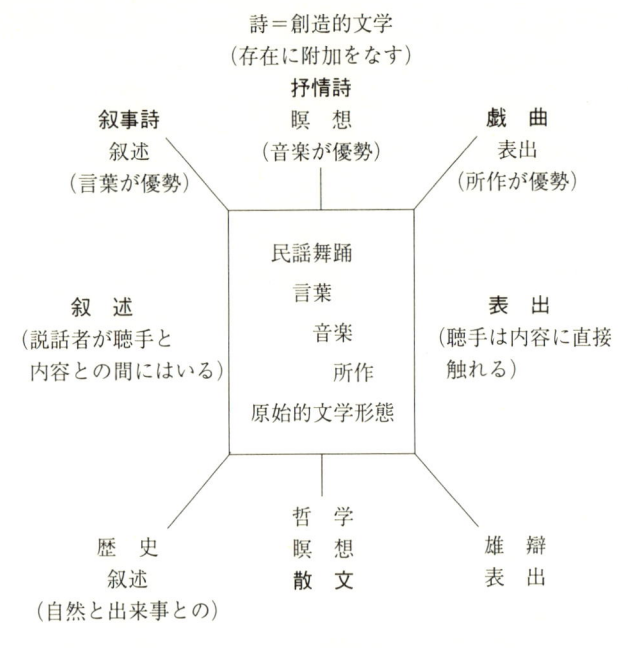

```
                        詩＝創造的文学
                       （存在に附加をなす）
                           抒情詩
         叙事詩          瞑　想              戯　曲
          叙述        （音楽が優勢）          表出
        （言葉が優勢）                    （所作が優勢）
                     ┌─────────┐
                     │  民謡舞踊  │
          叙　述     │   言葉    │      表　出
     （説話者が聴手と │   音楽    │  （聴手は内容に直接
     内容との間にはいる）│   所作    │     触れる）
                     │ 原始的文学形態│
                     └─────────┘
                           哲　学
            歴　史         瞑　想         雄　辯
             叙述          散　文         表　出
         （自然と出来事との）
```

図２　モウルトンの文学形態成立のモデル図
（モウルトン著、本多顕彰訳『文学の近代的研究』1951　19頁。原著は1915）

　図２の中に用いられている「瞑想」は、西尾の「考える働き」に通ずることばである。しかし、「見る働き」については、モウルトンの図解の中には見いだせない。その叙説の中にそれに近い見解を示したものに、次のようなものがある[10]。

　　自然の歴史（博物学）は存在するものの叙述であり、限定的形容詞（自然の、等）の附かない歴史は実際の出来事の記述である。哲学は、抒情詩に似て瞑想であるが、しかし、散文の如く、あるがままの書物についての瞑想である。

　この叙説は、「散文」の「存在する事物についての創造的ではない論議の側」における文学形態の３つの要素（歴史・哲学・雄辯）について述べられた一節である。これによって見ても、「瞑想」─「考える働き」の関係が基本

第一章 作文の構想過程指導に関する基礎的研究

となっていて、「見る働き」についての直接の言説は認められない。ただ、「実際の出来事の記述」については、考えることより見ることの方にウエイトがかかっていると推量される。

それでは、西尾の「見る働き」を基本軸に位置づけるようになった根拠は、どこにあるのか。西尾は、「綴方における推敲と写生について」（前出）という講演において、「見る働き」と「写生」との関連について、次のような図を提示して、以下のように解説している[11]。

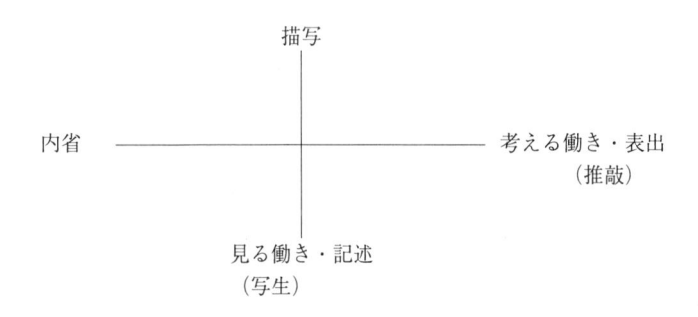

```
                    描写
                     │
                     │
     内省 ────────────┼──────────── 考える働き・表出
                     │                （推敲）
                     │
                  見る働き・記述
                    （写生）
```

　綴方指導の中心問題は、<u>考える働き（表出・内省）の方の主題、構想では推敲、見る働きの記述・描写により見る力を養うことである</u>が、下伊那では写生が主観的なものに取り入れられた文は認められるが、写生を写生として書いたものは、これを認めるにやぶさかである。つまり、見る働きの方面での出発点が不十分であると言うことができよう。だから、<u>下伊那の子どもにはまことに写生がとぼしいようである。そうして非常に興味本位である</u>。中には、書かれたものが人を興がらせようとしているような興味本位すぎるものもある。<u>これを救うためにも写生ということは必要である</u>。

これによって見ると、「見る働き」を「綴る働き」の基本軸に位置づけたのは、綴方指導の実践的研究の過程において発見された、写生の文章産出における機能が源泉となっていると考えられる。写生については、すでに、明

治期に正岡子規以来の「写生文」という文章ジャンルや写生という、対象認識の態度や表現法についての考え方が成立していた。さらに、長野県には、アララギ派の歌人であり、小学校教育にも携わっていた島木赤彦の影響も考えられる。西尾は、同講演の中で「諏訪には徹底した写生が多い。さすがに写生論の大家久保田俊彦先生（引用者注。歌人島木赤彦のこと。）を出した所だけはあると思う。これに比して下伊那の文には写生が見られない。」と述べている[12]。

　西尾実が、綴る働きの東西南北軸の着想をモウルトンの所説に得ていることについては、前述した（37頁）。モウルトンの学説の影響を受けた研究者に垣内松三がある。垣内は、『国語の力』（大正11＝1922）において、モウルトンの所説にもとづきながら独自のプロット論を展開している。垣内は、同書において、モウルトンの文学形態形成論について述べた後に次のように言う[13]。

　　プラトンの理念 Idea はもと「観ること」Das Sehen を意味し、この理念のみが真の実在で純粋直観・純粋思惟の内容が認識の真の内容であると考へられるごとく、彼の「視る」「観る」の如き、又「鑑る」「試る」「省る」「惟る」の語根が皆「見る」であることを認むる時に、「視ること」は「考へること」の中心であるやうに見える。このプロットの中に内在する能産の作用は「視ること」を考へる時に更に一つにまとめられるのではあるまいか。

このように、「視ること」と「考へること」との深い関係を指摘している。垣内は、モウルトンの所説にもとづきながらも、生成的プロット観の立場に立って、プロットの生成を促すものとして、Plot of passion と Plot of Action とを指定し、さらに根源的な力として「見る」を位置づけている。

　西尾実は、垣内松三に師事しており、モウルトンの学説から摂取したものの中に、垣内に触発されたところのあることは、推測に難くない。

## 3 垣内松三・金原省吾の研究成果の影響

　垣内松三と金原省吾の構想研究については、第一節において説述した。西尾実の構想論の成立に、ラフカディオ・ハーンやリチャード・グリーン・モウルトンの所説が深く関わっていることも述べた。特に、モウルトンの所説には垣内松三の受容を介して影響を受けていることが推測されることにも言及した。そこで、ここでは、師事した垣内松三、学友である金原省吾の所説の西尾への影響について討究する。

　垣内松三の構想論の先蹤となるもに、『国語の力』(大正11＝1922) の「プロット」論がある。これは、直接的に構想について述べたものではないが、構想についての見解をうかがうことのできるものである (本章第一節第二項＝14頁参照)。

　垣内は、モウルトンの説にもとづいて、プロットの奥にある Plot of passion の能産の姿としての抒情文学、Plot of action が発現して叙事文学が形成されるとする認識を示している。そして、さらに「一に約することができる」ものとして、「能産」の作用としての「視ること」を措定して、生成的プロット観と言うべきことを述べている。

　西尾実は、その著『国語国文の教育』(前出) の「二文の主題とその展開」中に「㈠主題と構想」という項で、次のように、構想について言う[14]。

　　私は作品におけるかくの如き<u>体験の関連</u>（引用者注。「表現層における自律的時間的展開としての体験的関連」をさす。）<u>としての自律的総合を「構想」</u>と呼ぼうと思う。この意味で構想は文のプロットでありムウヴメントであるけれども、それは表現された成績を結果から眺めた論理的構造としてのプロットでもなければ、叙述面の起伏として意識されるムウヴメントでもない。<u>主題そのものの自律的展開としての内面的プロットであり、表現作用としての時間的立体的ムウヴメントでなければならぬ。</u>ゆえに構想を見ることは、単なる知的認識でなくて、表現の立場に立った体験的認識でなければならぬ。

ここで西尾の言う「主題そのものの自律的展開としての内面的プロットであり、表現作用としての時間的立体的ムウヴメント」である構想という考え方は、垣内の「視ること」を「能産」の原動力とする Plot of passion、 Plot of action の展開としての生成的プロット観と通底するものを有している。
　さらに、垣内は、児童の作文の構想について、実験的な調査研究を行った結果、大要、以下のような構想観と構想の諸相とをまとめている。呈示された絵を見せて、児童たちが書き始めるまでの所要時間、起筆から擱筆までの所要時間、記述量、これらの相互関係を勘案しながら、作文の表現層を分析し、その諸相を整理する。絵を見た「印象」は各自異なるが、「見るもの」と「見られるもの」との相関の層が形成され、これは「境位 (Situation)」と連関して構想の諸相を成し、その構想は、意味と言表との連関作用を統率する内実の展開として「表現層」に形象化される、とする。このような生成過程を経て形成された構想の諸相として、[1] Symbolization・[2] Temporal Relations・[3] Spacial Relations・[4] Complex Relations・[5] Legal Relations の5類型を整理している。
　西尾実の児童作文の構想についての研究は、実験的方法というよりも実態的研究と言うべき方法を採用している。西尾は、児童の綴方作品を観察した結果、次の5つの構想類型を析出している。
　一　行動的もの
　二　事件的もの
　三　観察的のもの
　四　思惟的のもの
　五　象徴的のもの
　これらは、垣内の整理した、[1]絵の情景を言語化したレベルのもの（Ｓ）、[2]時間の順序で情景の変化をとらえたレベルのもの（ＴＲ）、[3]絵の情景を、視点を変化させて空間の順序でとらえたレベルのもの（ＳＲ）、[4]絵を見て文章化する際、筆者の立場と対象の絵の中の物体の立場からの複合した視点を統合してとらえたレベルのもの（ＣＲ）、[5]対象の絵の中心に同化し、想像したことを象徴的にとらえたレベルのもの（ＬＲ）と、ほぼ、

照応していると考えることができる。いずれも、実証的研究の結果であるから、直接の影響関係をこの両者に直接的に認めることはできない。しかし、西尾が、児童の綴方作品の構想を類型化する際に、ヒントとなったと推定することは、あながちに、牽強とは言えまい。

　金原省吾は、垣内松三の構想研究が中断されたあとを受けて、児童の綴方作品の実験的調査研究を続けている。その成果は、「構想の展開形式」として、雑誌「国文教育」(昭和3＝1928年4月号・6月号・8月号)に発表されている。

　この論考は、他の諸論文とともに、『構想の研究』(古今書院　昭和8＝1933)に収められた(本書の目次については、本章第一節第三項＝21頁参照)。

　金原は、「構想の展開形式」を類型的に整理するにあたって、小学校6年生を対象に、「雪」という課題作文を書かせている。これを2回、3回と推敲させて書き改めさせており、その推敲過程に現れる構想の展開の様相を整理し、類型化している。その結果は、次の6類型で示されている。一、二、三は推敲の回数。

　1　展開形式　　一→二→三（→）
　2　反復形式　　一・二・三
　3　変換形式　　一・二・三
　4　附加形式　　一・一a・二b即一ab
　5　雑集形式　　一・一＋a・二・b即一＋a＋b
　6　混合形式＝展開変換形式・展開附加形式・展開雑集形式・変換附加形式・変換雑集形式　　一・二・→三／一→二・三

これらの類型化の作業を通して得た知見として、4か条をあげている。そのうち、第一と第三・四を要約的に示す[15]。

　○その第一は綴方の能力の問題である。能力の低い生徒は経験が経験の形で其の儘にあるから生彩があるが、内観化の傾向を取り得ないので、推敲による展開がない。能力の高い生徒は経験を思惟化しているから、第一回には概念化されて筋書の形で出てくるが、第二回からはそれを具体的な形で生かしていく。思惟化された経験は、具体的な経験になっても

心の全体の背景をもって内観的な深さに達し得る。
　○第三は全体性の問題である。最初にあるものは全体であり、その全体は第一句を得た時に結晶をはじめ、結晶傾向を決定する。
　○第四は推敲の問題である。個性は推敲を経て後に達し得るものであるから、推敲は生徒に対しては個性を確立せしめ、教師に対しては個性を発見せしめる。そして推敲の回数は、その属する展開形式によって相違がある。

　第一は、垣内松三の構想の諸相として整理した５類型（Ｓ・ＴＲ・ＳＲ・ＣＲ・ＴＲ）に照応する内容である。すなわち、「能力の低い生徒」の特徴的傾向としてあげられたことは、垣内の、Ｓ・ＴＲ・ＳＲに、「能力の高い生徒」の傾向としてあげられたことは、ＣＲ・ＴＲに対応する。

　第三は、金原の発見である。第四は、垣内は特に言及していないが、Ｓ→ＴＲへの進化は、個性化の傾向にあることは、両者に共通すると理解される。

　金原省吾と西尾実とは、極めて親しい関係にあり、同時代の研究者として相互に影響を与え合ったことは想像に難くない。何よりも、推敲の過程に構想の展開相が発現するという見解は、構想は推敲の問題であるとする西尾の見解と共通する。推敲＝労作と構想の関係については、ラファカディオ・ハーンの影響を受けて独自な見解形成に至ったことを表明しているが、この、金原との共通点は注目に値する。金原の構想の展開形式の６類型は、推敲過程の展開の様相を示すもので、西尾の構想の発達の５類型とは、次元を異にする。ただ、「第一」として集約された見解は、構想力の発達の段階としてとらえることができる。結果的に、西尾の発達段階のとらえ方に通底する。第四の個性化については、西尾は、構想＝推敲という考え方に立って、推敲＝労作の結果として、真の表現、作品形象を形成すると述べている。これは、文章表現の個性化に相当する。直接の影響関係ではないが、両者の見解の共通性を指摘することができよう。

## 4　検討の集約

　本節は、西尾実の構想論の成立および構想の実証研究の検討を課題としている。報告は、前半の問題にとどまっている。したがって、ここでは、本節の中間的まとめとしての集約について述べる。

　西尾実の構想論の成立に関わって、影響を及ぼしたと見られるものに、[1]ラファカディオ・ハーンの『創作論』、[2]R・G・モウルトンの『文学の近代的研究』、[3]垣内松三・金原省吾の先行研究、の3者を認めることができる。

　まず、ハーンの『創作論』の影響としては、労作としての推敲が、構想を成立させるという見解の着想を、ハーンに得ていることを、直接的に表明している。構想の問題は、文学的形象の形成と深く関わっており、構想は、種子としての胚芽した主題の自律的に展開した相であるとしている。その展開を促し、構想を展開し、形象として成立させる要因が労作としての推敲であるとする。

　次に、モウルトンの『文学の近代的研究』の影響としては、綴方指導の実践研究の成果として得た構想の5類型（[1]行動的・[2]事件的・[3]観察的・[4]思惟的・[5]象徴的）の進展を促す原動力として、「見る働き」と「考える働き」を基軸とするという考え方は、モウルトンの文学形態成立の東西南北軸の説に触発されたと見られる。ただ、モウルトンは、「瞑想」ということばを用いて、「考える働き」を重く見ている。しかし、モウルトンにも、「見る働き」を重要視していることを示唆する言説がある。西尾は、構想を促す作用としての「見る働き」、「考える働き」を東西南北軸に配置し、作用の展開結果としての表現相をも、その交叉軸に配置してモデル化している。モウルトンに学んでいることは明白である。モウルトンへの接近は、垣内松三の影響を受けていることが考えられる。

　垣内松三・金原省吾の先行して行った構想研究から受けた影響としては、垣内が、モウルトンのプロット論に触発されて生成的プロット論を展開して

いること、そして、西尾は、そのプロットは構想であると認識していること、および、さらに垣内が、「視ること」は「考へること」の中心であるとする説と同じくする「見る働き」「考える働き」が構想を促す作用であるとする説に影響関係を認めることができる。垣内の実証研究の成果にも、西尾の構想の類型化との共通点が見いだされる。

　金原省吾との影響関係については、西尾が金原と学友であり、研究仲間でもあるとともに、二人とも垣内松三に師事しているという人間関係から判断すると、研究交流の結果と見るべきであると考えられる。両者に共通するもっとも大きな点は、推敲の過程に構想が現れるとする見解である。また、構想の展開形式の類型整理の過程に発見された、経験を経験のままでとらえるレベルと経験を思惟化してとらえるレベルの差異は、西尾の構想の5類型の発達的段階と、通底する。また、金原の構想の展開の起点は全体であるとする見解は、主題の展開したものが構想であるとする西尾の考え方に共通するところがある。推敲の過程を個性化の過程とする金原の見方にも、西尾の考えに通ずるものがある。

## 第二項　西尾実の綴方作品の縦断的研究の検討

### 1　小学生の綴方作品の縦断的共同研究結果の検討

　縦断的研究の対象とされたのは、長野県内の児童・生徒の綴方作品であった。昭和7（1932）年度の場合は、昭和6（1931）年度中に書かれた、尋常科1年から高等科2年までの児童・生徒の全作品を各校400名（各学年50名ずつ）、合計2800名分のものを収集している。

　この綴方作品の分析、検討は、県内諏訪郡・北安曇郡・下伊那郡における教育会の、綴方研究委員との共同研究として、3か年あるいは5か年にわたって取組まれた。分析の観点は、主題・構想・叙述の3点に立てられている。

　このような手続きのもとに分析、検討された結果は、以下のようにまとめ

第一章　作文の構想過程指導に関する基礎的研究

られている。

第1表

|  | 主題 | 構想 | 叙述 |
|---|---|---|---|
| 第一類型 | 主体的 | 行動的展開 | 表出的 |
| 第二類型 | 対象的 | 事件的展開 | 記述的 |

第2表

|  | 主題 | 構想 | 叙述 |
|---|---|---|---|
| 第三類型 | 主体的 | 思惟的展開 | 表現的 |
| 第四類型 | 対象的 | 観察的展開 | 描写的 |

第3表

|  | 主題 | 構想 | 叙述 |
|---|---|---|---|
| 第三類型 | 主体的 | 思惟的〈情的／知的 | 表現的／論証的 |
| 第四類型 | 対象的 | 観察的〈情的／知的 | 描写的／説明的 |

　第1表については、綴る働きの発現において、思う働きと見る働きのどちらかが重く働くことによって、主題が、主体的なものとなるものと、客体的（対象的）なものとなるものとに分化し、前者は心的主題に、後者は物的主題に具現化される、としている。構想については、第一類型は、事件としての発展もなければ、論理的な展開もない、いわば行動的発展であり、衝動的展開である、とする。叙述も、叙述というだけの自覚的営為ではなくて、表出運動の域を出ていないので、「表出的」とする。
　第二類型は、主題が心的主題から物的主題、すなわち思う働きより見る働きが主となり、主体的なものから客体的（対象的）なものに発展する。それとともに、叙述の「記述的」になる、としている。
　第2表については、第1表の第二類型、第三類型へ発展する契機は、見る働きの発展、集注として定位せられる観察的要素と、思う働きの発展、集注

として定位せられる感情的思惟的要素とである。これは、見る働きにもとづく「対象的主題」が、観察作用の確立による構想を発展させるものと、思う働きにもとづく「主体的主題」が思惟的構想を展開させるものとに分化する。これが、第2表に整理された綴る働きの第二次的発達段階の類型である。第二次的発達の類型は、さらに次のような分化をする。思惟的展開を基軸としつつ感情的要素を集注する場合は、表現的叙述をなし、知的要素が集注するときは、論証的な叙述となる。観察的展開を基軸としつつ、感情的要素が集注する場合は描写的となり、知識要素の集注が契機となる場合は、説明的叙述となる。第3表に、その整理された類型が示されている。西尾実は、上述のような類型化を図った基礎データとして、数量化した分析結果を示してい

A表　構想の類型

| 構想類型 | 学年 | (尋)1 | 2 | 3 | 4 | 5 | 6 | (高)1 | 2 | 全 |
|---|---|---|---|---|---|---|---|---|---|---|
| 未展開 | | 6.5 | 3.6 | 1.2 | 0.9 | 0.3 | 0.6 | 0.3 | 0.6 | 1.6 |
| 第一次 | 行動的 | 25.3 | 16.5 | 5.3 | 2.7 | 0.3 | 0 | 0 | 0 | 5.8 |
| | 事件的 | 62.5 | 70.3 | 80.9 | 73.0 | 73.2 | 65.6 | 58.1 | 44.6 | 66.3 |
| 第二次 | 思惟的 | 3.6 | 3.6 | 6.5 | 12.2 | 14.8 | 21.8 | 16.1 | 27.2 | 13.4 |
| | 観察的 | 2.1 | 5.7 | 6.1 | 10.9 | 10.5 | 11.7 | 24.9 | 24.5 | 12.2 |
| 第三次 | 完成的 | 0 | 0.3 | 0 | 0.3 | 0.9 | 0.3 | 0.6 | 3.1 | 0.7 |

B表　叙述の類型

| 叙述類型 | 学年 | 1 | 2 | 3 | 4 | 5 | 6 | 1 | 2 | 全 |
|---|---|---|---|---|---|---|---|---|---|---|
| 不明 | | 0.7 | 2.1 | 0.3 | 0.3 | 0.3 | 0 | 0.3 | 0.6 | 0.6 |
| 第一次 | 表出的 | 31.0 | 13.8 | 5.0 | 2.4 | 1.2 | 0.3 | 0 | 0.3 | 6.2 |
| | 記述的 | 66.1 | 76.6 | 82.1 | 81.2 | 79.2 | 75.5 | 66.3 | 56.2 | 73.1 |
| 第二次 | 表現的 | 1.1 | 2.4 | 5.3 | 9.1 | 9.6 | 14.1 | 11.5 | 21.7 | 9.5 |
| | 論証的 | 0 | 0 | 0 | 0.3 | 0.3 | 0.9 | 0 | 0.9 | 0.3 |
| | 描写的 | 0 | 2.1 | 4.4 | 5.2 | 7.0 | 7.2 | 21.3 | 14.1 | 7.8 |
| | 説明的 | 1.1 | 2.7 | 2.9 | 1.2 | 1.5 | 1.7 | 0 | 1.8 | 1.8 |
| 第三次 | 完成的 | 0 | 0.3 | 0 | 0.3 | 0.9 | 0.3 | 0.6 | 3.1 | 0.7 |

第一章　作文の構想過程指導に関する基礎的研究

C表　叙述と構想の相関関係類型

| 叙述類型＼構想類型 | 構　想 | 作品数 | 百分率 |
|---|---|---|---|
| 表 出 的 | 未 展 開 | 25 | |
| | 行 動 的 | 119 | 71% |
| | 事 件 的 | 16 | |
| | 思 惟 的 | 7 | |
| 記 述 的 | 未 展 開 | 6 | |
| | 行 動 的 | 37 | |
| | 事 件 的 | 1,600 | 83% |
| | 思 惟 的 | 93 | |
| | 観 察 的 | 189 | |
| 表 現 的 | 事 件 的 | 6 | |
| | 思 惟 的 | 244 | 98% |
| 論 証 的 | 思 惟 的 | 7 | 88% |
| | 観 察 的 | 1 | |
| 描 写 的 | 事 件 的 | 115 | 57% |
| | 観 察 的 | 89 | 43% |
| 説 明 的 | 事 件 的 | 1 | |
| | 思 惟 的 | 5 | |
| | 観 察 的 | 41 | 89% |

る（A・B・C表）。

　これらA・B・Cの3表に示された分析結果を見ると、西尾の構想の類型化は、発達的発生的観点からなされたものであることが理解される。A表の構想の発達的縦断的研究においては、小学校4年生に発達の節目があることが見てとれる。すなわち、第一次から第二次への発達を示している。第一次的発達の「事件的」構想は、小学校1年生から6年生までは、ほぼ一定の率で発現しており、高等科1・2年生でやや減少している。他は、4年生を節目に漸減あるいは漸増している。これは、芦田恵之助が『綴り方教授[16]』（1913）において、小学校4年生は綴方教授の第二関門と指摘していることと共通する結果である。

49

B表の叙述の類型では、第一次的発達の「記述的」叙述が、構想の第一次的発達の「事件的」と類似していることが注目される。この点については、西尾も、叙述と構想との相関を調べた結果（C表）にもとづいて指摘している。叙述の発達類型では、第一次の「表出的」、第二次の「表現的」・「論証的」・「描写的」のそれぞれが、漸減、漸増している点が構想の発達傾向と近似している。

　叙述と構想との相互関係についても、仮説として立てられていたことが、ほぼ証明される結果となっていることが認められる。すなわち、西尾は、本項の検討対象としている『綴方教授体系[17]』(1937)に先立って、「綴る働としての表現様式（未完)[18]」という論考を発表している。この中で、次のような構想と叙述との関係を類型化して示している。この仮説が、実態的に検

| 構　　　　想 | 叙　述 |
|---|---|
| 行動的展開 | 表出的 |
| 事件的展開 | 記述的 |
| 思惟的〈情意的／知　的〉展開 | 表現的 |
|  | 論証的 |
| 観察的〈情意的／知　的〉展開 | 描写的 |
|  | 説明的 |

証されたことを示したのが、先のA・B・Cの表に整理されたデータである。この、構想と叙述との類型は、昭和6（1931）年に行った講演「綴方における推敲と写生について」（前出）において述べた、次の5類型とは異なっている。
　一　行動的のもの
　二　事件的のもの
　三　観察的のもの
　四　思惟的のもの
　五　象徴的のもの

「象徴的のもの」が削除され、「思惟的のもの」と「観察的のもの」とが、入れかえられている。これは、綴る力の発現の根源的作用としての「見る働き」・「考える働き」と、「思惟的」・「観察的」との相互関係のとらえ方の変化によるものと考えられる。「思惟的のもの」より「観察的のもの」を、発達的段階の上に位置づけたのは、「見る働き」と「考える働き」との根源性についての認識が変化したことによる。認識の変化をもたらしたのは、すでに取組まれていた作文分析の共同研究の活動であると推量される。

　講演「綴方における推敲と写生について」(前出)においては、子どもの綴る力の発達という観点から、思惟的なものと観察的のものとの発達の様相は、子どもによって異なるが、「考える働き」が根本であって、「見る働き」は、派生的であるとしていた。綴る力の東西南北軸も、『綴方教授体系』(前出)では、次のように整理されたものとなっている。そして、思うを基本軸

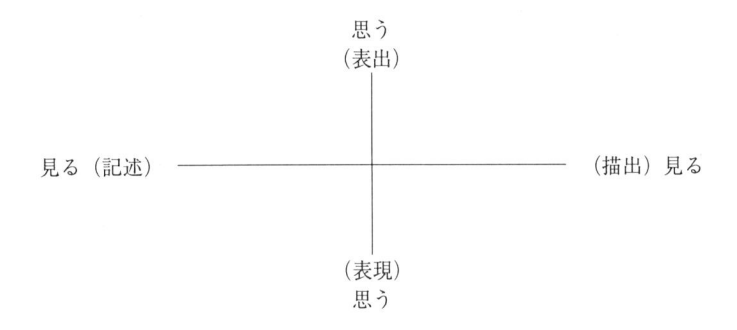

```
                思う
               (表出)
                 │
 見る(記述) ────┼──── (描出)見る
                 │
               (表現)
                思う
```

に、見るを発展的な軸に位置づけるという見解を示している。これが、思惟的展開→観察的展開という変更をした根拠であると考えられる。

## 2　文章産出論の立場からの「主題－構想－叙述」論の検討

　西尾実は、主題が構想に展開し、叙述にまで具体化されていくとする説を述べている。しかし、主題が構想に展開し、さらに叙述にまで具体化されていくという、主題の展開、成立の過程は、推敲という方法によってしか跡づ

けることができない。西尾も、ハーンの説を援用しながら労作としての推敲の重要性を強調している。そのことが、主題認識についても、「主体的」、「客体的（対象的）」といった、おおまかな把握にしかならないという結果をもたらしたものと考えられる。すなわち、推敲という文章精錬の営みは、観点を変えると、自己の文章を批判的に読むということである。それは、産出された結果としての文章を理解し、批評するということでもある。文章を産出し、生成する立場から見る必要があるのではないか。西尾の場合は、主題→構想→叙述という過程が、文章生成の過程であると説述しながら、実際は、叙述→構想→主題という過程をたどって、主題の成立を批判的に確かめるという方法をとっているのではないかと考えられる。

　同時代の研究者、金原省吾は、構想の展開は、推敲の過程に発現するという実験的調査結果を発表している。これは、西尾説と見解を同じくすると見ることもできるが、金原は、『構想の研究』（前出）において、構想には、前部構想と後部構想のあることを指摘し、前部構想を成立させるものを「感激」という「全体的なるもの」に認め、構想は、「描く働」が「観る働」に促されて、分化、展開するものであるとしている。金原の説には、「全体的なるもの＝感激」が前部構想を成立させ、さらに後部構想に展開するという、西尾の説に比して一歩踏み込んだ見解を見いだすことができる。金原は、小学校の児童に「雪」という課題で文を書かせ、その推敲過程に現れた構想の軌跡を類型化し、構想展開の形式として、6種の形式を整理している。その上で、構想の展開形式に、変化するが、最初に産出された「全体」想は、動かない、と述べている。

　西尾実の構想形成論は、主題を根基としている。その主題の成立について、西尾は、次のように述べる。「三冊子」に引かれている芭蕉の「句作になるとするとあり。内を常に勤めて物に応ずれば、その心の色、句となる。内を常に勤めざるものは、成らざる故に、私意にかけてするなり。」ということばに続けて、主題論を展開している[19]。

　　芭蕉によれば、主題の成立は、「内を常に勤めて物に応ず」ることにある。「内を常に勤め」るということは、句作にその前提となり基礎と

なるものの重要さをいうたのであろう。しかも、それは「物に応ず」ることであるとしている。更にいえば、「我」が「物」に応ずるのであろう。それは物我一体の体験をいい、我となって存する対象、対象として生きる我をいうに違いない。これが創作の根基たる主題結成の因であるというのである。綴方は綴方であって、文芸創作ではないにしても、それが完成の方向は文芸創作にあるという意味において、綴方指導はやがて主題結成の地盤としての生活指導の問題に立ち至らざるを得ない。
　「綴る働き」が綴方教育の直接対象であるということは、「思う働き」「見る働き」の言語化に至る展開過程が綴方の本体であるということにほかならぬ。しかるに、その「思う働き」「見る働き」は、何かを思い、何かを「見る働き」である点において、思われた何、見られた何としての主題とその展開過程とが綴方の本体であるともいえる。しかも、その主題は一つの生活体験として形成せられるものである点において、綴方指導は言語表現の立場からやがて生活指導に参するものであることは疑う余地はない。
　主題結成の因は、「物我一体の体験をいい、我となって存する対象、対象として生きる我をいう」とされている。そして、そのことを根拠として、「主題結成の地盤としての生活指導の問題に立ち至らざるを得ない」とも、「主題は一つの生活体験をして形成せられるものである点において、綴方指導は言語的表現の立場からやがて生活指導に参するものである。」とも述べられている。このような見解は、「生活綴方」指導の立場への接近をうかがわせるものがある。「物我一体の体験」・「主題は一つの生活体験」ということばには、金原の言う「前部構想」の発生の因となる「感激」という「全体的なるもの」の存在を指摘した見解に通底するものがある。「体験」「生活体験」は、「物我一体」の未分化な主題を客観化する営みであると理解される。この「生活体験」を深く豊かなものにすることを「生活指導」と言っていると考えられる。つまり、主題認識の深化と分化とを促すという見解を示唆していると見られる。そのことに類比される作用について、金原は、「描く働」を「観る働」によって展開せしめるのが構想であるとしている。

西尾は、既述したように、綴る力の基本軸としての思う働きと見る働きとについて、思うが基本軸で、見るはその発展的な軸に位置づけられるという見解を述べている。しかし、その研究手法は、一定期間に執筆された綴方作品を収集し、小学校1年生から8学年にわたるものを対象に縦断に分析するというものであった。書き手が、自己の作品を推敲を重ねた過程を検討するという金原の方法とは異なっている。構想の展開過程の研究ではなく、構想の発生的発達的研究であるということである。系統発生は、個体発生に反映、発現するという定理が適用できるとすれば、西尾の研究成果を、発達段階の限界を条件として、学習者個体の構想の展開（伸長）過程ととらえることが可能となる。

　西尾実の〈主題→構想→叙述〉論にもとづく児童・生徒の綴方作品の検討を通して、構想の生成、展開をどのようにとらえているか、検討することとする。

　西尾は、「綴る働きの第一類型」に分類する尋1の児童の作品2例をあげて、分析、検討した結果を示している[20]。

㈢　キノフ　サンゲシ[(1)]ヘノツテアソビマシタ。サンゲシヘノツテシツケ[(2)]ヲヤリマシタ。（1月14日）

　　注(1)サンゲシ—さぎあし、竹馬　(2)失敬、挙手の礼

㈣　キン[(1)]ノオカキシブヲトリニイキマシタ。イザアル[(2)]ヲモツテイキマシタ。ソオシテソノヒトント[(3)]オトイツタアツヤア[(4)]、オトオチヤントオレトコオトニネンンカツチヤツ[(5)]ヒトトベンキヤノオンナノヒトトシンヤノコオトニネンノヒトトソレハナンツ[(6)]ナノヒトトツツヤア[(7)]ノブサアツ[(8)]ナノヒトデス。ソノヒト[(9)]ントオウト、イキマシタ。イザアル[(10)]ヲ三ツモツテイキマシタ。ソオシテオトオチヤンガノボツテソオシテカツチヤガノシテ、シンヤノヒトハヒタデボオヲサンニンモツテトオチヤハヒタデモイダリ、ソトヘデタヤアツ[(11)]ヲエレタリモイダリバンテンチンガリ[(12)]ヤツテキマシタ。オトオチヤントオモカツチヤントオモイツシヨンケンメイデモンデルモンデ[(13)]、オラント[(14)]オノアタマヘドシンドシントオチテキマシタ。ソオシテセナカイモドシンドシンドシントオチテ

54

第一章　作文の構想過程指導に関する基礎的研究

オラント[15]オハ、アタマモセナカモドシンドシンオチトモンデ[16]トテモイタクナリマシタ。ソオシテゴミガアツタモンデ[17]ゴミヲモツテアタツテ、マタヒロツテマタアタツテマタヒロツテシマヒマシタ。オイタモンデ[18]カキシブヲモツテデツケヘシヨオガカ[19]キシブヲモツテ、オレハイザアル[20]ニヒコシアツタモンデ[21]ソノヤツツ[22]ヲモツテキマシタ。(12月26日)

　注(1)キンノオ―昨日　(2)イザアル―イザル、ザル　(3)ソノヒトントオ―その人等、ドウイフ人等か　(4)イツタアツヤア―行ツタカトイヘバ　(5)(6)(8)ツ―トイフ　(7)ツヤア―トイヘバ　(9)ソノヒトントオウ―その人等　(10)イザアル―イザル、ザル　(11)ヤアツ―ヤツ　(12)バンテンチンガリ―交互ニ　(13)モンデ―モノダカラ　(14)(15)オラントオ―僕等　(16)(17)(18)モンデ―モノダカラ　(19)デツケヘシヨオ―デカイシユウ、大キイ人々　(20)イザアル―イザル、ザル　(21)モンデ―モノダカラ　(22)ヤツツ―ヤツ

これらについて、次のような方法観にもとづいて、分析、考察している。
　私は文芸作品の研究において、作品に対する真の理解は鑑賞の否定による発展として得られるものであること、及びその方法は解釈として主題と構想と叙述とを一般的関連において闡明することであることを叙上した。今、その体系によってこの二例に対する私の解釈を示すと、
と前置きして、㈢・㈣の作品の〔主題、構想、叙述〕をそれぞれ次のように示す。
　㈢主題　サンゲシに乗ってやったシツケの得意さ。
　　構想
　　　(一)　昨日やったサンゲシ乗り。
　　　(二)　サンゲシに乗ってやったシツケ。
　　叙述（イ）構想の（一）から（二）への展開における反復的要素と発展的要素との関連が一種の格律を成している。（ロ）「シツケヲヤリマシタ。」は活躍している。
　㈣主題　昨日の柿渋取り。

55

構想
　（一）往きの同勢。
　（二）柿渋取りの壮観。
　（三）還りの任務。
　叙述（イ）構想の（一）も（二）も（三）もそれぞれの起筆が起筆らしくできている。（ロ）「ソノヒトントオトイツタアツヤア」とか、「ソレハナンツナノヒトトツツヤア」とかいうような問を掲げ、それに答える形で同勢の出自・名前等を明らかにしているのも初心者らしい。（ハ）取り場では父母を中心としての活動を叙し、自分たちの頭や背に容赦なく柿の落ちてくる壮観が「ドシンドシン」という擬態語の反復により有力に表現せられている。（ニ）火にあたっての休息を叙するのに、「アタツテ、マタヒロツテ　マタアタツテ　マタヒロツテ」というような素朴な句法を用いている点が目立っている。（ホ）方言や自己流の発音を忠実に表記している点が注目せられる。

　なお、㈢の児童の綴方作品として㈠を、㈣の児童については、㈡の作品を掲げて考察の対象としている。主題、構想、叙述の観点からの分析は、示されていない。

　㈠オトモダチト、ヤマヘハナヲトリニイキマシタ。モミヂノハツパガオツテ⁽¹⁾ヰマス。モミヂノハガオツテ⁽²⁾ヰタノヲヒロイマシタ。（11月2日）
　　　注(1)(2)オツテ―落ちて
　㈡ケフアメガフツテイヤダナア。カハノミヅガトテモツイテイヤダナア。シミヅノミヅガトテモタマツテイヤダナア。ヒトガナガレヤ※イヤダナア。ウミノハホヘイツマウデイヤダナア。（10月22日）
　　　注※ナガレヤ―流れりや

　㈠㈡は綴方の時間に書いたもの、㈢㈣は自発的に書いたものである。
　この4作品について、西尾は、「今、『綴る働き』の展開を跡づけるために、主題・構想・叙述等それぞれの類型を児童の綴方作品によって考えるに、『思う働き』が『見る働き』を発展させると叙上したことは、やがて主題の類型は二つあって、それは主体的な主題と客体的な主題であるということになり、

または心的な主題と物的な主題とがあるということになる。」と述べて、主題を類型化して示す。続いて、「上掲の四例は、いずれも主体的・心的主題の傾向を有し、しかもその『思う働き』はまだ『思う働き』としての独立性・自立性を有するに至らず、自己の衝動あるいは行動の形態を脱していない。」と発達の様相について述べている。さらに、構想について、次のようにその特色を指摘する。「次にそれぞれの構想について見るに、㈣を除いては、そこには事件としての発展もなければ、論理的な展開もない。いわば行動的発展であり、衝動的展開である。したがって、その叙述はまだ叙述というだけの自覚的営為ではなくて、いわば表出運動の域を脱していない。（中略）児童自身の表現をを目ざした場合においては、大多数の作品は、主題は心的、構想は行動的、叙述は表出的というのがその類型であるといってよい[21]。」これは、発生的視点からの考察である。

㈢㈣の文例の、主題・構想・叙述の分析は、「解釈」の方法体系によっていることは、西尾自身がことわっている通りである。児童の文章の産出過程としての主題→構想→叙述の記述ではない。主題・構想は、明らかに解釈であるが、叙述の分析は、書き手の想により添うように忖度しながら解釈していると見られる。

㈢の場合は、「㈠から㈡への展開における反復的要素と発展要素との関連が一種の格律を成している。」と指摘している点に、それを認めることができる。特に、主題の「サンゲシに乗ってやったシツケの得意さ」は、「サンゲシヘノツテ」という語句の反復の後に「シツケヲヤリマシタ」という中心題材（主題）を配置したのは、竹馬遊びで得た感動（喜び）にもとづく表現欲求が、リズムを成して発現し、このことばを生み出したためと考察していると、理解できる。ただ、これは、あくまでも分析者である西尾の忖度であり、解釈であって、この児童が意識的にそのように表現しているわけではない。このことは、西尾も、児童の実態は「『思う働き』としての独立性・自立性を有するに至ら」ないところにある、と述べている。

㈣の場合も叙述の分析については、㈢と同様に理解することができる。書き手の想の展開と言語による外化――文章表現の軌跡を辿っている。構想の

㈠・㈡・㈢の展開は、「それぞれの起筆が起筆らしくできている。」と評して展開の節目がはっきりしていることを指摘する。また、表現にも、問→答という対応表現、擬態語の反復、行為表現の反復という、表現のリズムの存在を明らかにしている。これらのことによって、主題・構想・叙述の相互に有機的な関連性のあることが納得される。しかし、これらは、あくまでも分析者の解釈であって、書き手の意識的な操作ではない。すなわち、書き手がどのように主題を着想し、それをどのように構想に展開し、さらにと、叙述として線条的に展開し、言語表現化していったのか、ということは明らかでない。

そこで、文章の創作意識が自覚的であると考えられる小学校高等学年と見られる作品を取り上げ、西尾実が、それをどのように考察しているか、検討する。なお、この作品は、ある綴方研究会の席上で滑川道夫氏が紹介されたものであるとことわっている。

作品の題は「栗の実の落ちる頃」とある。本文は、×印をつけて１行あけにし、全体で４つのまとまりを形式的に示している。途中を省略して引用する[22]。

　　栗の実の落ちる頃
　　僕は三年生の時父と死に別れました。
　　三年生でも九歳の年の五月なのです。
　　その年の秋、栗の実の落ちる頃でした。
　　世間の人達があの黒い学生帽をかぶつてあるくのを見て、ほしいほしいと思つてゐました。
　　母に話すと、母も父に死なれて金もない。それで栗を拾つたのをお前にやるからそれで買つてやろう(ら)、と云はれた。
　　今までは、毎日祖母についてゐて拾つたのだが、今度から自分が拾ふことにした。
　　　　　　×
　　僕の家は林の中で、その林一たいは大抵栗林だつた。そしてそれが僕の家の所有地となつてゐた。村に、少しはなれてゐて、うすくらゐ(い)ような(や)

第一章　作文の構想過程指導に関する基礎的研究

林なので、きみのわるい所だつた。
　　　　　×
（林に栗拾いに行ったところ、見知らぬ三人の女の人と巡査が栗を拾っていた。自分の家の林だからよそで拾ってほしいと言ったが、なかなか移動してくれない。巡査とのやりとりの中で、父親が死んでいないことがわかると、巡査たちは、よその林へ行ってくれた、という経緯が会話文をまじえながら叙述されている。）
　　　　　×
僕はその時、ほつとして今まで巡査の居た方へ行つて拾ひ始めた。

　この作品について、西尾は次のように述べている。いろいろ議論すべき問題はあろうが、自分は、まずこの文章の主題を問題としたい。[1]「学生帽買ひたさにした栗拾ひの回想」・[2]「父を失った頃の感傷」・[3]「警官の行為に対する批判」などといった受けとめが可能である。その中で、自分は、2の考え方をとる。この児童の意識していたものは、1であったかもしれない。読者に訴えるところは、3であるかもしれない。しかし、この文章を通して見いだされる種子は、2にある。3のごときは、偶然の効果ではないか。このような指導者の受けとめの差異から生ずる問題の指導の的確を期するためにも、以下のようなことに努めなくてはならない。「主題が何であるかを突きとめなくてはならないし、主題が何であるかを突きとめるためには、主題の展開過程としての構想はもとより、更にそれが展開の局限面としての叙述を明らかにしなくてはならない。しかも、児童の綴方作品の主題・構想・叙述は、それが表現の完成体でないだけに、その一々を発達的に跡づけるほかに闡明の途はない。これが、私をして綴方作品における主題・構想・叙述の類型を探らしめ、各児童の全作品を類型的に記載して『綴る働き』の発達を跡づけさせ、そこに的確な指導の可能を期待させるに至ったゆえんである」。

　この叙説によって、小学生の尋1から高2までの「各児童の全作品」の「主題・構想・叙述」の発達的観点からの類型化を図ったのは、それを基準として「指導の的確を期するため」であることが理解される。そして、主題→構想→叙述の展開の現実相を、産出された結果相としての、綴方作品の叙述を

通して「解釈」し、それを類型化された発達相に照らして指導の的確を期すべきことを主張しているものと考えられる。

　小学校の広範で大量な綴方作品についての、類型化のための具体的な検討過程を見ても、叙述→構想→主題という遡及的な方法がとられている。上に検討してきた小学校低・高学年の場合についても、それは明らかである。書き手の意識にできるだけより添うように努めてはいるが、限界のあることは否めない。児童・生徒の、主題→構想→叙述という制作作業の実態に応じて調査されるべき課題を残していると言えよう。

## 第三項　西尾実の構想研究の現代的意義

　西尾実の構想研究の成果は、昭和初期にあげられたものであるだけに、一定の限界があることは否めない。しかし、作文教育の基礎研究として、なお継承し発展させるべき価値を有していることも確かである。特に現代の作文教育が、その指導原理としてコンポジション・セオリーにもとづいて実践されていることから、学習者の文章の産出、生成過程に即応する指導がなおざりになっている実態がある。西尾実の発生的発達的観点からの作文の研究成果は、再評価されなければならない。

　西尾は広範囲にわたる地域の作文の採集と、小学校の１年生から学年を追って８学年に及ぶ児童・生徒の作文を縦断的発達的に共同研究している。それは、発達水準に応じた指導の目標をたてる手がかりとなり、作文指導カリキュラムの組織化の基礎データとなりうる。この成果を直ちに、現代のカリキュラムの構成・組織に活用することはできないが、このような方法による現代の児童・生徒についての発達研究をする必要がある。西尾のこのような考え方と方法による調査研究は、1953年及び1954年から各６年間にわたって国立国語研究所においてなされている。この成果は、『小学生の言語能力の発達[23]』（1964）にまとめられている。西尾の場合は、綴る力の、主題、構想、叙述の発達の様相を解明したものであるが、国立国語研究所の研究は、

課題作文による、内容面・計量面・形式面の3観点から分析・整理し、発展段階の様相を明らかにしたものである。しかし、「構想力」のとらえ方については、国語研究所では、「興味中心的」「羅列的」「組織的」という観点から分析していて、西尾のとらえ方より、かなりおおまかである。これは、作文能力がコンポジション理論にもとづいて認識され、分析されているので、西尾の発生的観点からのとらえ方との差異が生じたものと考えられる。国語研究所の成果は、学習指導要領の指導事項の措定と学年配置の基礎資料となったものであるが、再検討されなければならない。

　綴る力を支え、その展開を促す作用として「見る働き」と「思う働き」とを措定している。これは、現代の作文能力の見方では、作文の基底力とされているものである。観察力・思考力・感受力といった能力が措定されている。その意味では、西尾の諸説は現代に継承、発展させられていると言ってよい。

　特に、推敲による構想の展開促進、主題の明確化という諸説には、今日、認知心理学的立場からの研究に、それを支持する成果があげられている。全体的なおおまかな構想、プランを立て、実際に作文記述したり、問題解決行動をしたりするに際して、つまずきや問題が生じたとき、その状況に応じて、局所の構想、プランを立てて、問題に対応し、解決するものであることが、実験的調査を通して明らかにされている。さらに、実際行動に移し、行動結果を吟味することを通して、構想、プランを修正して問題解決に当たるものであるという知見も得られている[24]。西尾は、推敲を労作ということばで表現しているが、推敲過程で働くものの内実を新しい研究方法で再検討し、解明する必要がある。そうすることで、作文の構想指導の方法の開拓に資することができる。

　西尾実の主題、構想、叙述の作品構造観は、作品解釈の方法論でもある。しかし、西尾は、これを綴方作品の発生過程の解明に適用しうるものとしている。そして、解釈作業を通して、主題→構想→叙述への生成過程を透視しようとしている。透視し、整理されたものは、児童・生徒の認識・思考力を反映した類型となりえている。そうは言うものの、これは、あくまでも解釈、透視の結果として整理されたものであって、発生、生成過程の実態にもとづ

いたものではない。発生、生成過程の実態をとらえるという立場からの研究としては、作文産出スタイルの認知心理学的方法による研究がある。これは、西尾の、主題→構想→叙述の展開過程を生成的に見るものではないが、有力な成果をあげている。ただ、西尾の主題→構想→叙述の展開は、主題が種子のようなものとして胚胎され、それが成長して幹が育ち、葉が茂ることに喩えられている。この比喩を裏づける実証的理論に、H・ウェルナー、B・カプランの微視発生説[25]がある。これは、シンボル（言語表現）の形成は、未分化・一体→分化・階層という過程を経過するものである、という学説である。筆者（大西）は、西尾の言う主題的なるものの生成の段階を、創構（インベンション）に相当するものととらえ、その生成過程を、漠想→分化想→統合想と仮説し、検証している[26]。西尾の見解にも、これに類比されるものがある。主題→構想の展開過程を、書き手の想の生成、展開という視点から検討してみる必要がある。

　第二項において取り上げた、西尾実の研究成果は、いわゆる生活文を対象としたものである。それは、西尾自身も述べているように、文芸作品を完成像としたものであった。それに対して、現代は、論理的文脈を主とした文種が多く書かれ、指導されている。この点に配慮した研究が、今後の課題となろう。

　西尾実の、主題→構想→叙述の発生的発達的類型は、日本作文の会の措定した発達的観点からの指導定式とも共通するところがあり、西尾の研究に対する価値性を認識することができる。

　発生的発達的観点に立つ生成研究に先鞭をつけた研究として、西尾実の研究は、現代においても継承、発展させられるべき価値を内包していると認められる。


注
1）西尾実著『国語国文の教育（第十四版）』『西尾実国語教育全集第一巻』（教育出版　1975）所収　33頁。施線は引用者。なお、本書の表記については、序文で、「表

記法をなるべく当用漢字と現代かなづかいに改め」たとことわっている。
2）同上書　39－40頁。施線は引用者。
3）同上書　43頁。施線は引用者。
4）西尾実「綴方における推敲と写生について（講演記録）」『西尾実国語教育全集第三巻』所収　119頁
5）同上書　論文　119－220頁
6）前出書（注1）89頁
7）*On Composition*
8）前出書（注4）講演記録　112頁
9）同上書　134頁。施線は引用者。
10）前出書（注1）20頁。施線は引用者。
11）前出書（注4）講演記録　143－144頁。施線は引用者。
12）同上書　148頁
13）引用は、有朋堂版　昭和28＝1953によった。112－113頁。施線は引用者。
14）前出書（注1）7頁。施線は引用者。
15）金原省吾著『構想の研究』。施線は要約引用者。
16）芦田恵之助著『綴り方教授』育英書院　1913
17）西尾実著『綴方教授体系』岩波書店　1937
18）西尾実「綴る働としての表現様式」昭和9＝1934年1月号　東京大学国語国文学会
19）以下での引用は、『西尾実国語教育全集第三巻』による。206－208頁。施線は引用者。
20）同上書　167－171頁
21）同上書　166－167頁
22）同上書　208－213頁
23）『小学生の言語能力の発達』国立国語研究所報告書　明治図書　1964
24）安西祐一郎・内田伸子「子どもはいかに作文を書くか？」「教育心理学研究」29巻4号
25）H・ウェルナー＆B・カプラン著、鯨岡俊他訳『シンボルの形式』ミネルヴァ書房　1974（原著　1963）
26）拙著『作文教育における創構指導の研究』溪水社　1997

## 第三節　作文の構想過程モデル作成の試み

### 第一項　作文の構想過程に関する先行研究の整理と考察

#### 1　先行研究の達成

これまでに発表され、今日の作文の構想指導の理論的基礎に位置づきうると考えられる先行研究として、以下のものがあげられる。
(1)　武島又次郎著『修辞学』東京博文館　明治31＝1898
(2)　芦田恵之助著『綴り方教授』育英書院　大正2＝1913
(3)　垣内松三著『国語の力』不老閣　大正11＝1922
(4)　垣内松三「構想の諸相」雑誌「国文教育」昭和3＝1928.1
(5)　垣内松三「構想の諸相㈡」雑誌「国文教育」昭和3＝1928.3
(6)　金原省吾著『構想の研究』古今書院　昭和8＝1933
(7)　西尾実著『国語国文の教育』古今書院　昭和4＝1929
(8)　西尾実「綴方における推敲と写生について」昭和6＝1931.8　『西尾実国語教育全集第三巻』教育出版　昭和50＝1979　所収
(9)　西尾実著『綴方教授体系』岩波書店　昭和8＝1933
(10)　飯田恒作著『綴る力の展開とその指導』培風館　昭和10＝1935
(11)　東京都立教育研究所国語研究室（新井研一他）「児童の作文に見られる父親のとらえ方の研究―想を中心として―」「東京都立教育研究所紀要第8号」昭和46＝1971.10
(12)　同上国語研究室（中島国太郎他）「作文学習における題材と発想・着想とのかかわりに関する研究―事例研究による一考察―」「東京都立教育

研究所紀要第24号」昭和55＝1980.12
(13)　森岡健二著『文章構成法』至文堂　昭和38＝1963
(14)　今井文男著『文章表現法大要』笠間書院　昭和50＝1975
(15)　安西祐一郎・内田伸子「子どもはいかに作文を書くか」「教育心理学研究」第29巻第4号　昭和56＝1981
(16)　安西祐一郎著『問題解決の心理学』中央公論社　昭和60＝1985
(17)　若林健一・茂呂雄二・佐藤至英「仮想視点からの作文」「研究報告集13」国立国語研究所報告104　平成4＝1992

　武島又次郎（1898）は、西洋修辞学の受容に当たって、同時代の修辞学者の多くが、創構を軽視あるいは無視しているのに対して、重視している数少ない一人である。武島は、西洋古典修辞学で言うInventioを構想と訳し、その意義を「感想を作り出す義」ととらえ、[1]記載の材料を得ること、[2]その適不適を識別すること、[3]材料の配列、の3要件を内実としてもつものであることを述べている。すでに述べたように、これは修辞学の5分節のうち、Inventio（創構）・Dispositio（配置）の2分節を包含することを意味しており、今日一般の用いられ方とは異なる。

　武島は、構想に2つの意味を内包させながら、その叙説は、もっぱら配置に力点を置いてなされている。その理由は、創構に相当する「感想を作り出す」ことは、教育の対象とすることのできないもので、「天賦の才」に依る以外にないとする考え方にあると考えられる。因みに、武島は、構想の種類として、[1]「記述」[2]「歴叙」[3]「解釈」[4]「論弁」をあげ、それらが、[1]記事文・[2]叙事文・[3]説明文・[4]議論文という文章ジャンルを形成する、としている。これは、叙述内容に対する言語主体の表現態度に因由をもつもので、構想作用の内実を検討するに際しての貴重な問題提起となっている。また、創構と構想とを区別するとして、創構が構想にどのように展開するかという問題も課題として残されている。

　芦田恵之助（1913）は、作文の指導過程を[1]「材料—文題の選択（教）・思想の蒐集（生）」[2]「自作」[3]「指導—構想の指導・発表の指導」[4]「処理—批正（教）・推敲（生）」という4分節に分けている。特に、「構想の指導」に

ついては、前段の「思想の蒐集」を受けて、「自作」させ、「構想の指導」をするということになっている。その「構想」の内実は、低学年は「書くべき想の自覚」、中学年は「目的に応じて思想を先後、軽重すべきこと」、高学年は「着想と思想排列の工夫」という目標で示されている。ここにも、創構と構想とを一連のこととしてとらえる見方がうかがわれる。しかし、その両者の連動のさせ方は必ずしも明確とは言いがたい。ただ、芦田は、その随意選題論の立場に立って、児童を書かずにはおられない「境遇」に置き、その「実感」を綴らせることを提唱している。この「境遇」に、創構と構想を有機的に関連づけ、展開する作用を解明する手がかりがあると推測される。

　作文の構想の実験的臨床的研究をしたのは、垣内松三（1928. 1、3）である。垣内は、その構想論の先蹤と見られる生成的プロット論を『国語の力』（1922）において展開している。垣内は、文学作品のプロットは、その内面に、Plot of passion と Plot of action とがあって作用し、詩や散文、記述・表現といった文学の形態を生み出す。さらに、この2つの作用の中枢に「視ること」の働きがあるとしている。

　垣内は、このような考え方をふまえて、実験的臨床的調査を行っている。すなわち、児童に、絵（「曙」「火見櫓」）を見せて文章を書かせ、文章産出過程、産出された文章の量的質的分析を行っている。その結果、構想の諸相は、絵に触発された印象が、境位（Situation）として関連して形成され、その構想は、意味と言表との連関作用を統率する内実の展開として、「表現層」に形象化される、としている。

　この構想の展開の諸相を、以下のように5つの層に分類している。最表層に位置する、Symbolization ＝絵の背景を言語化したもの、次に、Temporal Relations ＝時間の順序で情景の変化をとらえる構えを示すもの、第三に、Spacial Relations ＝絵の情景を空間的な順序でとらえ、対象への視点を変化させる構えを示すもの、第四に、Complex Relations ＝絵を見て文章化する際に、筆者の立場からと対象の火見櫓の立場からとの視点の変化が、交互に発現するもの、最後に、最深層に位置づく Legal Relations ＝対象の中心にある火見櫓に同化し、絵の情景の内側に入って想像したことを、整合性のあ

る述べ方で展開しているもの、の5類型である。これは、「視ること」を中軸とした構想の生成過程を類型的に把握したものと見ることができる。創構から構想への展開相をとらえるヒントが得られる成果である。

垣内松三の研究は、中断しているが、構想の実験的研究、生成的視点からの観察、認知スタイルの観点からの認識、といった研究方法への啓示となっている。

中断した垣内の研究は、金原省吾（1933）に継承された。金原の研究は、児童に「朝」という題で作文をさせ、3回にわたって推敲、書き直させたものを分析している。金原の構想研究は、その生成過程を、構想の展開の様相をとらえることを通して解明しようとしたものである。構想展開の様相を、[1]展開・[2]反復・[3]変換・[4]附加・[5]雑集・[6]混合の6類型に整理している。金原の研究成果の要点をあげる。

能力の低い生徒は、経験を経験のままで表現するが、能力の高い生徒は、内観化の傾向を示し、心の全体を背景として表現する。後者は、推敲を通して個性を確立させることができる。また、推敲を通して構想を展開することが可能である。さらに、構想を展開する基となるのは、「全体」的なるものであり、「全体」は、第一句を得た時に結晶を始め、結晶傾向を決定するとしている。

金原は、これらの実証的研究成果をふまえて、以下のような理論的仮説を提示している。

主体が、対象に感激し、それを作品化しようとする志向の中に反省が生起し、構想が発生する。また、感激という全体が分化し、見取り図としての節意（スケッチ）が成立して、最後の表現としての文章が実現される。感激と構想は、「観る働」に属し、節意と文章は、「描く働」に属する。構想は、この「観る働」と「描く働」によって展開せしめることである。

金原は、さらにこの理論を発展させて、独特な構想論を展開する。構想を軸とする綴方の表現過程を、[0]視―志の発現の時期、[1]前部構想の時期、[2]慣れの時期、[3]後部構想の時期、[4]表現の時期、の5分節に分ける見解を呈示している。

金原の研究が、今日の構想研究に資するものは大きい。特に、構想過程を、前部構想と後部構想とに分けて、その中間に「慣れの時期」を置くという構想過程のとらえ方は、示唆深い。前部構想は、細部を収集、吟味し、細部相互間の組織を工夫することであり、後部構想は、「慣れ」という醸成期間を置いて、前部構想が後部構想に自然に展開するとしている。これは受動的展開であるが、論理的文章では能動的に展開するとする。文種によって構想の発生と展開とが異なるという見方である。

　前部構想は、いわゆる創構であり、構造化されたアイデアの全体的なまとまりが形成される段階である。後部構想は、前部構想を文章化するために線条的に展開する段階である。金原が「慣れ」の過程を置き、それが、自然に展開するとしたのは、いわゆる「生活文」とか文学的な文章についてであって、論理的な文章には必ずしも適用できない説明原理である。この点が、今日解明を待たれている課題である。

　西尾実（1931）は、自らの実践体験の上に立って、垣内松三や金原省吾の影響も受けて、作文の構想の実践的実態的研究を進めている。研究を進めるに当たって、その理論的仮説の形成に、L・ハーンやR・G・モウルトンの説を援用している。以下、西尾の研究の要点と、その、今日への啓示について記す。

　西尾実の研究の特色は、実態的発達的研究ということにある。西尾（1937）は、長野県内の児童・生徒、小学校1年から高等科2年までの綴方作品2800編を対象として、志を同じくする地元の教師と共同研究をしている。西尾は、構想の発生的発達的研究を、綴方作品の分析を通して行った結果、以下のような類型を発見している。[1]行動的展開、[2]事件的展開、[3]思惟的展開、[4]象徴的展開の4類型である。

　西尾は、これらの構想の諸相に分化、展開させる作用因として、「見る働き」と「考える働き」とを措定している。さらに、構想展開を促進する活動として「推敲」をあげ、その働きについて述べている。すなわち、「推敲」は、主題の確立、その展開としての構想の形成、文章表現としての形象化という展開を推進する働きをもつとする。

西尾の研究成果で今日においても啓発されるのは、構想の展開は、推敲の問題である、とする見解[5]である。推敲は、現代の見方で言えば、文章についてのセルフ・モニタリングである。文章の構想過程は、創構されたものを線条的に展開する作業過程であり、その過程で推敲（モニタリング）することで、展開を促進できるとする考え方が、この見解から導かれる。これは、後に検討するように、認知心理学的手法による実証的研究の結果（安西・内田〈1985〉）と照応する内容である。次に、西尾の構想展開の5類型は、構想の発生、発達段階、つまり、個体における構想の発生、発達の段階と一致するとする認識も、示唆深いものを有している。さらに、西尾は、主題が展開したものが構想であるとし、その主題の明確化、確立は、推敲を通して、構想の展開を図ることによって成されるとする。この見解は、金原省吾の、全体（感激）→前部構想→慣れ→後部構想という構想過程の認識と通底するところがある。金原の「慣れ」は、西尾の「推敲」と類比されるものを有しているのではないか、と考えられる。

　構想の発達的研究として注目されるのは、実践家の飯田恒作（1935）である。飯田は、自分の担任した児童を6年間持ち上がり、特に、父親を題材として綴方作品を学年ごとに分析、整理し、構想の発達の様相をとらえている。飯田は、学年が進むにつれて児童の父親像認識の視点が、単一的自己中心的なものから多視点的客観的なものへの変化、発達することを報告している。この変化は、外面的認識から内面的認識へと深化することと並行して進む。飯田の研究については、東京都立教育研究所（1971）が追試をしている。東京都立小学校の1年から6年までの1,114名の児童作文「ぼくのおとうさん」と、飯田の6年間持ち上がりの児童の「おとうさん」と題する綴方作品45編とを比較し、発想・着想・構想の3点から分析、考察している。

　1・3・5年の作品が抽出、検討されているが、1・3年は、ほぼ同傾向を示し、5年になると異なった様相を示すようになることが指摘されている。父親をとらえる観点として、身体的特徴、名前をもってするものは、1・3・5年ともほぼ同率で発現する。それに対して、父親の行動描写、職業、仕事の時間といった外面的に認識されるものは、1・3年生、父親の癖・性格、

父親への感想など内面化したとらえ方がされるものは、5年生に発現する傾向を示すと報告されている。

この結果にもとづいて、都研国語研究室は、着想・構想の指導系統案を策定している。1年＝順序をお話するように、2年＝順序を決め、気持ちも書く、3年＝観察をこまかくさせ、中心・段落を意識して、4年＝書くべきことがらを選び、全体の仕組みを考えて、5年＝自分の感想や意見も加え、強調することがらを考えて構造化する、6年＝自分の意見を加え、できるだけ個性的な構造を工夫する、といった系統を示している。これは、コンポジション理論にもとづく構成を発達的観点から整理したものである、と考えられる。すなわち、本研究は、発想→着想→という想の展開過程を受けて、構想をとらえるという立場に立っていて、この点は、コンポジション中心の現代の作文の構想指導とは異なるが、結果的には、コンポジション理論に従っていると言うことができる。ただ、飯田と都研国語研究室が、構想の発達、展開が、新しい視点を発見して対象を把握することができるようになることによって促されるとする見解は、啓発されるところの多い成果である。

東京都研国語研究室（1980）は、題材と発想・着想との関わりについて研究している。複数題材を提示して、小・中学校の児童・生徒を対象に作文を書かせ、分析し、究明しようとしたものである。分析、検討に際しては、小1、小3、小5、中2から各7名ずつを抽出して、分析、考察している。構想を、[1]論理的・[2]空間的・[3]時間的、の3観点から整理して、小1・小3は、論理的・空間的・時間的のものが平均的に発現するのに対して、小5・中2には、論理的のものが多く発現する傾向を出すことと、相手意識・目的意識が明確化されると、発想・着想の方向が焦点化されるという結果を報告している。

森岡健二（1963）は、コンポジション理論の立場から類型化し、文章構成のルールを提示している。これらは、完成された文章を整理した文章の型であり、静態的認識の結果である。作文は、文章産出行為である。したがって、構想も、動態的な認識過程としてとらえられなければならない。すなわち、発想→着想→構想という文章想の展開過程において、力動的にとらえる必要

第一章　作文の構想過程指導に関する基礎的研究

がある。この発想・着想は、まとめれば、創構に相当する。創構されたものに、文章構成の型を当てはめて組立てるという方法をとると、創構の力動的な展開としての構想が疎外されるという問題が生ずる。しかし、文章構成の方法を明確化した功績は大きい。ただ、森岡氏自身も指摘しているように、コンポジション理論を教条的に適用することは十分に留意する必要がある。

　今井文男（1975）は、表現学の立場から文章表現における視点の問題を取り上げ、それを構想と関連づけて考察している。文章を書くことは、「同時的全体」を「継時的全体になおすこと」であるとする。この「継時的全体」にするということは、「全体」を「細分化」することであり、それは、構想の第一歩である。具体的には、細分化のために視点を分割して配賦して、「同時的全体」を「継時的全体」になおすという作業をすることになるとする。すなわち、基本的視点（統合的視点）に立って、「遠近法」によって分割した視点の秩序づけをするということである。「構想を練る」作業は、その試行錯誤を重ねることである、と述べている。

　この視点論は、飯田・都研の視点論とは趣を異にする。飯田・都研の視点のとらえ方を今井の考え方に当てはめると、飯田・都研の視点は、細分化のための分割した配賦視点であり、今井の視点論の独自性は、秩序づけの統合視点を発見した点にあると考えられる。

　文章産出過程における構想の働きについて、認知心理学の方法によって明らかにしたのは、安西祐一郎・内田伸子（1985）である。安西・内田は、以下のような方法で調査している。小学校2・3・5・6年の児童各10名を対象として、「ともだち」と題する作文を書く過程の時間経過を計測するとともに、被験者一人に観察者一人をつけ、書く過程におけるつぶやきやエンピツの中断を記録し、その過程と事後に、被験者の内観をインタビューによって引き出し、忠実に書きとめるという方法をとっている。その結果、明らかにされた要点を示す。

　まず、文章産出スタイルとして、次の4パターンを析出している。
　　A型＝テーマにもとづいてプロットプランを立て、それにそって書きすすめる、プラン先行型。

B型＝テーマが意識化されると、それにもとづいて局所プランで次々と書
　　くことを決めながら書きすすめる、継次プラン型。
　C型＝書き出しだけを決めると、あとは局所的プランを立てながら書きす
　　すめる型。テーマの意識化は十分ではない。
　D型＝浮かんできたことをそのまま書き連ねていく型。
　ここで言うプランが、いわゆる構想に相当する。このプランが、子どもの
文章産出過程のモニターをするということも明らかにしている。また、作文
は、拡散的な問題解決過程であり、自分が現在行っている行動が、全体の過
程の中でどのように位置づけられるかを常にモニターする必要がある。プラ
ンを立てることが、その働きをしていると見ることができる、としている。
　この、プランのもつモニタリング機能の指摘は、西尾実の、推敲が構想の
展開を促進するとする見解に通底するものを有しており、それを実証したこ
とは、作文の構想過程を措定するための有益な成果である。
　安西祐一郎（1985）は、内田との共同研究の成果をふまえながら、問題解
決過程におけるプランの機能について考察している。安西は、アメリカの心
理学者ミラー（G. S. Miller）らによる「再帰構造」という概念を援用しなが
ら、目標を達成するための「手段」は、「手段」それ自体を実現するという
点からは、「目標」となるものであり、それは一種の入れ子構造をなすとし
ている。また、この「手段―目標」の再帰構造（入れ子構造）は、目標を達
成するプランの立案、実施、推進に大きな働きをもつ。このプランには、大
きな目標達成のための上位プランと、実施過程における状況に対応して修正
したり、新たに立案したりする下位プランとに分けてとらえられるとする。
さらに、この考え方は、児童の文章産出過程におけるプロットプランの立案、
実施にも適用できると述べている。これも、作文の構想過程の措定に資する
ところの多い知見である。
　若林健一・茂呂雄二・佐藤至英（1922）は、「仮想視点からの作文」とい
う実験的研究によって、バーチャルな場面で自分以外の人物の立場で作文を
書かせることで、その人物のもつ「文化的資源」を自分のものとして活用し、
新たな作文力として獲得することができる、という成果を明らかにしている。

第一章　作文の構想過程指導に関する基礎的研究

　この実験は、子どもを映画監督の立場に立たせ、その人物がもっている映画づくりの「文化的資源」の一つである絵コンテを書くという技法を用いて、提示した4コマまんがを絵コンテ化させ、次いで文章化して物語をつくらせる、というものである。その結果、子どもたちは、映画監督の視点に立つことで、物語の場面を「具体的な見え」として表現しており、それは、「物語世界に見える対象」を切り取ってきて、登場人物の「心情」を「表情と身体動作」によって表現するという技法にもとづいていることが明らかになった、としている。つまり、この表現技法は、映画監督という仮想した人物の視点に立つことによって、その映画監督の「文化的資源」として保有しているものの中から獲得されたということである。

　この研究成果は、構想過程において視点を転換して、構想を拡充、展開する活動に深い示唆を与える。構想の展開は、視点を分割したり、多視点的立場に立ったりすることで、深く充実したものになることが先行研究によって明らかにされている。この仮想視点の考え方は、視点転換の考え方に新しい知見を加えるものとなっている。

## 2　先行研究の成果の整理と課題

　以上討究してきた17の先行研究の成果で、当面の課題である構想過程モデル作成に資するものを、以下に集約、整理する。

(1)　「見る働き」「考える働き」を構想展開の基底的促進力ととらえる構想論（垣内松三・金原省吾・西尾実）

(2)　対象の現象的表層的把握から本質的把握へと層的に深化するとする生成的構想論（垣内・金原・西尾）

(3)　行動的認識活動としての推敲によって生成、展開するとする構想論（西尾）

(4)　文章産出過程を規制し、作文スタイルを形成するモニタリング作用としてのプランニング（構想）論（内田伸子・安西祐一郎）

(5)　局所プランと全体プランとの関連を、「手段―目標」の再帰構造の観

点からとらえるプランニング（構想）論（安西）
(6) 「感激」を契機に成立した「全体」を「前部構想」とし、それを「見取り図」としての「節意（スケッチ）」に展開させたものを「後部構想」とする構想生成、展開論（金原）
(7) 「同時的全体」を「継時的全体」へと、視点を分割して配賦することであるとする構想展開論（今井文男）
(8) 仮想視点に立つことにより、その人物のもつ「文化的資源」を獲得し、想像力を働かせて、対象把握の拡充を図ることができるとする構想展開基礎論（若林健一ほか）
(9) 単一視点から多視点的対象把握へと発達するとする構想発達論（飯田恒作・都研）
(10) 「思想の蒐集」を「構想」に展開する基底力に、「境遇」と「実感」を置く構想展開基礎論（芦田恵之助）
(11) 構想の諸相の静態的認識である文章構成の類型論（森岡健二）

以上の研究成果を生かして構想過程モデルを作成するに当たって、解決すべき課題として、次のようなものがあげられる。
(1) 創構における初発の想（金原の「感激」）の発現を促す「場」の作用（大西　1997）と、創構を構想に展開する「境遇」（芦田）の作用との関係を明らかにすること。
(2) 構想の展開過程における視点の働きについて検討し、整理、統合すること。
(3) 構想展開の活動としての推敲とモニタリングとの関係を明確化すること。
(4) 構想展開過程における、全体プランと局所プランとの力動的な関係を整理すること。

## 第二項　作文の構想過程モデル作成の試み

### 1　作文の構想過程モデル作成のための理論的仮説

　前項において整理した先行研究をふまえて、構想過程モデル作成のための仮説を策定した。構想は、創構された「想」を文章化するための見通しを立てる営みとして、創構過程に連続して行われる。したがって、構想過程においては、創構された「想」を線条的に展開することが基本の仕事となる。創構された「想」は、構造化された形で成立しているものであるから、これを線条化するためには、構造化された全体想をいくつかの部分に分割し、それを配置する必要がある。部分は、全体との関係で相対的に存在するものである。

　創構想を部分に分割し、全体との関係にもとづいて線条的に配置するためには、文章化の活動を成立させ、それを促進する「書く場の条件」を明確化することが要求される。創構想の形成を発動、促進する作用を発現する「場」を措定している。これは、言語主体に問題意識を喚起する、状況的刺激要因を内包している。それに対して、文章を書く活動を成立させる「場」は、[1]目的・[2]相手・[3]内容・[4]表現形態を具体化する作用因を内包していると考えられる。この「場」は、創構過程の「場」に比べて、言語活動に即してより具体的である。これには、創構過程の「場」とは異なった名称を付す必要がある。仮に「境遇」とする。

　創構されたものを部分に分節化し、線条的に配置するには、「境遇」の内包する条件を発見し、それに対応することが求められる。「境遇」の条件に依りながら創構されたものの構造を透視し、その節理にもとづいて分節しなければならない。そのためには、視点を分割して配賦するとともに、統合視点を立てて全体の統合を図る必要がある。

　構想過程は、創構された全体想を線条的に展開し、言語表現化することへ

の見通しを立てる段階である。構想活動は、想像力を働かせながら全体的構想を立て、言語表現化へ展開する段階では、局所構想を立てつつ構想を精練する。実際的には、叙述活動段階での推敲と連動して構想の展開、精練が図られるものと考えられる。この推敲は、見方を変えると、自己批正、つまりセルフ・モニタリングの活動である。

　構想活動は、文章産出活動の一連の過程において有機的に連動しながら展開される。したがって、文章表現活動過程における構想の位置を明らかにするために、文章表現活動過程を措定する必要がある。文章表現活動全体を包む基盤としての「場」を除いて、[1]創構過程・[2]文章化過程・[3]活用過程の3分節を立て、その文章化過程の下位分節として、構想過程と叙述過程とを含める。そうすることによって、「同時的全体」である創構想を、「継時的全体」に変換、展開する活動が円滑に行われると考える。

　なお、創構過程は、[1]漠想→[2]分化想⇆[3]統合想、という過程を経て、創構想が形成されることについては、実験的臨床的に検証がなされている。

　以上のような基本的な考え方にもとづいて、次頁に掲げるような作文の構想過程モデルの作成を試みた。

## 2　作文の構想過程モデル作成の試み

　モデル図（次頁）について、若干の補説をする。

　「場」は、先に述べたように、書き手が問題意識を喚起されて、主体として立ち上がるような刺激要因を内包しており、「状況的な場」とも言うべき、刺激対象との緊張関係を形成する空間である。作文の授業においてこのような「場」を設定する場合は、刺激要因を内包するように教育的に装置化することが必要である。この「場」は、作文活動の全過程を包み込む基盤としての性質をもっている。それに対して、「境遇」は、この「場」の刺激要因＝状況性を受けながら、言語活動の場面へ具体化したものである。「場面」としないで「境遇」としたのは、この状況性をもった「場面」という意味を表すためである。「場」が「境遇」化されるのは、書き手主体が書く活動の場

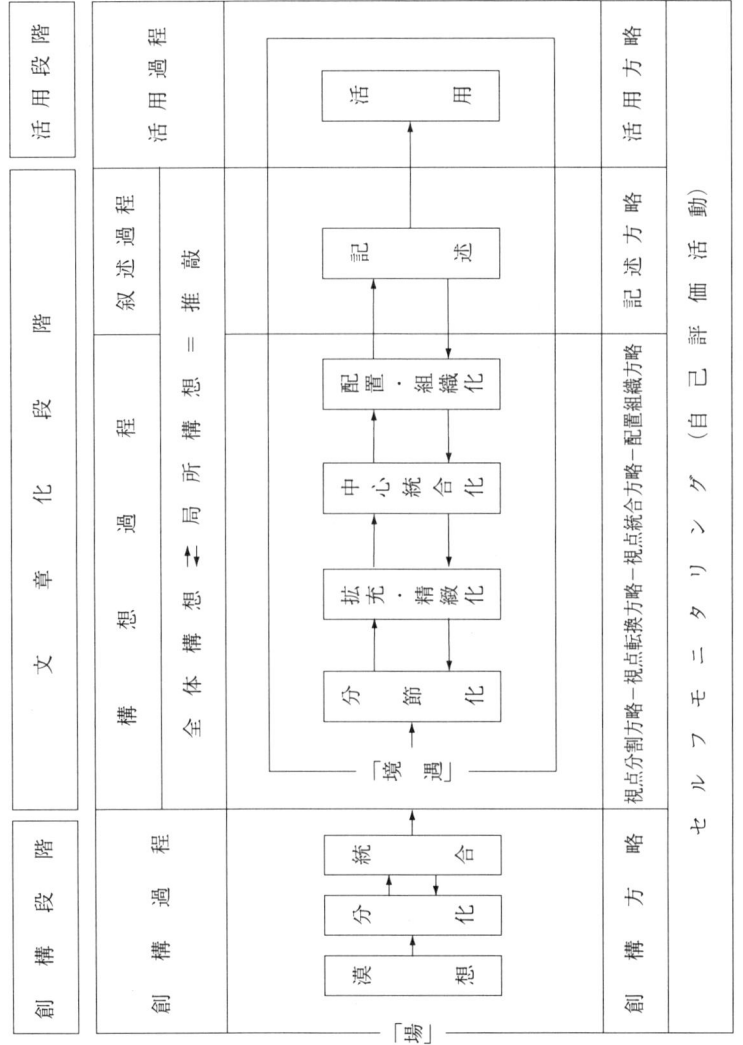

# 第一章　作文の構想過程指導に関する基礎的研究

| 活用段階 | 活用過程 | | | 活用方略 | |
|---|---|---|---|---|---|
| | | 活　　用 | | | |
| | 叙述過程 推敲 | 記　　述 | | 記述方略 | |
| 文　章　化　段　階 | 構　想　過　程 全体構想 ⇄ 局所構想 | 配置・組織化<br>↑↓<br>中心統合化<br>↑↓<br>拡充・精緻化<br>↑↓<br>分　節　化 | 「境遇」 | 視点分割方略ー視点転換方略ー視点統合方略ー配置組織方略 | セルフモニタリング（自己評価活動） |
| 創構段階 | 創構過程 | 統　　合<br>↑↓<br>分　　化<br>↑↓<br>漠　　想 | 「場」 | 創構方略 | |

作文の構想過程モデル

77

の条件を意識化して、書く活動を発動するときである。逆に言うと、「境遇」の条件を発見し、それを具現化するのが、作文という行為であるという考え方もできる。

この「境遇」の条件を意識して文章化の活動を発動するとき、創構された全体想の構想化が始動する。構想過程は、視点分割の方略を動員して全体想を分節化し、視点転換方略によって分節想を拡充、精練して、線条的に配置、組織する。この過程では、視点統合方略を用いて分節想を統合することが求められる。統合視点に立つことによって、その配置、組織化は整合性をもつことができる。

この構想過程は、直線的に行われるわけではなく、全体としてのおおまかな構想が立てられ、それを目やすに局所構想を立てて、構想の細密化が推し進められる。すなわち、全体構想と局所構想とは、再帰的な関係をもち、相互に往復運動を反復しつつ密度の高い構想に展開される。このことは、言い換えると、「推敲」ということになる。推敲は、自己批正ということであり、これは、自己評価活動でもある。

この構想過程は、叙述過程に連続する。特に局所構想は、叙述過程において顕在化し、推敲活動として発現する。全体構想⇄局所構想＝推敲の過程は、自己評価活動過程である。それは、セルフモニタリング過程とも言い換えられる。

構想活動は、文章産出の創構段階・文章化段階・活用段階のうち、創構・文章化の段階と有機的力動的に関連して展開される。特に、文章化の段階の、構想過程と叙述過程においても進展することにもとづいており、構想も叙述も、創構想の線条的展開という点において共通するという理由によっている。

**参考文献**
拙著『意見文指導の研究』渓水社　1990
拙著『作文教育における創構指導の研究』渓水社　1997

# 第二章　作文の叙述過程指導に関する基礎的研究

　文章形態については、完成された構造体としての文章が、すでに存在しているものとして、その形態的特質が説明されることが多い。しかし、文章の制作指導においては、文章の形態が定まらない段階から出発して、文章を継時的全体として形づくることが求められる。したがって、修辞学や文章論で説かれる文章の形態的特質についての知見は、直ちに、制作しようとする文章形態の形成、産出に有効に役立つものとはなり得ない。文章は、継時的線条体として形づくられる段階で、特有の文章形態に形成される。文章形態は、その機構に応じた機能を発現する。例えば、論説文は論説文特有の形態的機構的特質と働きをもっている。その論説文としての形態的機構的特質を形成する規制要因を明らかにすることができたら、論説文制作指導の有力な手がかりとすることが可能となる。規制要因は、文章形態形成の促進要因となるからである。

　本章では、先行諸研究の成果を討究し、規制要因についての仮説を導きたい。修辞学研究については、武島又次郎・五十嵐力・佐々政一を取り上げる。表現学研究については、松永信一・土部弘を、また、文章論研究においては、相原林司・長田久男を対象とする。

## 第一節　文章の叙述様式成立に関する先行諸説の整理と考察

### 第一項　修辞学の場合　——武島又次郎・五十嵐力・佐々政一について——

#### 1　武島又次郎の説について

　武島又次郎は、『修辞学[1])』において、一般に言われている修辞学の4文種、[1]記事文・[2]叙事文・[3]解釈文・[4]議論文を取り上げている。それらは、記事・叙事・解釈・議論の4種の構想に支えられて、景物の記述を目的とする記事文、事物の解釈を目的とする解釈文、義理の論弁を目的とする議論文を成立させるとする。
　さらに、これら4文種の特質と文種内の下位分類について、以下のように述述する。
　記事文は、実際と想像とを問わず、すべて<u>天地間における物体を記述して</u><u>これを眼前に髣髴せしむる</u>ものである。記事文には、[1]科学的記事文・[2]美術的記事文・[3]叙事的記事文の3種類がある。2は、描写の方法が用いられるもの、3は、いわゆる叙事文と区別しがたいが、その目的が人と景色を読者に想像させることにある場合は、記事文である、とする。
　叙事文は、<u>連続した事実</u>、<u>変化する行動等</u>を<u>歴叙</u>したものである。すなわち、事実と物体とが何を為し、何を為さるるかを述<u>べる</u>ものである。叙事文の種類には、[1]伝記・[2]歴史・[3]小説がある。
　解釈文は、<u>事理を説明</u>するもので、知識と説明を伝えることが<u>目的</u>であり、主として科学に用いられる文章である。<u>読者の理解に訴える</u>。そのためには、明晰（瞭）・一致を備えていることが求められる。はじめに主要の思想を述

べ、敷衍するものを分析的解釈文、個々の事実を述べ、全体に及ぶものを綜合的解釈文と言う。

　議論文は、道理のあるところを論述して、人の所信、行動に感化を与えるものである。論述は、命題を立證することによってなされる。議論文は、議論を基に演繹的議論文・帰納的議論文に分けられる。また、議論のよって立つ源泉にもとづく推論の進め方によって、[1]推断的議論文（原因・結果の関係による）・[2]例證的議論文（人間物体間の類似による）・[3]記号的議論文（思想の聯関による）に分類できる。さらに、議論文は、読者の説得を目的とするとともに、進んで説得・行動化にまで至ろうとするものを誘説文とする場合があるとしている。

　以上が、修辞学で一般的に言われている4文種についての、武島の説述の概要である。武島が文種成立の規制要因として捉えているのは、[1]目的・[2]題材（内容）・[3]読み手への効果（受容のあり方）・[4]題材の配置・述べ方、である。武島の所説で注目されるのは、構想の種類として、[1]記述・[2]歴叙・[3]解釈・[4]論弁の叙述目的（意図）をあげ、それにもとづいて、[1]記事・[2]叙事・[3]解釈・[4]議論という文章形態が成立するとしていることである。構想については、武島は独自の見解を有しており、次のように言う[2]。

　　吾人が、一事物を述べんとするに当り、之に就きたる思想を集め、之を潤飾し、布置する等の働きを修辞学上に構想（Invention）といふ。構想とは羅典語のInventioといふより来る。新たに感想を作り出す義なる也。かくて構想とは、第一に、記載の材料を得ること也。二に其適不適を識別し、削るべきは削り、用ゐるべきは用ゐるべきこと也。而して三に是材料を如何に配列すべきかを一定すること也。（圏点は原文。）

Inventioは、ここに述べられているように、「新たに感想を作り出す義」というのが、本来の意味である。続いてあげられている3段階は、文章内容の線条的な配置、構成に至るステップを示したものである。この第三のステップは、明らかに配置・構成のことを述べている。Inventioは、後に波多野完治によって、「創構」という訳語が与えられている（『現代レトリック』大日本図書　1973）。それまでは、構想という訳語が一般的に用いられていた。「感

想を作り出す」ことに相当するのは、武島の言に従うと、第一・第二までであろう。第二の適不適と識別して取捨する基準は、武島によると、「目的」とされる。第三の「配列」は、文章としての線条的な配置を考えるステップに入ることになる。文章の目的によって構想が決まり、文章の形態的特質が規制されるとする見方に立つと、文章の配列・展開パターンに文種特有のものが発現するという見解は、自然である。各文種内の下位分類のしかたは、それを裏づける。

　武島は、文種相互の関係について、特に議論文と解釈文との関係について、解釈文が説明を中心とするのに対して、議論文が論証（立証）を中心とするという相違点を指摘する。しかし、議論文を効果あらしめるためには、解釈文の助けを得ることが必要であり、場合によっては、ほとんど解釈文と見なされる例もある。このことは、論証（立証）と説明という2種の述べ表し方が混在しうることを指摘したものと考えられる。

　武島の説くところは、「構想（Inventio）」を基点として展開されており、文章形態形成の規制要因の解明に大きな示唆となっている。

## 2　五十嵐力の説について

　五十嵐力は、『文章講話[3)]』、『新文章講話[4)]』において、文章の種類について説き、「言語排列」の観点から「散文」と「律文」とし、「思想の性質」から「知解の文」と「情感の文」とに分ける。文種の説明としては、西洋修辞学の説として[1]記実文・[2]叙事文・[3]説明文・[4]議論文の4種のあることを述べる。

　記実文は、<u>物をありのままに写す文章</u>で、英語で Description と言う。<u>自然と人間とを対象として、それらを作者に見えると同じように読者の心に現ぜしめるようにする</u>ことを本領とするとしている。これは、武島の言う記事文に相当する文種であると考えられる。

　叙事文は、<u>事の過程を写すもの</u>で、英語で、Narration と言う。<u>対象とするのは、「動作」と「事件」</u>で、記実文が場所における静態を写すことを主

とするのに対して、時間における過程進行を写すことを本領とする。歴史・物語・小説などの骨子は、この分野に入るとする。

　説明文は、事理を説明する文章で、英語で、Exposition と言う。記実文・叙事文が、主に外界具体の事物を主題とするのに対して、これは、主に内界抽象の理を証断することを目的とする。記実文・叙事文が読者の想像・感情に訴えるのに対して、これは知識理解力に訴えることを本領とするとしている。説明文は、武島の説く解釈文に相当すると見られる。

　議論文は、論文とも勧説文とも言い、英語ではArgument あるいは、Persuation と言う。読者を動かして自分の意見を納得せしめることを主眼とするものである。説明文に相手を服させようとする個人的企図の加わった文章と言うことができる。主として理解力に訴えるが、その主張に迫力を加えるために、想像的感情的な文飾を加えることがある。4文種中、個性がもっとも多く表れるものである。

　これら4種の文章は、明確に区分できるものではなくて、それぞれの要素が混入するのが常であるとする。

　以上の『新文章講話』（前出）における、文種についての説明は、西洋修辞学の説に従ってそれぞれの特質を述べたものである。文章形態形成の規制要因については、直接的な説述はない。内容的にも、文種の特質については、武島の説くところと大差がない。上の要約の文章中の傍線を施した部分によって推測すると、[1]叙述の目的（意図）・[2]題材（内容）・[3]読者への効果・[4]述べ方、4要因をあげることができる。

　五十嵐の説明で注目されるのは、文章制作上の注意点として示している6要件（「六何」）である。六何は、[1]何故に・[2]何事を・[3]何人か・[4]何処にて・[5]何時・[6]如何に、を言う。これらについて、[1]「何故に」は、文章を書く目的を、[2]「何事を」は、書く内容・題材を、[3]「何人が」は、何人が何人に対して書くかという、書き手と相手を、[4]「何処にて」は、書く場所（例。郷里において、日本において、外国においてなど。）を、[5]「何時」は、何時書くかということで、現代において、徳川時代においてなどを、[6]「如何に」は、どのように書くかということで、述べ方や文体を、それぞれ意味していると

*83*

している。これは明らかにコミュニケーション理論の立場に立って文章制作を考えていることを示している。五十嵐は、これらのことをまとめて、「何故に、何人が、誰れに対し、何時、何処にて、如何なる事を、如何様に言ふか又言ふべきかといふ事、是文章を作る者の、何人も最初に考え定むべき事柄である。」と述べている[5]。ただ、五十嵐は、この観点からの、文章形態形成に関する見解は説述していない。しかし、文種の成立、文章形態の特質の説明と、文章制作上の「六何」の注意点とを勘案すると、これらは、規制要因解明の示唆となり得ていると言うことができる。なお、五十嵐は「六何」について、『文章講話』(前出)においても、簡単に言及している。

## 3　佐々政一の説について

佐々政一は、『修辞法講話[6]』において、文種として、[1]記事文・[2]叙事文・[3]説明文・[4]議論文・[5]勧誘文という5種類をあげている。以下、佐々の説明を要約的に引く。

記事文は、物体すなわち空間中に存在する、目に見える形ある物体を記す文章である。それは、記者が見たものを同じ形で読者の心に描き出さしめることを目的とする。この目的をもって書いた文章は、すべて記事文である。記事文には、観察したことを報告するものを科学的記事文、読者の想像力を刺激して空想を描かせ、興味、快感を与えるものを美術的記事文と言う。記事文は、記体文とも言う。

叙事文は、人物や物事の動作・変化、すなわち事件を物語ることを目的とするものである。叙事文を書く目的には、読者の思想・意思・信念の上に何らかの影響を与えようとする「傾向上の目的」、ただ、読者を楽しませようとする「美術上の目的」との2つがある。叙事の方法には、[1]時間の秩序によるもの、[2]因果の秩序によるもの、[3]興味の秩序によるものがある。叙事文は、説話文とも言う。

説明文は、観念や思想を叙して読者の理解力に訴えるものである。理解力に訴えるというのは、事物の真相をあるがままに読者に報告するということ

である。説明の方法には、「定義」が用いられる。それは、さらに、[1]種類・[2]特色・[3]分類・[4]実例・[5]対称(対照)・[6]類似・同意語などの方法によって細かく規定される。説明文のもつべき必須の条件は、明晰である。それは、読者への適応によってもたらされる。そのためには、国語の純正、繁簡のバランス、不用意な省略への配慮、高尚難解の回避、秩序の整然、主要から枝葉へ、範囲の限定、題目の統一などに注意する必要がある。

説明文と科学的記事文は、類似点が多いが、その相違点は、科学的記事文が、対象とする事物を外から目に映ずるところをそのままに述べ表すものであるのに対して、説明文は、事物を表す語の内容を明らかにするべく、種類・習性・目に見えぬ特色を記すものであるという点にある。

議論文は、実際上または仮想上の反対論者に対して証拠を示して、ある断案を主張するものである。証明すべき命題は、肯定・否定の断定の表現形式をもち、それを証明するには、直接証明、すなわち直接証拠をあげて証明する方法と、間接証明、すなわち反対命題をあげて否定的に証明する方法とがある。証拠についても、自己の知覚・自覚による直接証拠と、他人の知覚・自覚（証言・記録・口碑など）による間接証拠とがある。

証明のための議論の形式には、演繹法と帰納法とがあり、証明のための証拠の種類には、[1]蓋然論・[2]例証論・[3]比喩論・[4]記号論などがあげられる。議論文の材料の配列にあたっては、議論文が命題の証明とその主張を役割としているので、統一性と説得性とが要求される。

勧誘文は、他人の思想または動作の上に何らかの変化、影響を与えようとするものである。勧誘の原理には、[1]具体・[2]特重・[3]漸層・[4]変化・[5]適応・[6]質素・[7]忠実が存在する。何よりも精神一倒の力を集中して、説得の迫力を生ぜしめるようにすることが肝要であるとする。

佐々は、レトリックを修辞学と呼ばず、修辞法と言う。その理由について、「修辞法とは、言語によって、自己の思想、感情、想像を有効に他人に伝達する技術なり。」と述べている[7]。文章形態の成立要因をどのように促えているかを、各文種の述述について見ると、[1]書き手・[2]読者への効果・[3]目的（意図）・[4]題材（内容）・[5]述べ表し方（配列を含む）といった要因を指摘

することができる。

## 4　ま　と　め

　文章形態形成の規制要因については、3者とも、直接的には述べていない。ただ、武島又次郎は、文章形態を構想の種類と対応するものとして説いている。すなわち、記事文は、天地間にある物体を記述して、これを眼前に髣髴せしめるものと定義する。記事文の一類である叙事的記事文と、いわゆる叙事文とは、「叙事」という点で共通するが、「記述」と「歴叙」という述べ方の違いは、執筆の目的の違いがもたらす構想の種類の差によるとしている。文章形態の形成要因として、書き手の目的意識が大きな働きをもつと考えられている、と言うことができる。

　武島の構想論は、Invention（武島は「構想」と訳す。）を基軸としている。そのため、創出された「感想」（アイデア）とその配列とが連続的に捉えられている。この構想が、記述・歴叙・解釈（説明）・論弁といった述べ方の違いを生み出し、規制するとするのである。創出された「感想」の配列は、文章の主題想の展開を叙述として定着させる骨格となるものである。その意味で、武島の論説は、文章形態形成要因解明の有力な手がかりとなりうる。

　武島・五十嵐・佐々の3者に共通する文章形態形成の規制要因は、おおよそ、[1]目的・[2]題材（内容）・[3]書き手・[4]読み手・[5]述べ方・[6]読者への効果、にまとめることができる。これらを統合して捉える視点として注目されるのは、五十嵐力のコミュニケーションとしての文章の働きの見方である。すなわち、「何故に、何人が、誰れに対し、何時、何処にて、如何なる事を、如何様に言ふか又言ふべきか」という六何の法に、文章形態形成の契機を見いだすことができる。

　森岡健二は、修辞学で言う4文種について次のように述べている[8]。
　　　以上、文章の四形式の特質を概観したが、これらは単なる文章の現象的な分類でなく、発想とか思考とかいふべきもの、つまり、対象のとらえ方や人間の考え方に関連する基本的分類原理を含んでいると考える。

もちろん、一つの文章の中で、これらの形式は文脈に応じて混じり合いながら用いられるのであろうが、われわれが文章を書くにあたって、このような四形式を理解しておくことは、ぜひとも必要であろうと思う。

森岡のこの指摘は、修辞学が提起している文章形態形成の規制要因解明の鋭角的視点を示している、修辞学が啓示するのは、目的（意図）という発想と構想展開の方向づけをする原因の所在であり、形式（形態）と文脈との関係であるとする森岡の見解に注目したい。

武島の言う「構想」と叙述のあり方との関連性は、このことに関わる問題である。「構想」が、叙述のあり方を規制し、それが一定の様式を導くとしたら、文章形態形成の規制要因もそのコンテキストにおいて明らかにすることが可能ではないかと期待される。

## 第二項　表現学の場合　——松永信一・土部弘について——

### 1　松永信一の説について

松永信一は、その著『言語表現の理論[9]』において、「文章表現の定性的研究」の問題を取り上げ、討究している。松永は、言語表現を、大きく1対象表現と2対応表現とに分けて、叙述層形成の機構を解明する。

対象表現は、いわゆる説明的文章の表現の特質を言うもので、これは、3種に分類されている。

説明的表現Ⅰは、実在する事物の個別認識によって得られた知識の体系を叙述したものである。事物の構造の静態的な観点からの記述になっている。その意味で一次的表現と言うことができる。

説明的表現Ⅱは、実在の世界を論理的に整理して、対立する2つないし数個のものにして、その間の法則的な関係、または差異について述べたものである。対立する2つないし数個のものそれ自体は、一次式表現である記述という叙述のありようを示している。これらの、それぞれ対立する関係を説明

する表現になるところから、二次的表現と言うことができる。

　説明的表現Ⅲは、二次式の説明的表現を２つ対立させて、その一方の正しいとする意見の立場から他方の意見の者を説得するかたちで、その思考過程を取り上げるものである。これは、二次式表現を対象とした論説となっている。その意味で三次式表現と言うことができる。

　松永は、二次式・三次式の表現は、それぞれ層構造をなしていると述べている。

　対応表現については、外的なかたち（イメージ）を操作して、内的な主体の造形を企てるものであると定義している。対応というのは、内なるものが行為として外に現れたとき、現れた図柄と、内なるものとの間の対応関係をさしている。この対応の理法を操作して、自・他の内面を調整する、いわゆる形象的思惟と言われる方法を用いる表現を、対応表現としているのである。

　松永は、この表現の二元性の発現規制要因について、大脳生理学の成果や第２信号系理論などの知見を援用して、発生的に説明している。形成されたシンボル（言語表現）によって、「汝と我も規定され管理される」。すなわち、対象とともに主体的側面も同じく規定されるが、シンボルが、語→文→文章と高度化するにしたがって分極化されていく。（作者と読者との）人間関係を定位する働きが主となるものと、対象を論弁的に分解し定位する働きが主となるものとである。この分極化した二元性は、シンボル中に層序的に存在しており、対人的関係の定位を基礎として、その上位に対象定位の層が位置するとする。

　この対象に焦点が合わせられ、対象の法則に表現の動機があるものを対象表現とし、対象の事実を取り上げながら、それを読み手とのつながり（対人的関係）の中で、書き手の思いを読み手と共有しようとする動機のあるものを、対応表現としているのである。

　松永は、文章表現そのものの発生的形成の説明に意識を向けており、表現の二極分化の促進要因としては、説いていない。が、その説述から読み取ることができるのは、[1]書き手・[2]読み手・[3]対象（題材）・[4]動機・[5]述べ方、である。

## 2 土部弘の説について

土部弘は、『文章表現の機構[10]』において、「文章作品」の特性形成の規制要因として、「題材」「趣意」「要求」の3者をあげ、それらが、「相乗的に関連した意味的統一体」として文章作品が成立すると述べている。さらにこれらの相互関連性に即して文章様式を次図の6種に分類、体系化している。

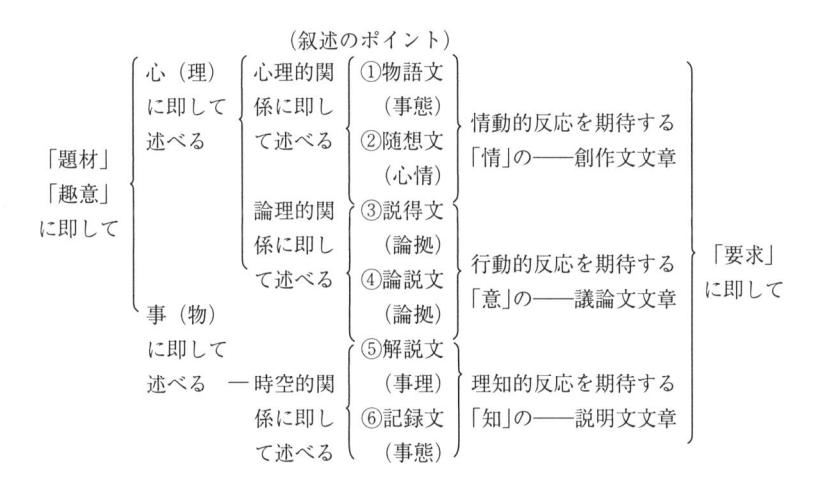

```
                              （叙述のポイント）
          ┌心（理）  ┌心理的関  ┌①物語文
          │に即して  │係に即し  │  （事態）     ┐情動的反応を期待する
          │述べる   │て述べる  │②随想文      ├「情」の——創作文文章
          │        └         └  （心情）     ┘
「題材」  │
「趣意」  ┤        ┌論理的関  ┌③説得文      ┐
に即して  │        │係に即し  │  （論拠）     │行動的反応を期待する   ┐「要求」
          │        │て述べる  │④論説文      ├「意」の——議論文文章  ├に即して
          │        └         └  （論拠）     ┘                       │
          │事（物） ┌時空的関  ┌⑤解説文      ┐                       │
          │に即して │係に即し  │  （事理）     │理知的反応を期待する   │
          └述べる—  │て述べる  │⑥記録文      ├「知」の——説明文文章  ┘
                    └         └  （事態）     ┘
```

**「文章作品」の特性形式の要因相関図**

「題材」「趣意」「要求」については、それぞれ次のように定義している[11]。

言語事実として定着して、叙述軌跡をなしている「文章作品」は、表現内容の「あらわれ」（言語事実として定着したもの）としての「題材」と、表現内容に対する意図（目的・姿勢）のあらわれとしての「趣意」（狭義趣意・視点）、および、相手に対する意図（目的・姿勢）のあらわれとしての「要求」（狭義要求・立場）が、そのような叙述態度のあらわれとしての「調子」で、展開している「意味的統一体」であり、表現主体から遊離した客体的な存在として存立しうる。

松永信一の提案した、文章表現における対象表現と対応表現の問題に対応する見解を、「対象表現」と「叙述者表現」という言葉を用いて述べている。
　言語表現には、㈠「題材」・㈡「趣意」・㈢「要求」が、相乗的に働いて表現様式を形成する。「要求表現」には、Ａ「ことばにおける表現」と、Ｂ「ことばによる表現」とが区別される。Ａは、表現すること自体を「目的」とする言語表現であり、Ｂは、目的を実現する「動機・手段」として提供される言語表現である。Ａに相当するのが、「対象表現」であり、Ｂは、「叙述者表現」である。Ａの典型的な表現様式としては、「記述・描写」であり、Ｂは、「説明・評釈」である。これらは、文章表現には、層序をなしている。例えば、物語文・小説文などは、中心部分が描写文で叙述され、それに、描写の部分を位置づけ、意味づける説明文が加えられて成立している。論証文・評論文などは、叙述者表現である「評価」「解釈」「説明」が上層に位置し、対象表現である「記述」「描写」が下層に形成されている。つまり、叙述者表現→対象表現という層序を形づくっているとするのである。
　土部は、叙述層形成の規制要因は、[1]題材・[2]趣意・[3]要求であり、これらは、表現内容（題材）、表現目的・意図（趣意）、相手への意図（要求）とがからまり合って叙述態度を形成し、それが、意味的統一体としての特定の文章様式を成立させるとしている。

## 3　ま　と　め

　土部の考え方には、松永と見解を異にするところと、同じくするところとがある。松永は、いわゆる説明的表現を対象表現とし、文学的表現を対応表現としているのに対して、土部は、説明的な文章表現と文学的な文章表現とを同一次元に置いて、対象表現と叙述者表現とに分けている。松永の言う対応表現である、文学的文章表現は、対象表現の方に分類され、同じく松永が対象表現として分類している説明的表現Ⅲ（三次式の表現）は、叙述者表現として分類されている。
　両者の分類整理の違いは、その判断基準とされている原理の差にもとづく

ものと考えられる。土部は、表現主体の対象への関わりの姿勢から生起する、題材・趣意・要求の３要因の相乗的な作用によって表現機能が発現し、文章様式を成立させるとしている。それに対して、松永は、対象表現と対応表現とが、発生、分化、生成されるのは、大脳生理学の知見にもとづき、第２信号系理論を援用して説明することのできるシンボルの発生、分化の結果であるとする。

　両者の説明原理としている根拠に差があるものの、文章表現を二元的に捉えている点は共通している。その規制契機についても、[1]書き手、[2]読み手、[3]対象（題材）、[4]目的・意図（動機）、[5]述べ方の５つを、その説述に共通に見いだすことが可能であると考えられる。

　前項で見た修辞学の所説に比べ、表現学の所説は、文章形態形成の規制要因について、一歩踏み込んだ知見を提供している。表現学の説くところは、表現の機構の解明であって、その機構を稼動させ、文章産出に至らせる発動の仕組みについては、その研究の目的・意図の外にあるので、言及されていない。

## 第三項　文章論の場合　——相原林司・長田久男について——

### １　相原林司の説について

　相原林司は、『文章表現の基礎的研究[12]』において、その所説を展開している。ただ、文章形態、文章様式の成立に関する論は述べていない。しかし、文章の主題を展開する規制要因については、説を立てている。文章の展開の規制要因の働く様相は、文種によって異なるとする。以下、その点を中心に考究する。

　相原は、文章構成・展開のパターンについての、森岡健二・市川孝・永野賢・平井昌夫の説を引いて検討したうえで、文章の構成・展開を規制する要因について、次の６つをあげている。[1]主題・[2]文章の論理（言語の論理・題

材の論理)・³時間的なもの・⁴空間的なもの・⁵可読性（論理的可読性・心理的可読性）・⁶表現効果、である。2の「言語の論理」は、言語表現の線条性、「題材の論理」は、書き手の意図による題材選択に働く論理を言う。「時間的なもの」は、文章を書くことに使うことのできる時間的余裕のことである。「空間的なもの」は、文章を書くことに用いることのできるスペース、分量のことである。「可読性」は、読み手の受容性を言う。「表現効果」は、読者にある反応を期待して文章展開に意図的な加工をすることをさす。相原は、これらを整理して、内在的要因＝¹主題・²文章の論理（言語・題材）と外在的要因＝³時間的なもの・⁴空間的なもの・⁵可読性・⁶表現効果、に二大別する。

　これらは、文種によって規制の働き方が異なるとする。例えば、法律や会則のような文章では、¹主題と²題材の論理が強く働く。説明的文章では、辞典の解説は、⁴空間的なもの・⁵論理的な可読性といったものが重視される。また、論述の文章では、¹主題ないし²題材の論理、⁵可読性（論理的）があげられる。文芸・描写系の文章では、²文章の論理（言語・題材）、⁶表現効果（作者の個性や意図による規制として）などが考えられる、とする。

　相原の説くところは、文章形態形成の規制要因としてではない。文章構成・展開の規制要因として措定したものが、結果的に、各文種にどのように作用し、文種としての特徴を発現される要因となっているかの説明となっている。相原は、文種生成・展開の6規制要因を、内在的と外在的とに分けている。内在的要因は、書き手主体に関わるもの（1・2）、外在的要因は、読み手(受け手)に関わるもの（5・6）、客観的な記述条件に関わるもの（3・4）に再整理できる。書き手主体と、読み手に関わる要因は、主体の目的・意図によって有機的に関係し合っている。修辞学や表現学では取り上げられていなかった物理的、客観的記述条件（3・4）を規制要因として提示していることは、注目に値する。

## 2　長田久男の説について

　長田久男は、文章論としては、『国語文章論[13]』という著書で、文章制作論としては、「文章を作る行為の過程[14]」という論文で、文章成立論・文章制作論を展開している。

　長田は、文章答問説という独自の文章観にもとづいて、文章成立論を説述する。まず、文章を規定する条件を、[1]文章と文章の作り手との関係、[2]文章の自立の条件、[3]文章と文章の読み手との関係という３つの観点から考察している。

　１については、「文章は、その文章の作り手の、文字言語による一つの答である。したがって、文章は、その文章の作り手の、文字言語による一つの答として成立する。」と述べる。

　２については、「文章は、成立するとき、その言語表現を統一するものがあることと、その言語表現自体が表現の時点において完結し、全体をなしていることとによって、自立する。」としている。

　３については、「文章は文章の読み手にとって、理解すべき対象である。」という。

　これらの３つの仮説にもとづいて、文章の成立を記述、説明するために、さらに次の仮説を立てて、検証している[15]。

　仮説㈠　「文章を成立させる問」は、「答」である文章のなかに潜在しているので、それを、読み手は導き出すことができる。

　仮説㈡　「文章を成立させる問」は、同時に、「文章を統一する問」である。

　仮説㈢　文章の作り手が、自分の答の「始まり」の文と、「途中」の文と、「終り」の文とを確認することは、自分の答が完結し、全体をなしたことを認識することであり、その結果が、一つの線条をなす文章の完結全体である。

　長田は、これらを具体的に論証してその成立を結論づけている。しかし、

この仮説にもとづく検証過程には、文種の形成についての言及はない。それは、長田の文章研究観による。長田は、文章論は、具体的特殊的な現象態としての文章を直接的な対象とするのでなく、現象態から抽象され、そこに見いだされる法則的なものを対象とするものであるという基本的な考え方に立っている。したがって、文章の特殊形態である文種の形成、成立は直接の考察対象とはならない。ただ、文章成立と統一をもたらす要因として、[1]作り手・[2]読み手・[3]問・[4]文章の線条性を措定していることは、文章制作の方法過程についての有力な啓示となる。

長田は、文章を作る行為に関する論考[16]において、次のような見解を提示している。まず、文章を作る言語行為の過程を次のように仮説する。

　　　文章を作る言語行為の過程は、順を追って、あることを言語で決定する行為とそのことに関する認識行為との連続行為の繰り返しである。

この仮説にもとづいて、次のような4つの行為群と15の行為を提示している。

　㈠　条件を決める行為群
　　①条件を仮定する行為
　　②条件の仮定から確定までの認識行為
　　③条件を確定する行為
　㈡　表現の対象を決める行為群
　　④条件に基づき、表現の対象を仮定するまでの認識行為
　　⑤表現の対象を仮定する行為
　　⑥表現の対象の仮定から確定までの認識行為
　　⑦表現の対象を確定する行為
　㈢　文章の構想を決める行為群
　　⑧表現の対象の確定後、文章の構想を仮定するまでの認識行為
　　⑨文章の構想を仮定する行為
　　⑩文章の構想の仮定から確定までの認識行為
　　⑪文章の構想を確定する行為
　㈣　文章を完成する行為群

⑫文章の構想の確定後、文章の仮完成までの認識行為
⑬文章を仮に完成する行為
⑭文章の仮完成から完成までの認識行為
⑮文章を完成する行為

　4つの行為群について、まず、㈠「条件」の内実として、¹「題」²「相手」³「意図」⁴「完成予定日時」⁵「完成予定の分量」を示す。㈡「表現の対象」は、「表現行為の対象」のことで、対象として認識した事実を意味するとする。㈢「文章の構想」は、これから作る文章の構想を予想することであり、㈣「文章の完成」は、文章を作る行為の最終段階を言い、作り手は、「内面の読み手の理解を得ようとして、内面の読み手に確かめつつ、内面の読み手に導かれながら、文章化する」行為を言う、とする。

　長田の論考には、先述したように、具体的な文種、文章形態の形成についての述述はないが、その原理論を提案している。この文章を作る行為群の第一段階は、文章を作るための「条件」を5つあげる。4・5の条件は、相原の外在的要因のうちの物理的な要因——上記の客観条件に相当する。1は、題材（内容）として具体化されていく。2は読み手＝内面の読み手として文章化の行為をコントロールする。3は、文章を書く目的として客観化されるとともに、述べ方に影響を及ぼしていく。この3の意図は、長田の文章論の根幹である「答問説」に言う「文章を統一させる問」と関わる。文章を完成する行為の過程は、問に対する答として「始まり」「途中」「終り」のある線条的統一体としての文章産出の過程である。線条化には、当然、述べ方に一定のありようが求められる。

## 3　まとめ

　相原と長田の文章論は、その根底にある文章観は異なるが、両者の説には、文章成立の規制要因については共通するところがある。相原のあげる、¹主題・²文章の論理・³時間的なもの・⁴空間的なもの・⁵可読性・⁶表現効果の6要因、長田の示す、①題・②相手・③意図・④完成予定日時・⑤完成予定

の分量の5条件と成立要因としての⑥問・⑦線条性とを合わせた7要因の間には、共通するものが多い。相原の3・4と長田の④・⑤はほとんど同じであり、他のものも表現は異なっていても、内容としては、共通することを意味させていると考えられるものがある。例えば、1と①、2と⑥⑦、6と③、5と②、5・6と③といったものである。

　長田の提案で注目すべきは、答問説による問の考え方である。これは、文章産出活動の発動力として作用するものと見ることができるものである。その意味で、問と意図とは、深く関わり合って作用する要因と考えられる。


注
1）大日本図書　明治31＝1898
2）同上書　142頁。圏点は原文。施線は引用者。
3）早稲田大学出版部　明治38＝1905
4）早稲田大学出版部　明治41＝1908
5）『新文章講話』縮刷版 32－33頁。圏点は原文。
6）明治書院　大正6＝1917
7）同上書　3頁
8）『文章構成法』至文堂　昭和38＝1963　399頁。施線は引用者。
9）桜楓社　昭和46＝1971
10）くろしお出版　昭和48＝1973
11）同上書　73－74頁。
12）明治書院　昭和59＝1984
13）和泉書院　平成7＝1995
14）『表現学大系30　表現指導の原理と方法二』所収　教育出版　平成4＝1992
15）同上書　258頁
16）注14）に同じ

## 第二節　作文の叙述過程モデル作成の試み

　作文の叙述過程モデル作成に備えて、前節において文章形態形成の規制要因に関する先行研究を討究して、規制要因についての諸説を整理した。この基礎作業の結果にもとづいて、作文の叙述過程モデル作成のための仮説を立て、叙述過程モデルを作成した。

### 第一項　作文の叙述過程モデル作成のための理論的仮説

　前述したように、創構過程モデル、構想過程モデルの作成にあたって、それぞれの分節成立の仮説を立てている。これらをふまえ、文章形態形成の要因に関する先行研究を摂取して、次のような仮説を立てた。
　主体がある状況性のある「場」に立つと、問題意識が喚起され、内面に表現欲求が醸成される。それに促されて、創構活動を発動する。漠想→分化想→統合想という想の形成過程を経て、主題想が成立する。
　この主題想を展開して文章化するためには、主題想（統合想）を分節し、その配置を構想しなければならない。この主題想の分節化を促す作用因は、言語表現活動を必要とする「境遇」である。「境遇」形成の要因は、相手意識（誰に）・目的意識（何のために）を中心にする内容(題材)意識であり、「場」によって喚起された問題意識と表現欲求とを反映した状況意識である。これまで内に向かって１つのまとまりとして構造的に自覚されていた主題想が、内容意識（題材意識）の中核となり、さらに、目的意識・相手意識に促されて線条的な展開を構想する段階に進む。
　全体の線条化は、まず、主題想（統合想）を分節化することから始められる。分節化とその配置を推進する作用因は、内容を形成する題材の論理、相

手(読み手)のリーダビリティ(可読性)、主体の目的・意図である。この分節化と配置については、構想作用が働き、それにもとづいてモニタリングが行われる。いわゆる推敲活動である。長田久男の文章答問説[1]に従うと、答えとしての分節と、それに対応して想定される分節との間の整合性を検討することになる。

この段階は、叙述過程に連続、展開する。このプロセスにおいても、誰が(書き手主体)・誰に(相手)・何のために(目的)・何を(内容)・どのように(表現方法・形態)という具体的な言語活動場面における活動の条件は作用し続ける。そのためには、「場面」を「境遇」として認識し、状況的に捉え続けていることが重要である。書き手主体は、それまでに貯えていた表現語彙・表現方法などを動員して、分節化し線条的に配置した内容を言語表現化する。その際、主体の目的意識や相手意識が、すでに創出、組織されている内容にふさわしい文脈を形成し、特定の叙述様式をもった文章を構成する。すなわち、目的意識に対応して、論理性を主とする文脈か形象性を主とする文脈かの、いずれかに傾斜のかかった文脈を形成し、論理的文章とか文学的文章とかいった文章形態を成立させる。それぞれの文章形態には、それぞれに応じた叙述法が選択される。

例えば、論理的文章であれば、「記述」・「説明」・「論説」といった叙述法がとられ、文学的文章であれば、「描写」・「説明」・イメージを用いた「対応表現[2]」といった叙述法が選ばれる。「記述」は、主観を排し、できるだけ客観的に事実を叙述することであり、「説明」は、「記述」された事実を成立させたり、事実を事実とを関係づけたりしているものを解き明かすことである。「論説」は、「記述」・「説明」をふまえて、書き手主体の価値判断にもとづく主張を論理的に叙述することである。「描写」は、論理的文章の記述に対応するもので、書き手の見たものを、ありありと読み手の脳裡に再現するように叙述することである。「説明」は、見た対象の様態の読者の脳裡への再現を意図する「描写」で表現しきれないものを補い、叙述することである。「対応表現」は、事実の「描写」を通して、読み手の脳裡の事実の様態を再現するのみならず、それに価値的意味を発見させるように仕組

んだ「表現」の方法のことである。
　叙述過程に入る前段階で行った、主題想の分節化、配置のための線条化構想[3]は、この過程においても作用し、特に、分節を単位とする局所構想[4]が働いて、いわゆる推敲（セルフ・モニタリング）活動が営まれる。

## 第二項　作文の叙述過程モデル作成の試み

　前述したように、文章制作過程を、創構過程・文章化過程・活用過程の3段階に仮設し、さらに、文章化過程に構想過程・叙述過程という下位分節を立てている。叙述過程モデルを次頁に掲げる。前項の理論仮説にもとづいて作成したものである。若干の補説をする。まず、創構過程を含む全体にわたる「場」、構想過程を包む「境遇」、叙述過程を包む「場面」の3者の共通点と相違点、特に「境遇」と「場面」について説明する。誰が・誰に・何のために、という文章想を線条的に形成、展開を促す3要因が共通する点である。相違点としては、「境遇」は、状況性をもった言語活動の場という性格をもっているのに対して、「場面」は、誰に、何のために・何を・どのようにという言語活動の形成と展開の要因という性格を有している点があげられる。
　線条化のための叙述行為は、「場面」意識に促されて発動する。それは、前段の「境遇」意識に導かれて立てられていた線条化構想にもとづいて実行される。その際、何のために・何をという意識が、論理性を主とする文脈をもった文章の形成に向かうか、形象性を主とする文脈をもった文章の形成に向かうかという選択がなされる。
　線条化のための叙述は、基本的には配置された分節ごとになされると考えられるが、論理的文脈を選択した場合は、その表現目的・意図によって、「記述」・「説明」・「論説」という叙述法が、長期記憶の中から動員されて用いられる。形象的文脈を選択した場合は、「描写」・「説明」・「対応」という叙述法が活用される。これらは、「記述」・「説明」・「論説」の場合も同様であるが、構造化された知識としてのスキーマとして貯えられている。また、これ

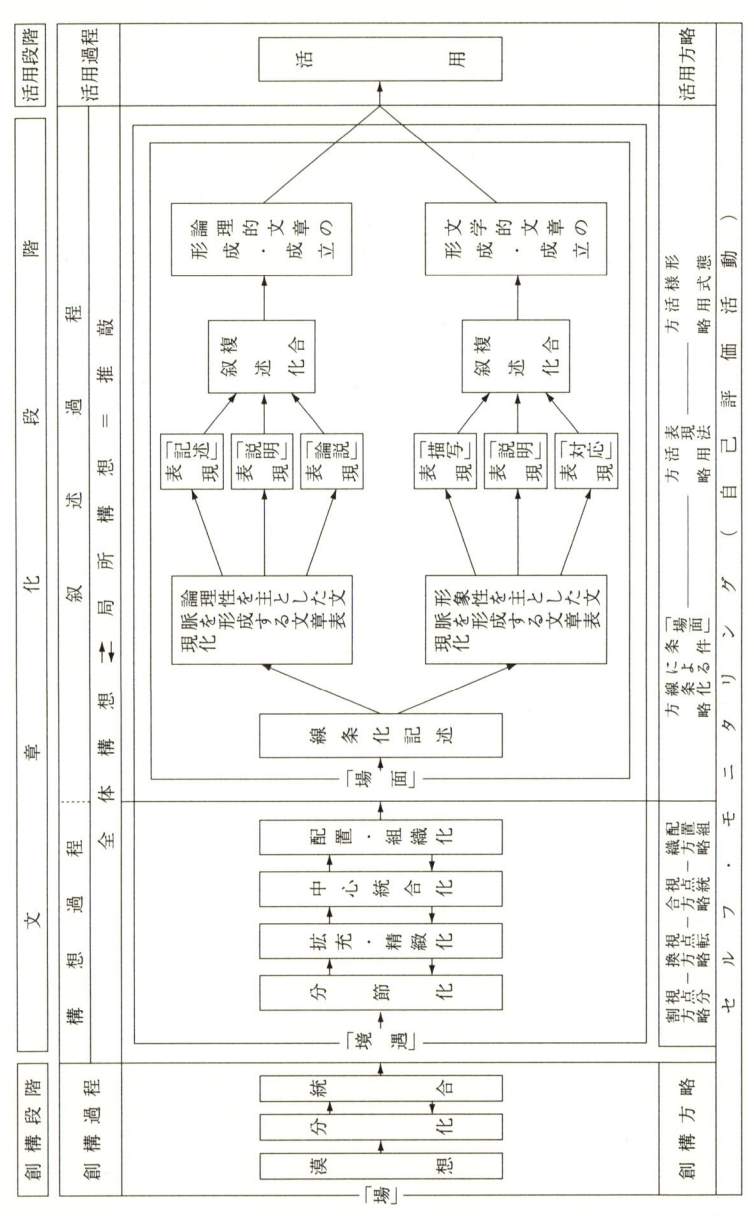

作文の叙述過程モデル

## 第二章　作文の叙述過程指導に関する基礎的研究

らの叙述法は、実際の文章では複合的に用いられる。適切に選択・活用されているかどうかを、局所構想（分節を基本的単位とする叙述の部分ごとに見通しを立てること）にもとづいて、モニタリングし、推敲しつつ、書き進めることになる。文章としてまとめあげるには、文章形態・文章様式についてのスキーマを動員して、適用することが要求される。文章としてまとめ、書きあげたら、全体構想にもとづいて推敲する。

　目的に対応する文章が完成されたら、目的達成のために活用することになる。活用段階の活動である。この段階においても必要な知識・方法・技術があり、これも作文行為の重要な学習内容である。


注
1）「文章は言語による答えである」と言う（『国語文章論』和泉書院　平成7＝1995）。
2）松永信一は、「外的なかたち（イメージ）を操作して、内的主体の造形を企てるものである。」と定義している（『言語表現の理論』桜楓社　昭和46＝1971）。
3）哲学で言う「構想力（想像力）」に対して文章を線条的に構成配置することをこのように呼ぶ（拙稿「作文教育における構想指導の基礎的考察」井上尚美編『言語論理教育の探究』東京書籍　平成12＝2000）。
4）安西祐一郎・内田伸子「子どもはいかに作文を書くか」（「教育心理学研究」29巻4号　昭和56＝1981）に、「局所プラン」とあるのに学んだ。

## 第三節　作文の叙述過程モデルの実践的展開に備えた授業の思考実験的検討

　前節に掲げた（100頁）モデル図は、抽象的理論を構造的に視覚化したものである。これを授業として展開するには、具体的な文章を書く場を設定し、書く活動、特に叙述活動がどのように発動、展開されるかということを明らかにし、モデル化した仮説の有効性を確かめる必要がある。それとともに、作文指導として実践的に展開するために、授業活動に組織し、実践的に検証されなければならない。そのための授業構想を示す。ここでは、構想した授業を思考実験的に検討する。

## 第一項　書く場の設定と創構活動

### 1　作文指導における課題・条件の意義

　教室における作文の授業は、一定の人数の児童・生徒の学習集団を対象として行われる。作文指導は、究極的には個別指導であるという考え方は、誤りではない。しかし、それは、一斉指導の中での個別指導という条件下で要求されていることであって、一定の人数の学習集団を対象とした個別指導であることを考慮する必要がある。そのためには、書く場の設定と書くことの題材や条件を共通にすることが求められる。共通の書く場に立たせ、共通の課題や条件を提示することで、学習集団を一斉指導の対象とすることができる。

　教室における作文指導が究極的には個別指導でなければならないとする考え方があるとともに、一斉指導も同時に成立する方法が要求されていることも事実である。書くことの活動における着想→発想→構想→連想という想の

展開は、個人の特性にもとづいてなされる。したがって、共通の課題や条件が刺激として提示されても、それぞれの個性に応じた反応が生ずる。その個性に対応した指導が必要となる。ただ、この個性的な反応は、共通の刺激に対応して現れるものであるから、ある程度類型化することができる。その反応類型にしたがったグループを編成して指導したり、学習の手引きを作成したりして個別対応をすることが可能である。

学習活動において、集団過程を経るということは、集団における他者との交流によって自己の作文活動のありようや見解のもち方などを精錬することになる。すなわち、学習成果の個性化を促進することになる。

このように考えると、一定の学習集団を対象とした個性化を促すための作文学習と、それにふさわしい作文の課題・条件の研究は、重要な意義をもっていると言うことができる。

## 2 書く場の設定と創構活動の発現を促す課題・条件

### (1) 書く場の設定

実験のために、一定の学習集団に、以下のような統制された書く場を設定する。

まず、学習集団の一人ひとりが刺激を受け、問題意識を喚起するとともに、表現欲求を生成する題材を提示する。題材は、論理性を主とする文脈、形象性を中心とする文脈のいずれもが発現、形成される可能性のあるものとする。問題意識の喚起を促すためには、刺激として提示される題材が複数で、それらの間に対立や葛藤を生む要因を内包しているものであることが必要である。問題意識は、その答えとしての文章想を形成させる。その形成はまた、誰かとその考え・思い（答えとしての文章想）を共有しようとする表現欲求を生起させ、まだ、漠然としたものであるが、相手意識、目的意識も生成される。

題材提示に続いて、形成された第一次想（漠想）を400字以内の分量で記述させる。

## （2）提示する課題・条件

　映像材と文章材とによって、課題を構成する。その前提として、実験対象の学習集団が北海道富良野に修学旅行に行くことを考慮する。北海道富良野への期待感は、問題意識生成の基盤となると考えられる。

　映像材としては、富良野の丘に育ったハルニレの四季の姿を映した４枚の組写真と、屋久島の杉の倒木更新の写真とを提示する。いずれもカラー写真で、ハルニレは、優美できれいな印象を与えるのに対して、屋久島の杉は紀元杉と名づけられた巨大でたくましい印象の映像である。

　文章材としては、幸田文のエッセイと田口ランディのエッセイとの２種類を提示する。幸田のエッセイは、富良野のエゾマツの林における倒木更新を題材としたものであり、田口のエッセイは、屋久島の森林や縄文杉などを探訪したエッセイである。

　映像材と文章材とを対応させ、ひびき合わせて、対立想（問題意識）を生み出させるように考慮、装置して、学習者に「状況」として意識されるように出会わせる。「状況」は「場」が、対立・葛藤を生む要因を内包し、学習者が、主体的に問題を発見し、追求しようとする構えをもたせる事態である。

　この課題・条件の提示が、学習者にとって、状況性をもった書く「場」となるためには、例えば、ハルニレの四季の写真の美しさについての感銘・感想が、イメージを媒介とした形象的文脈による文学的文章の形成に展開し、他者との感銘・感想を共有しようという目的・意図を抱かせるところまで仕組みが装置されていなければならない。また、論理的文脈による論理的（説明的）文章の形成に展開するには、その原動力となる問題意識、状況性に対する主体の緊張が、強く高揚していることが必要である。中核をなす想は、意見・見解といったものになる。それを読み手に伝え、納得を得ることを目的・意図としてもたせることが求められる。

　提示する複数の課題素材を、相互に関わらせることを条件として着想させることは、この実験の基本的な統制条件である。

第二章　作文の叙述過程指導に関する基礎的研究

## 第二項　創構活動を発動させ、展開させる「境遇」の意識化と構想活動

### 1　第一次想（漠想）の分化、統合

　前項で形成された第一次想の明確化は、第一次想をいくつかの構成要素に分け、再構成することによって図られる。まず、「場」によって喚起された問題意識、その提起する問題への答えを考える。感動・感銘を中心とするものであれば、その感動・感銘の対象となったものは何か、その対象になっているものは何か、ということを分析的にとらえる。感動・感銘の対象の中心部分とそれを支える付加的部分に分け、それを関係づける。意見・見解を中心とするものであれば、意見・見解の対象となる事実は何か、意見・見解の根拠となっているものは何か、ということを分析的にとらえる。さらに、問題に対する答えとしての意見、見解との関係、それらの対象としての事実、根拠としての事実相互の整合性を図る。創構活動の結果として成立するのは、統合想であり、主体の内面に向けて思索・思考が働いて形成されるテーマ（主題）想である。

### 2　書く「場」を「境遇」として意識化した構想活動の発動

　1で行われた第一次想（漠想）の明確化し統合化された主題想は、文章として叙述するためには、線条的に展開し、配置する必要がある。線条化するということは、統合想（主題想）をいくつかのまとまりに分節化し、それを配列するということである。分節化は、複数の視点に立つことによって行われる。視点は、大きくは２つの立場から定められる。一つは、主題想を統合化した構造的認識の視点である。例えば、感動・感銘を中心とする形象的文脈の文章の場合は、テーマを担うイメージ（形象）とそれを背景的に支えるイメージ（形象）との関係をどのようにとらえ、どのような順序で配置する

かということを検討する視点である。論理的文脈の文章の場合は、意見・見解とその対象や根拠との関係をどのようにとらえ、どのような順序で配置するかという視点である。

いま一つは、目を外に向け、読み手を意識して分節化、配置を考える視点からである。すなわち誰（読み手）に、何のために（目的）に、何（内容）を、どのように（配列）という分節化、配列の視点である。この視点の立場は、内向きの視点をも包含している。このことは、書き手主体が、自分の立っている「場」を「境遇」として意識するということである。「境遇」意識は、具体的な言語表現活動の場面を実感的にイメージすることによって形成される。

例えば、感動・感銘を中心とする形象的文脈による文章の場合は、自分の感動・感銘を具体的な形象を媒介として表されたイメージのまとまりを想い描きながら、それを誰か（他者＝読み手）と共有したいという表現欲求に駆られる意識として形成される。いわゆる文学的文章作品の場合は、自己表現意識が中核となるので自己完結的な傾向をもつものになると考えられる。

それに対して、意見・見解を中心とする論理的文脈による文章の場合は、「境遇」意識が、自己の意見・見解と読み手に伝えて納得・説得を得ようとするところにウエイトを置いて形成される。したがって、目的意識・相手意識は、切実で具体的なものとして、特定化された形で形づくられる。目的意識は、今、自分の立っている現実にもとづく自己の意見・見解を、読み手に伝えることによって、状況性（自己と対象との緊張性）を解消、解決しようとする意欲によって支えられる。目的意識が明確化され、切実なものになればなるほど、それは、実現に向けての意欲的行動に向かう。読み手が、自分の意見や見解を受け入れてくれるには、どのような内容をどのような順序で配列したらよいか、ということを、読み手のニーズや既有の知識・経験・可読能力などを分析、検討して、それに対応できるように勘案し、見通しを立てることになる。

線条的配列のための見通しを立てることを、線条化構想という。構想という言葉には、想像力を働かせるという意味が含まれている。読み手の反応を

想定しつつ、また、目的や内容などを具体的に総合的に思い描きながら、線条的配列を、仮定したり修正したりして確定していく。この際、既有の文章構成スキーマ、文学的文章の構成パターンについての知識を動員して活用する。例えば、文学的文章であると、起・承・転・結とか、発端・展開・結末、発端・展開・最高潮・結末などといった構成パターンが考えられる。論理的文章の場合は、序論・本論・結論とか、問題提示・具体例・論証(説明)・結論、見解提示・例証・予想される反論とその反論・結論などといった類型があげられる。これらのパターンを活用するに際して注意すべきは、パターンを先行させないことである。生み出された内容に形を与えるという考え方で、内容がおのずと形をとるというのが、のぞましいあり方である。

　学習者が、これらのパターンに関する構造化された知識を十分に習得しておらず、動員、活用につまずく恐れのある場合は、学習の手引きの形で、学習者の要求に応えるように提示する。その際、学習の手引きは、複数作成して自分にふさわしいものを選択できるようにする配慮が必要である。

## 3　線条化構想活動の結果を生かしての叙述活動

### (1) 線条化構想活動によって配列された分節ごとの叙述

　何のために、何を、どのようにということを常に意識しながら、分節を単位して叙述する。その際、分節の分量によっては、いわゆる局所構想を立てる必要が生ずる。前段階の線条化構想は、文章化の全体にわたってのものであった。その全体を支える部分としての分節を、さらに具体的に言語表現化する活動の叙述活動を進めるのであるから、分節＝局所についての叙述の見通しを立てながら、それにもとづいて叙述することになる。

　叙述の仕方の工夫については、これまでに習得している表現方法や表現形態についての構造化された知識を動員、活用する。第一項に掲げた課題・条件によって触発、形成された主題想を例として、叙述過程を想定して叙述のありようを述べる。

　主題想が、感動・感銘を中心として形成されるのは、文学的文章である。

文学的文章は、形象的文脈によって成立するものである。課題素材は、映像材としては、北海道富良野のハルニレの四季の写真、屋久島の縄文杉と紀元杉の写真である。前者は富良野の平原に立つハルニレの大木の四季の映像と、広大な丘陵に１本生えているハルニレの写真で、いずれも美しいカラー写真である。屋久島の場合は、屋久島の杉の倒木更新を示す写真と、杉の巨木の洞(うろ)に実生した幼木の映像で、いずれもカラー写真である。
　これに配する文章材は、幸田文の富良野のエゾマツの更新を書いたエッセイ、田口ランディが屋久島の杉を探訪に行った時の見聞や感想を述べた文章である。作文の条件としたのは、これらの映像と文章とを関係づけて、触発された想の生成と展開を文章化するということである。エゾマツの更新の文章は、エゾマツが老木になり、風などで倒れて腐食した上に種子が落ち、発芽して成長している様子を書いたものである。倒木の上に育っているエゾマツは、一列に整然と並んでいる。倒木は子の世代を抱き育てているように見えるが、腐食した木の内部には固い芯が残っており、弱い幼木は十分に根を張ることができず、風などで倒れ、淘汰されていく。このような内容である。屋久島の杉についての文章は、島の森林の描写と、七千年もの寿命をもつ巨杉について書いたものである。
　ハルニレの四季の姿の変化や屋久島の縄文杉、紀元杉の姿そのものへの感動と文章材から得た木の命の不思議への思いとを重ねて、詩形式で表現することに向かう学習者や、木の成長物語として、ハルニレか屋久杉かを擬人化して創作する者、これらの映像や文章を読んだ感想をもとに、文芸的なエッセイを書こうとする生徒など、さまざまな表現の叙述活動を発動することが想定される。
　これらの叙述活動は、線条化構想にもとづいて進められる。詩として叙述される場合は、「描写」の方法によってイメージ形成を促すとともに、そのイメージ相互を対立させたり、累加したりして、特定の意味を読み手の内面に生み出すように工夫することになる。詩の叙述においては、「説明」の方法は制限される。それに対して、創作物語では、虚構の方法を用いて具体的なキャラクターをもった人物を登場させ、ヤマをもった事件を軸とするス

第二章　作文の叙述過程指導に関する基礎的研究

トーリーを構成してプロットを策定する。描写法だけでは、読み手に理解され難い部分については、説明法が用いられる。「描写」された人物相互の交渉、背景となる自然や場所などの「描写」と人物との関係、事件相互の関係など、描写法によってイメージ化されたものが、事柄や事物のレベルを越えた意味を読み手の内面に創成するように叙述される。ここでは、叙述は、複合化され、相乗的効果を発現するよう工夫される。文芸エッセイでは、論理的文脈が、詩や創作物語よりも多く現れる。したがって、「説明」の方法が他の文学的文章より多く用いられることになると考えられる。

　形象的文脈を中心とする文学的文章の叙述活動の支援は、叙述中においては困難を伴う。一人ひとりの文章想の発想と展開は、流れとして発現する。不用意な介入は、それを中断することになる。したがって、支援は学習者のペンの停滞を注意深く見守り、その停滞の原因を見極め、再び想が展開的に流れ始めるように手引きをする必要がある。完全な個別対応となる。一定の学習集団を対象にこの方法をとるとなると、指導者一人では対処できない。あらかじめ想定される叙述のつまずきに対応できるように、モデル文例を複数作成しておいて、参考にさせることも考えられる。叙述活動の個別支援の方法は、これから開拓されなければならない課題である。

　論理的文脈で形成する文章で表現すべき意見・見解を、この課題、素材によって発想した場合の叙述活動は、どのように展開されるか、仮説的に考察する。ハルニレとヤクスギの映像材と、富良野のエゾマツと屋久島の縄文杉の文章材とから触発され、発想されると想定されるのは、生態系、環境問題についての意見・見解である。屋久島の杉の倒木更新の映像と、富良野のエゾマツ更新の文章とを重ね合わせると、松や杉の針葉樹の生命の連鎖についての見解や意見が触発、形成されると考えられる。このことが、現在、社会問題になっている自然破壊、環境破壊に連想されていくと、学習者の既有の知識、経験、意見として保有しているものと複合して、自然保護・環境問題についての意見として発展的に形成されると考えられる。また、ハルニレの四季の映像、紀元杉の樹幹の洞に寄生する山つつじの木の映像、およびヤクスギの生育環境についての文章とを重ね合わせると、木の命の生生発展につ

*109*

いて思索的見解が形成されてくると推定される。

　自然保護、環境問題についての意見ならば、問題解決型意見として整備される。すなわち、[1]問題のある事実・事象・[2]その問題の発生原因の究明、[3]原因除去のための対策の策定、[4]対策の提案、といった構成をとることになる。それに対して、木の命の生生発展についての思索的見解の場合は、いわゆる思索型意見になると考えられる。これは、事実、事象の意義や価値を明らかにし、それについての自己の立場や明確に述べるものである。思索型意見の構成には、解決型意見のような一定のパターンはない。ただ、大筋として、[1]意義・価値を明らかにしたいという問題意識を喚起された対象（これには、事象の場合も他者の意見・見解の場合もある）、[2]その問題についての答えの思索、探究と論証、[3]結論的見解、といった内容によって構成されると思われる。これらの構成パターンは、線条化構想の際に活用される。

　いわゆる意見文・論説文、説明文といった論理的文章を、論理的文脈を形成して叙述するには、「記述」・「説明」・「論説」といった叙述法を用いることが要求される。これらの叙述法は、複合的に用いられる。例えば、解決型意見を中心とする意見文・論説文の場合は、問題の事実は、「記述」という方法と用い、問題の原因の解明の部分は、「説明」という方法と活用する。それらをふまえ、対象を策定し、提案する段階では、「論説」という方法をとることになる。この複合、重層化的な叙述は、分節内においても現れる場合がある。

　論理的文脈を中心として形成される[1]記録・報告文、[2]説明・解説文、[3]意見・論説文などの文章形態には、それぞれ、[1]「記述」、[2]「説明」、[3]「論説」という叙述法が主たる方法として用いられる。したがって、叙述活動中の支援をするに際しても、学習者がどのような目的意識をもって、何について書いているかということを事前に把握していれば、つまずきに対応する叙述の手引きを、あらかじめ準備しておくことが可能である。特に、本授業構想のように、学習集団共通の課題・条件を提示する場合は、より可能性が増す。

### (2) 全体構想、見通しにもとづく推敲

　叙述活動は、局所構想にもとづく推敲と同時併行的に進められる。全体の叙述が終った時、全体構想にしたがって、推敲される。その際、ペアか、グループで読み合い、気づきを交換し、その後に自己批正を行わせる。

## 4　活用段階の活用活動

　本授業構想は、検証のためのデータ収集を目的としているので、この段階は省略するが、実際の授業においては、書く活動の目的に即応する活用活動を組織し、展開する必要がある。

## 第三項　実験的検証のための課題

　本節は、前節で作成した叙述過程モデルの実践への展開の可能性を検証するため思考実験的に授業構想を立てたものである。これを教室実践に移すためには、同一の課題・条件によって実験をする必要がある。すなわち、課題・条件を提示し、生成させた第一次想としての漠想を統合想化し、さらに、線条化構想によって分節化、線条的配列をする段階について、場の条件の意識化との関連を内観させて記述させるという実験的調査である。

# 第三章　作文教育における条件作文法の考究


## 第一節　作文教育における条件作文法の問題史的考察


### 第一項　上田萬年の課題・条件作文論


　作文教育における先蹤的指導論としては、明治28（1895）年に刊行された上田萬年の『作文教授法』（冨山房）がある。上田は、ドイツ人ベネケという人の作文教育書による、とことわった上で、次のように祖述している。
　「作文教授の階級」について、
　　第一には、作文の材料が与へられて居る時で、即ち其材料が考の上から言つても、又言葉の上から言つても、両方与へられてある場合であります。
　　第二には、材料は与へられてあるけれども、言葉は与へられてあるのでなく、考だけが与へられてありますので、この場合では生徒が考を得て、どうこれを書き直さうかと云ふことを研究するのであります。
　　第三には、言葉だけが与へられてあるので、われわれが自分の考を其言葉に併せて、綴りゆくと云ふのであります。
　　第四には、考も言葉も共に与へられてない場合で、即ち生徒が自分で文章を作り出さなければならぬと云ふ時であります。
　　　　　　　　　（引用者注。以上の引用では、漢字は新字体に改めている。）
という4段階を示している。さらに、この4段階を、「第一には簡単に書き

直すと云ふこと、第二には模様換へをして書き直すと云ふこと、第三には自分で作り出すと云ふこと」の3段階にまとめて説明している。

第一階級　簡単に書き直すと云ふ事

　第一　写す事……いわゆる視写。一語・一節・一文の発音、意味を理解した上での視写。

　第二　暗誦したものを書くと云ふ事……いわゆる暗写。立派な歌、文章を暗誦し、写すのである。

　第三　朗読筆記の事……いわゆる聴写。教師が朗読する文章を聴いて写すのである。仮名遣い、句読点などにも習熟させる。

　第四　話されたこと、及び読んだことを書き直すと云ふ事……話されたこと、読んだことを種子にして、それを書き直すという方法である。種子としては、イソップの話とか、日本の歴史上の出来事とか、ごく簡単な叙事文・記事文から取り、書き直すのである。

　第五　日用文を書く事……勘定の受け取り（領収書）・届書・時候見舞いの手紙・病気見舞いの手紙などを書くことである。様式・型の決まっている文章を書かせるのである。

第二階級　模様換へして写す事

　第一　書き換へる事……文章を書くとき、さまざまに言葉を使い分けることのできる技量を養うために、ある文章の言葉を取り換えて書く、言葉の順序を取り換えて書く、文章の仕組みを取り換えて書くといった方法である。

　第二　歌を手本として話す事……歌を話し言葉の直して話すことを通して、詩的表現と散文的表現の違いを理解させるとともに、詩的表現を散文的表現に直すにあたって歌の凝縮された表現をふくらませたり、言い換えたりして平易に表現する技量を養うことをねらいとしている。

　第三　約文の事……手本となるべき一文章を取り上げ、その中の要領だけをつかんで書き上げ、縮約させるという方法である。読本の文章を取り上げ、縮約させて制作技法を習得させようというのである。

第四　文章を敷衍する事……約文の反対の方法である。日記や要点記録とか報告のためのメモとかいった短い文章を、詳しく分かりやすく書き直す方法である。

第五　文体を同じくして、中の意味を取り換へて書く事……紀行文とか書簡文とかいった文種の、特定の文章の体裁を同じくして、中にある事柄を取り換えて書くという方法である。

第三階級　自ら文章を作り出す事

第一・第二階級のレプロダクション（再生作文）で作文の基礎技能を習得した後に、プロダクション（自ら文章を作り出すこと＝自作文）の学習を課すという段階に進むという考え方に立った方法である。

（引用者注。以上の引用では、見出し部分は原文のまま。解説の部分は引用者による要約である。）

レプロダクション→プロダクションという順序による指導は、ドイツ系統の作文教育の輸入、紹介にあたった当時の研究者に共通する考え方である。上田に近い時期では、教育学者の谷本富（1894）が、ケールの作文指導論によって、同様の方法を説いている。

上田の言う課題・条件法の特色は、書かれた単語・短文・文章の視写・聴写・暗写、書き換え、要約、敷衍、型はめ法、換骨奪胎法などといった、表現内容（題材）も叙述の方法も与えて書かせるという点にある。いわゆる再生作文である。文章を書く基礎技能の習得の後に、自分の考え出した内容をそれにふさわしい叙述法で表現するという、いわゆる自作文を書かせるという指導順序は、今日の指導順序とは全く異なる。現代では、第一階級の第一から第三までの学習内容は言語事項として指導され、仮名文字を習得すると、簡単な自己表現作文を書くことが課せられる。言語事項は、書くことの基礎として簡単な文章を書くことに対応させて指導される。第一階級の第四、第五、及び第二階級は、文章レベルの作文技能の指導となっている。小学校段階の作文指導では、自作文よりレプロダクションの作文に重点がおかれている。したがって、ここで提示される題材・叙述条件には、場の条件にもとづく機能性は認められない。

同時期の教育学者樋口勘次郎は『統合主義　新教授法』(東京同文館　明治34＝1899)において、「教育の作業は、総て生徒の自発活動によらざるべからざれども、特に作文科の如き、自己の経験又は他の学科に於て得たる思想を発表せしむる学科に於て然とするを、さまざまの形式に拘泥して、児童の思想、文字、文体等に拘束をを加へ活動力を剋制して、受動的に文を作らしめ、これが為に発表力を萎縮せしめる傾向あるは実に慨嘆に堪へざるなり。故に予は自作文に於ては別に教案を立てず、只、文題を定めおくのみ。」と述べ、文題も自発活動を阻害するものは避けるべきとしている。これは、上田や谷本の所説と対照的な指導論である。樋口の説は、やがて芦田恵之助に継承されて、随意選題論(『綴り方教授』育英書店　大正 2 ＝1913)に発展する。
　上田がここに祖述している方法は、内実は異なるが、形式的には今日においても実践されている方法である。例えば、青木幹勇が、『第三の書く』(1986)において提案している方法である。読みのための書く技能として、視写、暗写、聴写、要約、敷衍、書き換えなどを、具体的な学習活動の場で目的達成の手段的方法として活用するというものである。ただ、青木の方法には、場の条件を生かした機能性が認められるのに対して、上田のものには存在しない。
　20世紀作文が、自作による自己表現作文にその存在根拠を求めて発展したものとすると、上田萬年の課題条件作文論には、一定の限界を有していたと言わざるをえない。

## 第二項　友納友次郎の練習目的論

### 1　友納友次郎の練習目的論の基本的考え方

　谷本富、上田萬年の課題・条件作文論が、それぞれ、ドイツのケール、ベネケの指導論にもとづいて述述されていたのに対して、友納の練習目的論は、自己の切実な実践体験にもとづいて立論されている。ただ、近年の、前田真

## 第三章　作文教育における条件作文法の考究

証 (1989) の研究[1])によると、ドイツのシュミーダーの学説を摂取して理論化し、実践方法を創出したものと考えられる。

友納の練習目的論は、『綴方教授法の原理及実際』(目黒書店　大正7＝1918)に詳しい。友納は、明治期の谷本や上田が提唱していたレプロダクションの方法による作文指導を直接名指したものではないが、そのような方法論を次のように批判している。

> 人によつて技術の教育には模倣といふことが、非常に大切で或進んだ示範に模倣させることに依つて、記述の進歩を見るものであるやうである。斯ういふ見地からすると綴方も一つの技能で、示範に依つて模倣させ、漸次に綴方の力を養ふべきものであるといふ意見が成り立たないでもない。併し綴方はこの論者のいふやうな単純な技術ではない。自己の痛切な要求を満たすために、自己の性格から迸り出た生きた言葉である。従つてその表彰の形式の如き全然個人の特有のもので、これを適切に指導する型は全然皆無であると言はなければならぬ。この意味に於て、私は綴方に於て従来考へてゐたやうな示範とか模倣とかいふ事は全然無益な仕事であると信じてゐる。　　　　（同上書　第三編第一章　個性と創作）

友納のこの言説は、一見、課題・条件法を否定しているように思われる。しかし、練習目的論という主張は、課題・条件法に立っての立論と見られる。その根拠は、どこに求められているか。友納は、前掲の章において次のように言う。

> 綴方はどこ迄も個性の発露したものでなければならぬ。自己の思想感情の正体を没却した文章は恰も蛇の抜殻を見るやうに何等の意味もない成績と言はなければならぬ。併し唯個性の発揮をのみ目的とし、自由の発表のみを強ひんとする一部の論者には左袒する事が出来ないのである。綴方は何処までも綴方としての必然的の要求があり、固有の練習順序といふものが存在してゐる。その正しき順序といふものは如何なる場合に於ても無視することが出来ない。　　　　　　　　（同上書　同上章）

友納は、ここで述べた「綴り方は何処までも綴方としての必然的の要求があり、固有の練習順序といふものが存在してゐる。」ということについて、

次のように述べる。

　　綴方も一種の技能であるから、どうしても技能その物の発達順序といふものを確実に吟味して、そこに案の根拠を定めなければならぬ。児童が興味を以て迎へるとか、思想が高潮してゐるとかいふこと——つまり心理的の顧慮といふことは、それらの案を適用する場合の教師の注意や教授の方便に属する問題ではあるまいか。

　　　　　　　　　　　　　（同上書　第四編第一章　教材選択の標準）

　友納は、綴り方の技能の指導順序——学習系統の拠り所を「技能その物の発達順序」に置くとしている。この「発達順序」が児童の思考力などの精神的能力の発達に基礎を置く作文能力・技能の発達・形成の順序なのか、作文技能の論理的分析結果にもとづいた、言語の階層的単位による系統的順序なのかが問題となる。その点については、友納は、文材の系統的配当の原則として「どうしても論理的に技能其の物を確実に吟味して、そこに案の根拠を定めるでなければ得らるべきものでない、技能の繁簡難易——これはどうしても論理的に考察するよりも外に途はないのである。」（同上書　同上章）と述べて後者の立場を暗示している。それとともに、児童の心理的面への顧慮は、実際的指導の配慮事項であるという趣旨の発言をもしている。また、「綴方教材の分類と其の系統」において、「綴る力其の物を確実に吟味して、そこにはつきりとした練習目的を定め、其の練習目的に応じて教材の分類を行ひ、」それを各学年に配当して系統案を作成したと述べている。

## 2　練習目的論にもとづく指導系統案

　指導系統案を整理して要約的に引用すると、以下のようである。
尋常科第一学年
　・主として言語（話し言葉）による綴方……第1学期第1週～第2学期第5週
　　練習目的　文字を用いて自由に表現しうるまで、主として言語を用いた思想感想の表現の助成。

第三章　作文教育における条件作文法の考究

その一（第1学期第1週～第5週）
　　まず話し言葉で表現させ、文字を習得したら、重要な部分を単語で表現させる。
その二（第1学期第6週～第10週）
　　前期の練習の継続。その重要な部分を単語・単句で表現させる。
その三（第1学期第11週～第2学期第5週）
　　前期の練習の継続。その重要な部分を単語・単句・単文で表現させる。
・文字練習を主とする実感的の記述……第2学期第6週～第3学期の終わり
練習目的　興味ある題材を求めて、思うがままに記述させ、自由に文字を使用することができるようにするとともに、綴り方に対する興味の喚起。

尋常科第二学年
・部分的記述練習の静的記述……第1学期第1週～次第に程度を高めて尋4の第1学期
練習目的　部分的に静物の存在・状態・関係等の正確な記述、これらを「ありどころの記述」・「ありさまの記述」・「関係の記述」の3つに分けて練習。
・個物の存在状態の記述……第1学期第1週～第2学期第10週
練習目的　個物の精細な観察により観察・吟味の力を養い、存在・状態の詳細な記述。
・数個のものの存在・状態の記述（関係を主とする記述）……第2学期第11週～第3学期の終わり
練習目的　個物相互の関係に着眼して、数個のものを統一ある一団としてその存在状態の記述。

尋常科第三学年
・部分的練習の動的記述……第1学期第1週～尋4の第1学期
練習目的　部分的に物の行動・過程等、主として時間的の変化を記述させ

ることを目的として、「自己の行動の記述」・「自己の行動が他に及ぶもの」・「全く自己の行動を離れた客観的事項の記述」の3つに分けて練習。

・自己の行動を主とする記述……第1学期第1週～第10週

　練習目的　「球をなげたこと」「手をあげたこと」「こまをまはしたこと」等主として自己の行動を詳細に記述。

・自己の行動の他に及ぶもの……第1学期第1週～第15週

　練習目的　「何々をころがしたこと」「相撲をとつたこと」等の如き自己の行動が他に及ぶ場合の記述の練習。

・全く自己の行動を離れた客観的事項の記述……第2学期第2週～第3学期の終わり

　練習目的　全く自己を離れた客観的事項の記述の部分的練習。

・説明的記述の練習……第2学期第4週～第3学期の終わり

　練習目的　本学年で課する説明的の記述は単に既知の内容を列挙する程度。それにより説明的の態度の養成の端緒。

・書簡文の練習……第2学期第1週～第3学期の終わり

　練習目的　本学年で課する書簡文は本文のみにとどめ、要件のみの自由記述。

・日記文の練習……本学年第1学期から開始

　（練習目的）　この学年では、特別の出来事のあった日の日記や日曜日の日記などをおりおり記述させ、日記のつけ方の理解。

　第4学年以上については、綴る力とその練習目的とを要約し、列記することとする。

尋常科第四学年

・動的記述を主とするもの……第1学期第1週～　部分的の記述、写生的記述の色彩。

・静的記述を主とするもの……第1学期第4週～　2学期から始める写生的記述の素地。

・説明的の記述……第1学期第3週～やや程度を高め、事物の存在・状態

第三章 作文教育における条件作文法の考究

の説明だけでなく幾分の理由の付加。
・書簡文の練習……第1学期第4週～ 本文に加えて前文・後文の練習。児童の実際生活からの題材。
・思想の纏め方・話し方の練習……第2学期第1週～ 部分的の記述の練習から長い思想をまとめて、一つの文章を書く練習。
・日記文の練習……前学年からの継続、2、3日続きの日記、1週間の日記の練習。

尋常科第五学年
・作者としての態度を養うこと……第1学期第1週～ 文章を書くに際しては、必ず目的を見定め、それに応ずる作者としての態度の確立。
・自然描写の練習……第1学期第7週～ 動かぬ自然の描写から始め、次に動く自然の描写を実地について練習。
・叙述の練習……第2学期第1週～ まず絵画を示しての練習から始め、次第に複雑な事柄の記述を。
・説明的の記述……第2学期第3週～ 説明すべき相手を定め、相手に適応するよう思想内容を整理し、それに適応した言葉の使用の練習。
・人物描写の練習……第2学期第10週～ 人間の顔つき・服装等の外貌の描写を主とし、行動・性癖を書き加えて生き生きとした描写の練習。
・気分描写の練習……第3学期第5週～ 自己の気分を描写して、自分と同様の気分を起こさせる記述の練習。
・書簡文の練習……第1学期第13週～ 本文・前文・後文に冒頭・結尾を加え、書簡文の主部完成するよう指導。
・日記文の練習……毎日継続して記述するよう指導。

尋常科第六学年
・自然描写の練習……第1学期第1週～ 前学年の練習を継続してレベル・アップ。
・気分描写の練習……第1学期第9週～ 全学年の練習をレベル・アップして継続。
・人物描写の練習……第3学期第7週～ 人物の服装・顔貌に背景・場

121

所・行動を加えての描写の練習。
・叙述の練習……第1学期第3週〜　叙事の3大要素——人物（年齢・様子）・時（過去の時・季節・1日の時間）・場所（事件の場所・事件の様子）の生き生きとした描写の練習。
・説明的記述の練習……第1学期第5週〜　前学年の練習の程度を高め、科学的の性質を有するもの、道徳上の「正直」「忠孝」の如き複雑な内容の文材による練習。
・書簡文の練習……第1学期第6週〜　前学年の主部に属部を加えて完全な書簡文の作法の会得。
・日記文の練習……前学年からの継続の通り、毎日記述するよう指導。
　友納の練習目的論の内容を小学校のレベルについて整理したものが、上掲の系統案である。上田萬年の作文教授法の説く課題・条件の系統案と比較し、その共通点と相違点とについて検討する。
　まず、共通点としては、友納の部分的練習における単語・単句・単文の記述練習と上田の単語・短文の視写・暗写などの綴語、綴文練習とがあげられる。簡易な語句、文の学習から複雑で高度な語句、文の学習へという順序である。ただ、上田の場合が再生作文であるのに対して、友納の場合は、「実感的の記述」という言葉で練習のあり方が示されていることで明らかなように、自作文的学習活動になっている点が異なる。
　相違点は多く存在する。もっとも大きな違いは、友納が、自己の切実な思想、感情を表現することに、綴方の本質的あり方を見ており、上田は、基礎的な綴語、綴文の方法（表記法）を習得した上で自己の思想の表現をする自作文の指導に入るべきであるとしている点である。友納の部分的練習から思想を全体的に纏めて記述する練習へと進む系統案、また、それに合わせて文章ジャンルに応じた書き方の指導を配置しているのも、一見、上田に似ているように見られるが、言葉の機能を生かした記述指導という点で、明らかに上田とは異なった方法観に立っていると言うことができる。
　友納の課題観・記述条件観の特質について、以下説述する。
　第1学年は、いわゆる口頭作文によって、表記法の習得に力点がおかれて

いるので、整然とした課題・条件の内実とその系統的配置についての考察は、第2学年以上を対象として行う。課題・条件の内実と系統的配置の原則は、次のようになっている。

第2学年
1　部分的練習の静的記述という学習活動の総括的提示と指導期間
2　練習目的としての部分的練習の静的記述対象の分節的提示
3　静的記述練習の対象の下位分節の提示と指導期間
4　練習目的としての部分的練習の静的記述対象の下位分節の具体的提示
5　やや高度な静的記述練習の下位分節の提示と指導期間
6　練習目的としての部分的練習の、やや高度な静的記述対象の下位分節の具体的提示

　課題については、個物の存在場所→個物の存在状態→数個の物相互の関係的存在状態というように簡単なものから複雑なものへの配列されている。これらの題材は、静的な個物の存在のありようという具体の観察力と、個物相互の静的な関係という抽象の認識力とを必要とする。記述条件としては、部分的記述、静的状態の記述、静的関係の記述が示されている。部分的練習ということは、記述の分量が短く少ないということである。特に言語単位についての条件提示はない。第1学年の口頭作文では、単語・単句・単文で表現させるとしている。第2学年の部分的練習の分量もこれに準じて、2、3文から数文が想定される。

　学年内の「技能の発達順序」という観点から見ると、簡単から複雑へという順序を、易から難への順序と等しいものと捉えているように理解される。個物の存在状態と複数物の関係的存在状態の認識力は、後者の方が高度であると言うことができる。その意味では、いわゆる「発達」という概念にあてはまる。「部分的練習」・「静的記述」について言えば、「部分」は「全体」への発展を予定しており、「静的記述」は「動的記述」が次のステップに予想される。これらは、いわゆる能力の発達という概念に対応するとも見られるが、論理的に分析し配列した順序とも考えることができる。友納は、先に引用したように、系統案の根拠は、「技能の繁簡難易を論理的に考察して」そ

れによる外はない、としている。このことは、論理的順序と発達的順序をイコールの関係において認識しているように判断される。
第3学年
　1　部分的練習の動的記述という学習活動の総括的提示と指導期間
　2　練習目的としての部分的練習の動的記述対象の分節的提示
　3　動的記述練習の対象の下位分節の提示と指導期間
　4　練習目的としての部分的練習の動的記述対象の下位分節の具体的提示
　5　やや高度な動的記述の練習の下位分節の提示と指導期間
　6　練習目的としての部分的練習の、やや高度な動的記述対象の下位分節の具体的提示

第3学年の場合も、第2学年とほぼ同じ配列構造になっている。

　課題については、[1]「自己の行動」・[2]「自己の行動が他に及ぶもの」・[3]「全く自己の行動を離れた客観的事項」を通して、それぞれの動態の時間的変化を記述することを課題として提示している。これらは、さらに具体化して、「球をなげたこと」「手をあげたこと」「こまをまわしたこと」、「何々をころがしたこと」「相撲をとったこと」などの行動例があげられている。1は自己の行動を中心に記述すればよいのであるが、2は自己の行動とそれを受けた他者の行動を記述し、相互の影響関係をも述べなければならない。しかも行動の進展に伴い、動きや状態が変化する。それも課題内容となっている。記述条件としては、動的記述対象の部分を取り上げて練習するので、対象は制限され、記述量も限定される。動的記述の練習であるから、行動や事態の変化を捉えて言語表現化することが求められる。いずれも簡単から複雑へ、易から難への配列されている。これらは、技能の論理的分析にもとづく配列と考えられる。

　第2学年から第3学年への課題・条件の配列は、部分的練習という点では同じであるが、静的記述から動的記述へという配当順序には、発展性が認められる。が、これも簡単から複雑へ、易から難へということを配置原理としている。

　第4・5・6学年への発展系統はどのように立てられているか、考察する。

第三章　作文教育における条件作文法の考究

　第4学年では、第3学年までに練習してきた「静的記述」「動的記述」を、さらに写生的記述の基礎的方法を取り入れて練習するとしている。第4学年であらたに加えられたこととして、「説明的の記述」がある。これには、低度のレベルであるが、理由づけをすることが求められている。事物の存在やその静的、動的状態の記述という見たものの叙述にとどまらないで、論理的な叙述の練習に進んでいる。
　また、書簡文・日記文といった形態の整った文章を書くことも、程度を高めて課せられている。さらに注目すべきは、「思想の纏め方・話し方の練習」が加わっていることである。これは、見たままを記述することを中心的目標にしていた前学年までから、論理的な文章の叙述の初歩を学ぶ段階に進めるために必要とされる技能の練習を位置づけたものと考えられる。
　第5学年では、叙述法として、描写と説明に重点をおいて練習することを課している。描写は、静的自然描写、動的自然描写、人物描写、気分描写と、だんだん高度の描写技術の練習に進んでいる。説明は、相手意識を強調している点が注目される。内容の整理、言語表現も相手に適応するように行うことを指示している。書簡文は、さらに形式の整ったものを書くことが要求され、日記の継続的記述が勧められている。
　第6学年は、第5学年までの学習内容を継続して、その程度を高め、描写、説明の仕方を精緻にするように示されている。描写では、人物・時・場所という叙事の3要素の叙述を、説明では、科学的な文材、道徳的思想的文材を書くことを指定している。また、書簡文については、完全な書簡文を書くことができるようにという到達度を示している。

## 3　友納友次郎の練習目的論のまとめ

以上概観したところをまとめると、以下のようになろう。
1　課題は、日常の体験、観察から得られるものから、抽象度の高い、科学的題材・道徳的思想的題材へという順序で系統化を図る。
2　叙述対象は、対象の構造的部分から構造的全体へ、静的状態から動的

状態へ、個物の存在状態の記述から個物と個物との関係的事態の記述へ、といった単純から複雑へ、簡単から精密へという系統的順序化を図る。
3　記述条件は、対象叙述の構えと叙述法について取り上げ、自己中心から自他の関わり、自己を離れて対象を客観視する構えへと進み、描写から説明へという叙述法の練習を系統化している。叙述法についても、高度化、精密化の方向にその方法・技術を提示している。
4　課題・条件の提示は、児童の心理的発達については、配慮条件とし、主として技能の論理的分析結果にもとづくとしている。
5　文章形態にもとづく作文練習は、第3学年から日記文・書簡文を提出しており、漸次練習内容を高度化し、第6学年で完成段階に至るように到達度を示している。基本的には、叙述技能から文章形態へという文章作法学習の系統化の原則を見いだすことができる。

　総じて言えば、文章作法と技能の指導系統を、文章制作活動の場とは、独立して論理的原則にもとづいて行い、心理的発達への考慮は薄いと見られる。この点は、芦田恵之助の随意選題論が、子どもの心理的発達やその置かれている境遇への強い配慮にもとづいているのと対照的である。しかし、文章作法と技能の系統化を極めて精緻に行い、系統的な作文指導の内容的筋道を具体的に提示して、作文指導の近代化を促す大きな拠り所となったのは、否定できない功績である。

## 第三項　和多史雄の条件作文論

　和多史雄は、その著『条件作文と客観評価』（謙光社　昭和37＝1962）において、作文教育の基本的立場として、「作文教育において、児童・生徒の作文力を向上させるためにだいじなことは、まず第一に、こどもたちに書く場を与えることである。教室において、しかも教師の指導を受けながら……。／第二に、こどもたちにも『書くことの目標』や、『評価の観点』を理解させて、系統的に一歩一歩、階段を登るように、基礎的なものから応用的なも

第三章　作文教育における条件作文法の考究

のへ、また個別的なものから総合的なものへと、その力を結実させていくことである。」(同上書　自序)と述べ、その主張・提案の要点を提示している。
　本書の内容は、目次によって知ることができる。
　第一部　作文の評価について
　　Ⅰ　評価に対する考え方
　　Ⅱ　評価の方法と種類
　　Ⅲ　評価の観点
　　Ⅳ　小・中学校における書くことの観点
　第二部　客観評価について
　第三部　条件作文について
　　1、短文練習
　　2、「熟語作り」と関連させて
　　3、短文から次第に長文へ
　　4、「ことばのきまり」と関連させて
　　5、「ことばづかい」と関連して
　　6、詩の指導と関連して
　　7、句読点のつけ方、文章の続け方
　　8、表記法と原稿用紙の使い方
　　9、説明調で
　　10、意見文を書く
　　11、比較文
　　12、短歌・俳句と関連して
　　13、漢詩と関連して、訳詩づくり
　　14、説明文と文末表現
　　15、伝記を書く
　　16、会話を書く
　　17、昔話と関連して
　　18、論文を書く
　　19、経過を書く、その他
　この目次を通覧するだけでも、和多の条件作文観を推測することができるが、和多は、第一部において評価を取り上げている。教育評価は、目標を規準として指導し、その成果を測定して次の指導に反映させる教育的営為であり、作文指導においては、評価は、育成すべき作文力を目標として指導し、

127

その習得状況を測定することになる。したがって、指導すべき作文力を措定することが必要になる。和多は、学習指導要領の書くことの指導事項を系統的に整理したり、評価の観点に関する諸説を取り上げて検討したりして、独自の「評価の観点」を整理し、仮説している。この観点は、指導の目標となるものと対応するので、育成することを目指している作文力ということになる。「評価の観点」は、文章制作過程を、〈書く前・書くとき・書いたあとで〉に分けて、「目的別」「種類」別に整理されている。「評価の観点」の整理表を原典から引用する。

評価の観点

| 目的別 | 事実や経験したことや調べたことを報告したり、記録したりするために書く。 | ことがらや意図を伝えるために書く。 | 思考、感想、感動を表わすために書く。 | 通信をするために書く。 |
|---|---|---|---|---|
| 種類 | 記録文、報告文、日記、紀行文、メモ | 意見文、論説文、説明文 | 詩、感想文、読書感想文、随筆 | はがき、手紙、掲示、新聞記事（学校新聞） |
| 評価　書く前 | ①書こうとするものをよく見ようとする態度があるか。②必要な材料を豊富に集めようとする態度があるか。記録文や報告文の場合書くに値する主題を選んでいるか。③書こうとすることがらを、筋道を立ててまとめようという気持ちがあるか。 | ①書こうとすることを正確に見ようとする態度があるか。②書こうとすることを公平な態度で総合的に見ようとしているか。③相手を納得させるための正確で豊富な資料を得ようとする態度があるか。④書く目的を持っているか。⑤書いたあとの相 | ①感想や感動を文章や詩歌に表現しようという気持ちがあるか。②どの程度の読者意識・相手意識を持っているか。③読書感想文の場合は、どの程度までよく本を読んでいるか。④広く深くものを見ようとする態度があるか。 | ①通信文を書く必要性をどの程度理解しているか。②通信文を書く目的がはっきりしているか。③目的に応じた用紙が用意されているか。④書くための用具が相手と場合にふさわしいか。⑤書く内容をあらかじめ頭の中に組み立て、順序立てているか。 |

128

第三章　作文教育における条件作文法の考究

| | | | | | |
|---|---|---|---|---|---|
| 評価 | 書く前 | ④何のために書くかという目的をつかんでいるか。⑤構想はうまく立てられたか。⑥原稿用紙は必要なだけ用意されているか。⑦読み手意識があるか。 | 手の反応をどう予想しているか。⑥構想はどのように立てたか。 | | |
| | 書くとき | ①構想メモや、梗概がうまく立てられ、それに基づいて書いているか。②書き出しはうまくいっているか。（特に記録文・報告文の場合）③文体はそれを書くのにふさわしいか。④調査の結果や資料が適切に利用されているか。⑤文脈がはっきりしているか。（主述の関係・修飾・被修飾の関係等）⑥記録文・報告文では特に段落の切り方がくふうされているか。⑦段落相互の関係を考えて書いて | ①正確な事実に基づいた意見として書いているか。②読み手に応じた文体で書かれているか。③事実と意見の区別がはっきりしているか。④事実に対する意見が明確に表現されているか。⑤相手を納得させるための資料の引用が適切にできているか。⑥ことばの効果を考えながら使おうとしているか。⑦文脈がはっきりしているか。⑧段落の切り方がくふうされているか。⑨論点がはっきり | ①目的に応じた形態の文章となっているか。②詩と散文の区別がついているか。③詩では、感動を表現するためのくふうがされているか。④考えながら書こうとする態度が見られるか。⑤ことばの効果を考えながら使おうとしているか。⑥文脈がはっきりしているか。⑦詩では特に改行や連節の書き方がうまくいっているか。⑧読書感想文では書物の内容と自分の意見や感想がはっきり区別 | ①書き出しの部分が相手に応じた形式になっているか。②文体が相手に応じたふさわしいものになっているか。③文字をていねいに書いているか。④必要な用件を落ちなく書こうとしているか。⑤用件が順序正しく並んでいるか。⑥文脈がはっきりしているか。⑦必要な用件が簡潔に書かれているか。⑧相手や季節や場合に応じた適切なあいさつがあるか。⑨敬語の使い方が |

129

| 評価　書くこと | | | | |
|---|---|---|---|---|
| ⑧記録文・報告文・紀行文などでは、メモが適切に利用されているか。⑨小見出しなどが適宜つけられているか。⑩日記などでは、自己を伸ばすために書いているかどうか。⑪メモは特に簡潔に書けているか。⑫メモは要点を落ちなくとらえ、個条書き等にしてうまくまとまっているか。⑬メモはあとから読んでも最初の姿が再生されるようなくふうがされているか。⑭正しい表記法に基づいて書かれているか。⑮句読点の打ち方は適切か。⑯用紙の使用法は適切か。⑰結論や書き結びはうまくまとまっているか。⑱首尾照応しているか。 | しているか。⑩論点に基づいて論旨が述べられているか。⑪構成が論旨を述べるのにふさわしいか。⑫生活を向上させようとするような建設的なものになっているか。⑬議論のための議論になっているところはないか。⑭事実と意見に矛盾するところはないか。⑮結論ははっきりしているか。⑯結びのことばは適切か。⑰首尾照応しているか。⑱正しい表記法に基づいて書いているか。⑲センテンスの長さや句読点の打ち方は適切か。⑳用紙の使用は適切か。㉑書きながら常に推こうしようとする態度があるか。 | されているか。⑨読書感想文では、書物の内容と自分の意見や感想がどのように組み合わされて構成されているか。⑩読んだ書物の内容を取り違えているところはないか。⑪読書感想文などは、一つの書物だけでなく、他の書物との比較・関係において書いているか。⑫読書感想文では、文章の上からだけでなく、作者や筆者との関係においても書かれているか。⑬結びのことばは適切か。⑭首尾照応しているか。⑮正しい表記法に基づいて書いているか※⑲センテンスの長さや句読点の打ち方は適切か。⑳用紙を有効に使用しているか。 | 適切か。⑩自分の気持ちや誠意が相手に伝わるような書き方になっているか。⑪案内状や掲示などではそれにふさわしい個条書きなどが適宜取り入れられているか。⑫相手がそれによって行動したくなるように書けているか。⑬文字の大きさは目的や内容にふさわしいものになっているか。⑭正しい表記法に基づいて書いているか。⑮センテンスの長さや区切り方は適切か。⑯用紙の使用は適切か。⑰手紙やはがきのあて名の書き方は適切か。⑱手紙やはがきの自分の名の書き方は適切か。⑲日付けなどが、あるべきところに書かれているか。 |

第三章　作文教育における条件作文法の考究

| 評価 | 書くとき | ⑲書きながら、常に推こうしようとする態度があるか。⑳中心的事項と、付加的事項の関係がうまくいっているか。 | | ㉑書きながら常に推こうしようとする態度があるか。 | ⑳切手のはり方、場所を心得ているか。㉑書く時期・出す時期を心得ているか。 |
| --- | --- | --- | --- | --- | --- |
| | 書いたあとで | ①事実や経験に基づいた正確な記録や報告となっているか。②その児童・生徒個人個人にとって、その文章を書いたことが有効であったか。 | ①筆者の言おうとすることが読み手によく伝わったか。②読み手がそれによって書き手の意見などを受け入れようという気持ちになったか。 | ①書き手の感動や感想が的確に効果的に表現されているか。②書き手自身、読むに価値ある内容になっているか。 | ①必要な用件が確実に伝わるような文章になっているか。②読み手の方で、書き手を心よく思うような書きぶりになっているか。 |

※⑮から⑲にとんでいるが、ここでは原文のままとする。

　ここに措定されている作文力の性格を読みとる重要な手がかりとなるのは、目的別、種類（文章ジャンル）別、記述前・記述中・記述後別に整理、提示されていることである。「目的別」と「種類」とは連動的に関係づけられている。すなわち、「事実や経験したことや調べたことを報告したり、記録したりするために書く。」と「記録文、報告文、日記、紀行文、メモ」、「ことがらや意図を伝えるために書く。」と「意見文、論説文、説明文」、「思考、感想、感動を表わすために書く。」と「詩、感想文、読書感想文、随筆」、「通信をするために書く。」と「はがき、手紙、掲示、新聞記事（学校新聞）」というように、書くという活動形態が、書く目的・意図にともなって決まってくることを表示している。しかも、記述前・中・後という制作過程に動員される作文技術・方法・態度を析出、配置しているのは、これらが、機能的なものであることを示している。これは、和多が先行研究として取り上げている、中沢政雄の『機能的作文指導』の考え方を摂取していると考えられる。この考え方は、和多が、本書において検討対象とした、「学習指導要領」（当

*131*

時)の指導事項とは、対照的である。つまり、学習指導要領の「書くこと」の指導事項は、コンポジション理論にもとづいて析出され、措定された作文技術・方法・知識・態度であるということである。

　和多は、本書の序文で、(1)書く場の設定、(2)書くことの目標と評価の観点とを理解させた作文活動、(3)個別的なものから総合的なものへ、基礎的なものから応用的なものへという指導の系統化、という作文指導の基本的な立場を提示していた。書く場の設定については、その見方を、「評価の観点」の一覧表が、目的別、(文章の)種類別に示されているところに見いだすことができる。目標と評価の観点については、「評価の観点」の表がそれを示している。指導事項の系統化については、具体的には、提示されていない。ただ、「作文の基礎能力」については、習得状況の調査事項として示されたものに、手がかりとなるものがあり、39項目にわたっている。しかし、整理すると、文字・表記・文法・文表現・文脈構成・段落構成・文章構成・主題統一性・叙述表現の仕方といったものに分類でき、必ずしも、「作文の基礎能力」とは言えないことが分かる。

　条件作文については、目次として掲げた指導事例によって考え方を理解することができる。18事例を整理して、そこに提示されている条件を分類すると、題材に関するものと、記述法に関するものとに分けられる。題材に関するものは、いわゆる課題作文である。「伝記を書く」「昔話と関連して」「意見文を書く」「論文を書く」「漢詩と関連して」などは、具体的な題材を提示して、それについて書くことを求めているものである。叙述法に関するものも、何らかの題材を提示して叙述することを課し、その叙述の仕方に一定の条件をつけて叙述の仕方の練習をさせようとするものである。「短文練習」「句読点のつけ方、文章の続け方」「説明調で」「比較文」「説明文と文末表現」「会話を書く」などが、これに入る。和多が「条件作文」と称しているのは、主として、叙述上の条件を提示して書かせるものを指していると見られる。和多のいう条件作文法は、目的にもとづいて、それに対応する表現形態を選択し、それにふさわしい叙述法を用いて文章に書く技術と方法を習得させることを企図したものであると考えられる。

条件作文法として、一定の到達度を示した指導法であると言うことができる。

## 第四項　巳野欣一の課題条件作文論

　巳野欣一の課題条件作文論については、近年、宝代寺まり子によって、その成立過程が研究され、全体像が明らかにされている[2]。その成果を受けとめつつ、ここでは、巳野の課題条件作文論の到達度を示していると考えられる、奈良県国語教育実践研究会編『課題条件法による作文指導　小学校編』・『同　中学校編』(明治図書　1990)所収の「第Ⅱ章　課題条件作文の指導」・「第Ⅲ章　課題条件作文の題材開発」・「第Ⅳ章　課題条件作文の年間指導計画」の諸論考を取り上げ、考察する。これらは、いずれも巳野の執筆であることが明記されている。

### 1　巳野欣一の課題条件法による作文指導の基本的立場

#### (1)　機能的作文指導観
　巳野は、飛田多喜雄の論を引いて検討した結果、以下のような機能的作文指導の立場に立った課題条件作文観を述べている。
　　このような機能的作文教育をめざし、書くことの場を重視する作文指
　　導の実現のための具体的な方途として、子供の生活に密着し、興味、必
　　要をみたすような課題条件を設定して書かせるという方法の考究と指導
　　実践が必要になってくるのである。　　　　　　　　(同上書　30頁)
この課題条件作文観から導き出される機能的作文指導の成立要因は、
① 　書く場→書くことの機能を発現させる要因
② 　子供の生活に密着した興味、必要→子どもの意欲的な活動目的意識の
　　喚起要因
③ 　子供の生活に密着した興味、必要をみたすための書くことの課題条件

133

の設定→目的達成の書く活動の発動要因
④　課題条件を設定して書かせる指導実践の方法→指導の目標とする作文の態度・方法・技能発現と指導法動員の要因

の4点にまとめることができる。

### （2）課題条件の体系的整理表

巳野は、課題条件設定のための基本的事項と条件項目による指導事項とを、それぞれ次のように一覧表にして示している。

**課題条件設定のための基本事項一覧表**

```
1　目　的
 (1)　成立　①　自分から　②　他から
 (2)　構成　①　単一　②　複合
 (3)　種類
    A　自分のため
      ①　心覚え（メモ・記録）　②　思考・心情の深め　③　確認
      ④　反省
    B　相手に向かって
         （目　的）　　（求める反応）
      ①　知らせる　──知的理解
      ②　納得させる──知（情）的肯定
      ③　印象づける──情（知）的肯定
      ④　行動させる──意欲（知）的行動
      ⑤　楽しませる──情（知）的快感
2　立　場
 (1)　①公　②私
 (2)　①個人　②共同　③代表　④代理
 (3)　①主観的　②客観的　③主客融合
 (4)　①積極的　②消極的
 (5)　①賛成　②中立　③反対　④一部賛成・否定
3　相　手
 (1)　範囲　①特定　②不特定
 (2)　人数　①個人　②少数　③多数
```

(3) 書き手との人間関係
　　A　①未知　②既知　(ア)親　(イ)疎
　　B　①信頼　②普通　③反感　④不明
(4) 同種・類似の経験　①有　②無　③不明
(5) 題材・内容に対する興味・関心
　　　①有　②無　③不明
(6) 題材・内容に対する知識・理解の程度
　　　①高　②中　③低　④不明
〔付〕その他必要により
(7) 年齢・学年　(8) 性別

4　内　容（題材・主旨・主題）
(1) 選定の制約　①有　②無
(2) 範囲の制約　①有　②無
　　A　①個人生活　②家庭生活　③学校生活　④社会生活
　　B　①人物　②物質　③自然　④風俗・習慣・行事　⑤事件　⑥思想　⑦心情　⑧文化　⑨社会
(3) 材料入手（取材）の経路
　　①見たこと（観察）　②聞いたこと（聴取）　③読んだこと（読書）　④体験したこと（行動）　⑤考えたこと（思考）　⑥感じたこと（心情）　⑦調べたこと（研究調査）

5　構　成
(1) 選定　①自由　②特定の型
(2) 構成法
　　A　まとまりのつけ方
　　　①一段法　②二段法（前段・後段）
　　　③三段法（初め・中・終わり、序論・本論・結論）
　　　④四段法（起・承・転・結、導入・本論１・本論２・結論）
　　　⑤五段法（初め・本文１・本文２・本文３・結び）
　　B　主題の出し方
　　　①初め（頭括式）　②終わり（尾括式）　③初めと終わり（双括式）　④中間（中括式）　⑤散りばめる（散在式）　⑥全体に流す（無括式）
　　C　材料の並べ方
　　　1　自然の順序
　　　　①時間の順　②場所・場面の順

2　論理の順序
　　　　①興味・印象の順　②話題の順　③重要さの順　④原因・結果の順　⑤解決の順
6　叙述・文体
　(1)　叙述法
　　　①描写的手法　②説明的手法　③論証・説得的手法　④情意的手法
　　　⑤語り・独白的手法　⑥会話文
　(2)　文体
　　　①常体　②敬体　③効果的な混用
　(3)　用語・人称・時の表し方
7　表　記
　(1)　1　文字の使い方　2　符号の使い方
　(2)　記述の形式（書式）
　　　　①自由　②型・書式に従う
　(3)用紙の使い方
　　　1　原稿用紙
　　　　①題目　②所属・番号　③氏名　④一字下げ　⑤改行　⑥段落設定
　　　　⑦会話　⑧引用　⑨注　⑩ページ打ち　⑪とじ
　　　2　その他の用紙
8　分　量（字数・枚数）
　(1)　制限　有　①きっちりした字数（枚数）—〇〇字（枚）
　　　　　　　　②はばのある字数（枚数）—〇〇字（枚）
　　　　　　　　　程度　〇〇字（枚）〜〇〇字（枚）
　(2)　制限　無　（書き手が自分で判断する）
9　その他（必要に応じて設定する）
　(1)　表現の回数　①一回限り　②二回以上—推敲修正
　(2)　書き手の人数　①単独　②共同（複数）
　(3)　相手との交流　①一方的　②相互交流
　(4)　音声化の予定　①有　②無　③不明
　(5)　書き手の準備　①可能　②不可能（即席）
　(6)　準備の期間　①多い　②少ない
　(7)　書く時間の制約　①有　②無（任意）
　(8)　書く場所の制約　①有　②無（任意）
　(9)　公表の予定　①有　②無　③不明
　(10)　編集・保存の計画　①有　②無　③不明

## 条件項目による指導事項表（技能表）

### 1 目　的
a　目的の種類を理解し、目的を意識して書く。
b　いろいろな目的に応じて書く。
c　同じ題材を目的を変えて書く。
d　目的に応じて適切な文章形態（文種）を選んで書く。

### 2 立　場
a　いろいろな立場を理解し、立場を意識して書く。
b　決まった立場に即し、一貫して書く。
c　同じ題材を立場を変えて書く。
d　相手の立場を考えて書く。

### 3 相　手
a　いろいろな相手を理解し、相手の分析ができる。
b　相手を意識し、相手に応じて書く。
c　同題材を相手を変えて書く。

### 4 内容・材料（主題・取材）

1 主　題
a　目的・相手に応じた適切な主題を選定する。
b　主題を限定し、統一して書く。
c　主題をまとめ、「主題文」として書き表すことができる。
d　主題（「主題文」）を、いくつかの小主題に分割し、段落の中心文を書く。

2 取　材
a　生活を見つめ、問題意識をもって価値のある題材を選定する。
b　ふだんの生活の中で、好ましい題材を見つけ、「題材ノート」などに書きとめる習慣を身につける。
c　材料の種類と、いろいろな材料源を理解する。
d　見る（観察）、聞く（聴取）、読む（読書）、行う（行動）、考える（思考）、感じる（心情）、調べる（調査）などの方法で材料を集められる。
e　ブレーン・ストーミングに慣れる。
f　集めた材料を整理し、目的に応じて必要な取捨選択ができる。
g　取材活動に必要な「取材メモ」などの記録に慣れる。

5 構成
a 文章をいくつかの段落に分けて書ける。
b 段落の中心文を基にまとまりをつけ、整えて書く。
c 小主題や論点を基にして適切な材料を組み合わせ、文章全体の組織を整え、筋道を立てる。
d 段落の役割（導入・中心・結び・つなぎ・補足・強調）や、軽重を考える。
e 文章全体の中心段落（主要段落）をはっきりさせ、適切な位置づけを考える。
f 段落の接続の仕方を整え、必要な接続の言葉を使って書ける。
g 目的や文章の種類にふさわしい文章構成の型を選んで書ける。
　○二段型（前段・後段）
　○三段型（初め・中・終わり、導入・展開・結び、序・本論・結論）
　○四段型（導入・本論1・2・結論、起・承・転・結）
　○五段型（序・提示・論証・反論・結論、序論・本論1・2・3・結論）
h 適切な段落、材料の配列法を選んで書く。
　○空間の順序・時間の順・全体―部分の順・一般―特殊の順・上位―下位の順○原因―結果の順○単純―複雑の順○重要さの順○問題解決の順など。
i 主題の出し方（○頭括○尾括○双括）
j 「構成メモ」や「構成表」（アウトライン）を作成し、それを生かして書ける。
k レイアウトを工夫して書く。
l 図表・図示・表・さし絵・イラストなどを効果的に生かし、適切な位置づけを考えて書く。

6 叙述・文体
1 語句
a 語句の意味や使い方を正しく理解し、的確に用いる。
b 目的、相手に応じてふさわしい語句を選んで適切に用いる。
c 使いなれている自分の語句を使って、わかりやすく書く。
d 印象の悪い語句をさけ、語感のよい語句を選ぶ。
e ことわざ・慣用句・たとえなどをまちがえないように使う。
f 指示する語句、接続の働きをする語句を適切に使う。
g 必要に応じて敬語を正しく用いて書く。

h　呼応の関係の語句を正しく使う。
i　擬声語や擬態語を効果的に使う。
j　同意語や類義語を思いうかべ、文脈によって適切に使い分けたり、選んだりすることができる。
k　同じ文中や、近くの文の中で同じ語句を不用意に繰り返して使わない。
l　語句の意味や使い方を調べたり確かめたりするため、辞書の使い方を理解し、利用する。

2　文
a　文の形式を整えて書く。
　1　主語・述語の照応
　2　修飾・被修飾の係り受け
　3　並立（対等）関係
　4　成分の位置の適切さ
b　複雑な構造の文を正しく書く。
　1　やや長い修飾語を含む文
　2　複文構造の文
　3　重文構造の文
c　一つの文に二つ以上の事柄を入れないように書く。
d　必要な成分が書いてないためにわかりにくい文、誤解されやすい文にならぬように書く。
e　あいまいな表現のため、意味が二様に理解されることのないように書く。
f　だらだらした長い文を二つ以上の短い文に分けて書く。
g　短すぎる二つの文をまとめて、わかりやすい一つの文に仕立てる。
h　事実と意見を分けて書く。
i　助詞の使い方の的確な文を書く。
j　表現意図の微妙な違いに応じて、よく似た文末表現の中から、適切な表現を選んだり、使い分けたりできる。

3　文　章
※「段落」「段落の集まり」については、5構成の指導事項と重なる。
a　一つの主題によって統一し、筋道の通った、まとまりのある文章を書く。
b　書き出しを工夫して書く。
c　必要な事柄を落とさずに書く。
d　必要に応じて詳しく書くことを具体的に書く。

- e 目的や分量に応じて不必要なことを切り捨て、簡潔に書く。
- f 強調する部分をはっきりさせ、表現の仕方を工夫して書く。
- g 文末の表現が同じ言葉で単調にならないように工夫して書く。
- h 結びの文を工夫し効果的に結ぶ。
- i 「題」のつけ方を工夫する。

4 叙述のタイプ（叙法）

　目的、文章の種類に即していろいろな叙法を理解し、習熟する。
- a 観察する
- b 記録する
- c 説明する
- d 報告する
- e 説得する（論証する）
- f 描写する

5 文体
- a 目的、相手、内容に応じて、ふさわしい文体を選んで書く。
　　1　常体で書く　2　敬体で書く
- b 不用意に常体と敬体を混用しないようにどちらかに統一して書く。
- c 表現の効果を考えて常体と敬体を混ぜて書く。
- d 目的、立場、文種に応じて人称や人物の呼称を選んで書く。
- e 表現効果を考えて、受動態、能動態を選び、使い分けて書く。
- f 目的、文種、表現効果を考えて、「時」の表し方を工夫して書く。
　　1　現在形　2　過去形　3　現在形と過去形の混用
- g 目的、文種、表現効果を考えて、「会話文」を用いて書く。
- h 文の長さを考え、長い文、短い文の特色を生かしたり、長い文、短い文を混ぜたりして書く。
- i 語句の使い方を考え、目的、文種、相手に即して、用語の選び方、用い方を工夫して書く。
　　1　漢語　2　和語　3　外来語
　　4　方言　5　擬声語　6　擬態語　7　数量を表す言葉など
- j 表現の効果を考え、用字法や符号の使い方を工夫して書く。
　　1　漢字　2　ひらがな
　　3　かたかな　4　符号

6 修辞法（レトリック）

　目的、文種に即して表現効果を高めるためにいろいろな技法を工夫する。
- a 呼びかけ

# 第三章　作文教育における条件作文法の考究

- b　漸層
- c　対照・対句
- d　引用
- e　疑問
- f　反復
- g　倒置・省略
- h　擬人化
- i　誇張・空想
- j　連想
- k　遠まわし（婉曲）
- l　控えめ
- m　比喩

7　表　記
1　文字・かなづかい・送りがな
- a　漢字・ひらがな・かたかな
　　ローマ字
- b　現代かなづかい
- c　送りがな
- d　用字法―漢字・かな・数字

2　符　号
- a　くぎり符号
　　　句読点　・
　　　「　」『　』
　　　（　）　──
　　　　？　！
- b　くり返し符号

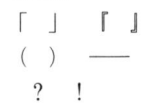

3　書き方・用紙の使い方
- a　縦書き・横書き
- b　箇条書
- c　引用
- d　注
- e　目次
- f　参考文献・参考書目
- g　レジュメ

141

> h　原稿用紙の書き方
> i　実用文・公用文の書き方
>
> 8　分量
> a　決まった分量で書く。
> b　長すぎる分量をちぢめて書く。
> c　短すぎる分量をのばして書く。

　この「課題条件設定のための基本事項一覧表」は、巳野の二十数年にわたる研究の成果を示したものであるだけに、極めて行き届いた精緻な整理と組織化がなされている。立てられた９項目、１目的・２立場・３相手・４内容（題材・主旨・主題）・５構成・６叙述・文体・７表記・８分量（字数・枚数）・９その他（必要に応じて設定する）を概観すると、１・２・３と９のいくつかの下位項目は、いわゆるコミュニケーション理論にもとづき、４・５・６・７・８は、コンポジション理論にもとづく設定になっていると見られる。コミュニケーション理論にもとづく項目は、巳野の機能主義の作文指導を標榜する立場からすると、当然立てられるべき柱であった。しかし、文章作法の観点からは、コンポジション理論にもとづくものになっている。これは、コンポジション理論にもとづいて実践することが一般化されている作文指導法によったものと考えられる。この両者は、主体の書く立場と目的・意図に応じて、４以下の文章制作技法から選択し、活用するという考え方に立てば、統合を図ることが可能である。

　「条件項目による指導事項表（技能表）」は、「基本事項」をさらに具体化したものである。この表に整理されている技能で、注目されるのは、技能レベルでは、目的・立場・相手というコミュニケーションの立場からの技能が選択されている。あるいは、コミュニケーションの立場からの技能化を図ろうとしている意図の窺われるものが見いだされる。例を引く。

　４内容・材料（主題・取材）＝１主題－ａ目的・相手に応じた適切な主題を選定する。５構成＝ｇ目的や文章の種類にふさわしい文章構成の型を選んで書ける。６叙述・文体＝１語句－ｂ目的、相手に応じてふさわ

第三章　作文教育における条件作文法の考究

しい語句を選んで適切に用いる。3文章－e目的や分量に応じて不必要なことを切り捨て、簡潔に書く。4叙述のタイプ（叙法）－目的、文章の種類に即していろいろな叙法を理解し、習熟する。a観察する　b記録する　c説明する　d報告する　e説得する（論証する）　f描写する　5文体－a目的、相手、内容に応じて、ふさわしい文体を選んで書く。f目的、文種、表現効果を考えて、「時」の表し方を工夫して書く。g目的、文種、表現効果を考えて、「会話文」を用いて書く。i語句の使い方を考え、目的、文種、相手に即して、用語の選び方、用い方を工夫して書く。6修辞法（レトリック）－目的、文種に即して表現効果を高めるためにいろいろな技法を工夫する。a呼びかけ　b漸層　c対照・対句　d引用　e疑問　f反復　g倒置・省略　h擬人化　i誇張・空想　j連想　k遠まわし（婉曲）　l控えめ　m比喩

　以上、目的・立場・相手に対応すると考えられていると思われる技能を抜粋した。目的・立場・相手に応じることのできる文章技能として、その意図が顕著に現れているのは、「6叙述・文体」の「4叙述のタイプ（叙法）－目的、文章の種類に即していろいろな叙法を理解し、習熟する。」とあるところである。これは、「基本事項」の「1目的(3)種類B相手に向かって」の目的と要求の5事項と対応していると見られる。

　　　（目的）　　　　　　（求める反応）　　　　　叙述のタイプ
　①　知らせる ――― 知的理解 ・・・・・・・・・・・・・・ c説明する　d報告する
　　　　　　　　　　　　　　　　　　　　　　　（a観察する　b記録する）
　②　納得させる ―― 知（情）的肯定 ・・・・・・・・ e説得する（論証する）
　③　印象づける ―― 情（知）的肯定 ・・・・・・・・ f描写する　c説明する
　④　行動させる ―― 意欲（知）的行動 ・・・・・・ c説明する
　　　　　　　　　　　　　　　　　　　　　　　　e説得する（論証する）
　⑤　楽しませる ―― 情（知）的快感 ・・・・・・・・ f描写する　c説明する

　上記の整理は、筆者（大西）が、仮に関係づけてみたものであるが、（　）をつけた観察・記録の位置づけは、独断的かもしれない。このように整理してみると、ここには、土部弘の「叙述層」形成の論に通じるものがある（第

*143*

二章　第一節第二項　89-90頁参照)。機能的作文指導論の立場からの実践的探究の成果が示唆している方向には、学ぶべきものがある。すなわち、作文技能を機能主義の立場で捉え直す、あるいは、機能主義の立場から作文技能を発見、創出するということである。巳野が、目的・立場・相手という書く場を形成する条件を提示した上で、内容・材料、構成、叙述・文体という文章構成の柱の具体化を図ろうとしている点である。

## 2　巳野欣一の課題条件作文指導方法論

### (1) 課題条件提示の方法

課題条件作文の題材選定にあたって、A子どもの側からとB指導者の側からという2つの観点を示し、次のように整理している。

A　子どもの側からの選定条件
① 興味、関心が高く、何かを言いたいと思う題材
② 新鮮であって知的好奇心を満足させられる題材
③ 身近なものであって書く内容が整えられる題材
④ 理解しやすく、具体的な事象を扱うことができる題材
⑤ 多様な考えや豊かな心情が表現できる題材
⑥ 書き手も読み手も充実感が得られる題材

B　指導者の側からの選定条件
① 児童生徒の生活経験や学習経験の実情に根ざしている事柄で、共通経験や類似経験のある題材
② 児童生徒の理解能力、表現能力の程度に合っているか、やや抵抗のある題材
③ 児童生徒の必要感、興味、関心の度合いが強く、表現意欲の高い、または高められる題材
④ 取り扱う事柄、対象の限定や分割、伸縮が可能である題材
⑤ 学習者にも指導者にも、取材や集材ができ、その作業にあまり手間や時間のかからない題材

⑥　必要と考えられる指導時間内で指導が可能な題材
⑦　文話・範文など指導資料の準備があるか、収集や作成の見込みのある題材
⑧　指導すべき作文技能、態度の分析や評価項目の設定などの見通しが立てられる題材

周到に配慮された条件である。指導者側からの条件は、当然のことながら、作文授業の構成と組織、展開のための媒材という考え方にもとづいて措定されている。整理すると、以下のようになろう。

1．目標設定に関わるもの→①②
2．教材選定に関わるもの→⑦
3．活動媒材に関わるもの→①②③④⑤⑥
4．指導・援助に関わるもの→②⑥⑧
5．評価に関するもの→②⑧

この5項目は、いわゆる授業の構造を支える柱である。このように整理してみると、3の媒材に関わるものが圧倒的に多いということは、課題条件の性格から考えて、自然なことである。作文力は、活動を通してしか、習得することができないからである。課題条件を媒介として、作文活動、さらには、そこで発揮される能力も、それによって、規定される。

これに対して、子どもの側からの課題条件は、子どもが意欲的に作文活動に取り組み、述べ表すべき内容を創出する活動促進に有効に働く要因を内包しているということが、基本になっていると見られる。整理すると、以下のようになる。

1．作文意欲、興味喚起に関するもの→①②
2．作文内容創出に関するもの→③④⑤
3．作文活動目的に関するもの→⑥

この3項目は、もっぱら内容創出（創構）に関するものが提示されている。能力形成要因に関するものは、指導者側の条件として示されている。

（2）課題条件作文の年間指導計画と指導法

巳野欣一は、作文指導の年間指導計画については、当時一般に行われていた、3本立て計画（①教科書作文単元コース、②生活体験・学校行事などを題材とするコース＝自由作文、③練習作文コース）についての認識を示した上で、次のような編成の基本方針を示している。
1　月・期—作文単元指導の時期を小学校は、月別に、中学校は学期別に示してある。
2　課　題—課題は作文活動の目的や内容を感銘に具体的に示すことに努めている。書く意欲を起こさせることや、書くことへの興味をそそるような表し方にも留意した。・印に代表的な文題や類題を示してある。
3　文　種—目的（課題）の達成に最もふさわしい文章の種類をそれぞれ示してある。
4　時　数—新学習指導要領の作文を主とする指導時数に準じている。ただし、小学校一〜四年は、課題条件法の時数と、他の教科書などによる作文時数とを示したので、合わせると総時数となる。
5　目　標—指導目標を明確にとらえ、作文活動によって得られる内容価値（価値目標）、育成する作文技能（技能目標）、作文の意欲・態度（情意目標）の三つの観点によって精選の上重点化して設定してある。
6　課題条件—文章表現の条件である次の事項について、この作文活動に設定する主な項目をあげている。
　　　　　①目的　②立場　③相手　④内容・材料　⑤構成　⑥叙述・文体　⑦表記　⑧分量
7　主な指導法—児童生徒の作文に関わる実際の学習活動の主なものと、学習指導の方法の主なものを示している。
8　評価・処理—「評価」は一般的なすべてにわたるのではなく、この作文活動でめざした課題条件への適合度、作文の態度、技能の習得の度合いの診断にしぼり、評価の方法にも触れている。「処理」はその作文の目的や相手に応じた文章の具体的な扱

い方を示してある。
9 資　料——作文活動に用いる教科書教材、作文学習プリント、取材のための参考資料などをあげている。
10 関　連——国語科の他領域、他教科の内容や学習活動との関連、学校行事・道徳などとの関連を示した。

この基本方針にもとづいて策定された年間指導計画から、小学校3年生の2学期11月の意見文の単元の例を引用する。

月　　　　　11
課題　　　　意見文の書き方を知る
　　　　　　・「ろうかを正しく歩こう」
　　　　　　・「ボールを大切に使おう」
文種　　　　意見文
時　　　　　6
目標　　　　○学級・学校のきまりを守ろうとする心を育てる。
　　　　　　○筋道のはっきりした文章を書くことができるようにする。
　　　　　　○身近な生活の中から問題を見つけて、生活をよりよくしようとする態度を養う。
課題条件　　①自分の考えを、みんなに呼びかけるように書く。
　　　　　　③友だち・下級生
　　　　　　⑤事実をもとに、筋道をはっきりさせて書く。
　　　　　　⑥順序を表すつなぎ言葉を適切に使う。
　　　　　　　文末表現を工夫する。
　　　　　　⑧八百字以内
主な指導法　○範文から意見文の書き方をわからせる。
　　　　　　○自分たちの生活を反省して自分の考えをまとめさせる。
　　　　　　○実例や理由を考えさせる。
評価・処理　○書こうとする意見がみんなにわかるように書けたか。
資料・関連　・範文

○学級指導

　巳野の考えている年間指導計画における指導コースは、いわゆる３本立てコースを条件作文の指導計画の中に融合的に取り入れている。すなわち、教科書単元コース、言語事項などを踏まえた基礎技能練習コース、国語科の他領域、他教科、特別教育活動などとの関連的扱い、などが総合的に盛り込まれている。これは、資料・関連の項に示されていることで明らかなように、条件作文法の考え方を軸に統合的に策定されているものだと受けとめることができる。

　基本方針の「６課題条件」に示されている、①目的・②立場以下８項目は、具体的な作文活動を発動、展開する場の形成条件をなしており、機能的活動形態を表す文種を、課題とともに提示しているところに、巳野の機能主義の立場に立つ作文指導法観を認めることができる。小学校３年生の意見文の単元の指導計画には、上述のことが具体的に盛り込まれている。「課題」は内容条件、「課題条件」は記述条件を示しており、「主な指導法」は、その両者に関わる手だてが提示されている。特に「課題条件」は、本単元で形成することを目標とする意見文の制作力習得促進要因として作用することが期待されるものとなっている。


第五項　藤原与一の短作文論


　藤原与一の短作文論は、公刊されたものとしては、『毎日の国語教育』（1955）において提唱されたのが、最初と見られる。その後、『国語教育の技術と精神』（1965）において体系的に論述され、『ことばの生活のために』（1967）において、一般社会人を読み手として、「ことばの生活」を確かに豊かに営むための指針と方策が具体的に説述されている。

　ここでは、『国語教育の技術と精神』において述べられていることを中心に考察することとする。

第三章　作文教育における条件作文法の考究

1　藤原与一の短作文論の基本的立場

　藤原与一の短作文論は、本書の「『書く生活』の教育」の章において、次のような項目のもとに説述されている。
　　「書く生活」の教育
　　書く生活
　　作文教育の振興
　　書くことの意義　―書くとはどうすることか―
　　「書く生活」の教育
　　「書くこと」の自然性を
　　「観念」教育
　　短作文教育　―「書くこと」の小作業・小課題の教育―
　　短作文教育　―ａ．一語作文―
　　短作文教育　―題目づけ―
　　短作文教育　―ｂ．一文作文―
　　短作文教育　―ｃ．二文作文―
　　短作文教育　―ｄ．三文作文―
　　短作文教育　―ｅ．四文作文―
　　短作文教育　―ｆ．「一章」作文―
　　短作文教育　―ｇ．二百字限定作文―
　　短作文教育の機会
　　短作文教育の愛情
　　長作文の教育
　　長作文の中心点
　　長作文での構想メモ
　　長作文の重点指導
　　作文教育、「『書く生活』の教育」のために
　この目次項目には、藤原の作文教育についての基本的な考え方が明確に示

*149*

されている。何よりもこの章の題目が、「『書く生活』の教育」とされている点に、その主旨が示されている。「作文」にはある偏った観念ができあがっていて、「作らされる者」は、かなり長い文章をつづるのが「作文・つづりかた」の「本道」かのごとく思うようになっている。そのことが、「書く生活」の広さをみそこなわせることになった、として、「作文」をその一部とする「書く生活の教育」をこそ進めるべきであると主張している。

「書く生活」広さを示す例として藤原があげているのは、次のようなことである。

　　○書き付け・メモ　　○日記や手紙を書くこと　　○いろいろな書類をつくること――種々の記録・記事を書くこと、報告書を書くこと　○短歌・俳句・紀行文・随筆・詩・小説などを書くこと　　○学校での書くこと――黒板の勉強記事の視写・先生の話の簡単、あるいは詳細な書き取りなど

藤原は、「書くことの意義」は、「書くことによって自己を表現するところ」にあり、「自己をよく表現する」には、「考えて書く必要」がある。また、「書き表すことは、考えてものを産み出すことなので、書くことには、産むよろこびがある。」として、書くことは、たのしいことという観念をもたせる教育の必要性を説く。つまり、書くことの教育を「負担の軽い、快的なもの」にするために、「書くこと」の「小作業・小課題」化することから始める。短作文教育という方法をとるということである。

## 2　短作文教育の方法

### （1）短作文スキル育成の方法

「短作文」の語について、藤原は、「便宜、この簡小の語を用い、かつは、旧来の『作文』というもののこだわりも、ここでほぐせることを明らかにしたい」と述べて、「短作文」という語は、「『書く生活』の教育」への革新と新展開のための便宜的用語であることを言明している。このことは、藤原短作文について考察するとき、見逃してはならないポイントである。短作文教

## 第三章　作文教育における条件作文法の考究

育の方法として、7つの方法が具体的に説明されている。

　a．一語作文
　b．一文作文
　c．二文作文
　d．三文作文
　e．四文作文
　f．「一章」作文
　g．二百字限定作文

これらの方法を根拠づけている原理について、考究する。

### a．1語作文

具体的な方法例として示されているのは、「名づけ」と「題目づけ」である。

○名づけ

①子どもが生まれたとして、両親の名前を公平にとって名づけをする、②各自の両親の名前と自分の名前と間に想定される関係について考えさせる、③学校で飼っている猿や犬の名を考えさせる、などの例が挙げられている。

○題目づけ

題目づけの例としては、児童作文を読み上げて、それに題目をつけさせ、さまざまな題目例――名詞止め・動詞止め・1文形などの作成例を通して、その表現効果の理解や題目表現の力の向上を図る、といったことがあげられている。

ここに働いている指導原理は、言語のもっとも基本的なネーミングという表現機能を生かした表現活動を通した1語表現力の育成ということである。その際、配慮されているのは、活動を成立させる場の条件の設定である。すなわち、子どもが生まれ、両親の名前をとって、名づけをするというのは、身近にありうる、現実性のある表現の仕事である。このようなシチュエーション設定のもとに課せられる名づけ行為は、機械的ではない真剣な思考を誘うと考えられる。

### b．1文作文

○1語をもとに1文を

1語を与えて1文を作らせる。また、2語を生かした1文を作らせる。この場合、1文を産み出すにあたっての条件を設定する。すなわち、指導者が1語を胸中にもったと告げ、子どもたちにも、自由に1語をもたせる。そこで指導者は、自分の1語を発表し、それと各自の1語との両方を生かして1文を作らせる。
　○1文完結
　たとえば、「愛は、」と提示して下部を補って1文を完結させる。また、「可能性を信じよう。」と下部を提示して上部を補わせ、1文を完結させる。
　○悪文訂正
　悪い例文を提出して、訂正させるものである。
　○名詞止め1文を
　名詞止め、体言止めの1文を作らせるのである。名詞で言い切らなくても、「だれさんは、きょうは休みました。」という文を、「だれさんは、きょうは休みです。」といった名詞文型で言い表すということも、これに入れる。
　○「た」助動詞でむすぶ1文を
　「……あった。」などの、「た」止めの1文を作らせる。日本語表現法上、文末表現の種別は少ないので、徹底的に訓練することが重要である。徹底して1つの結び方を訓練することで、数少ない文末表現法を有効、適切に変化をもたせて、運用する力を身につけさせる。
　これらの方法の基礎となっている原理は、日本語表現のルール、日本語構文法にもとづいて、1文を産み出すということである。「1語をもとに1文を」の方法は、1語あるいは2語を与えて、それをもとに1文を構成するということである。つまり、与えられた1語あるいは2語が適切に位置づく文脈を形成し、1文を構成するのである。具体的には、1語からの刺激を受け、その連想によって文脈の形成と展開を図ることになる。2語の場合は、2語間に脈絡をつけ、筋が通るように関連づけることになろう。その際動員されるのは、日本語構文についての知識と技術である。
　「1文完結」以下の方法は、基本構文型を演習するものである。「愛は、」によって導かれる文型は、いわゆる判断文である。「愛は、」は、1つの題目

第三章　作文教育における条件作文法の考究

を提示して、それに一定の見解を答えとして述べることを要求している。「〜は、〜である。」という文型が基本であり、述部を補うことになる。「可能性を信じよう。」は、「よう」という助動詞で意志を表明する文として完成することが求められている文である。この文は、動詞を述語とする、いわゆる動詞文である。それとともに文末に陳述を示す助動詞・助詞を加えることで、判断・意図を表現し、表現意図にもとづく文型にも、分類できる。「可能性を信じよう。」という述部にふさわしく文を完成するには、「よう」という意志の主体になるもの、「可能性」を具体的に限定する連体修飾語句、信じる根拠を示す条件節（「〜ので、〜だから」によって導かれる連用修飾語句）を補う必要がある。やや、複雑で高度な構文知識と技術が要求される。「名詞止め」「た止め」の場合も、文末表現についての知識と技術が求められている。

c．2文作文・d．3文作文・e．4文作文

「2文作文」では、第1文を提示し、接続詞を示して第2文を続けて完成させる、2文の文末に特定の助動詞を提示し、それを生かした2文を続けて完成させるという方法例。「3文作文」では、クラスを3グループに分け、各グループから1語ずつ提示させ、提示順にそれぞれの語を1文ずつにつくり、配列する。また、語の順列を変えて3文作文をさせる。

「4文作文」の方法は、4文で、ある内容を書き表させるというものである。4文連続体をつくらせることを、本体とする。サイレント4こま漫画を利用して、一こまを1文ずつに書き、4文の連結体にまとめさせるという方法も提案されている。

これらを通して考えると、それぞれの作文条件は異なるが、作文に必要とされる知識と技術は共通している。すなわち、連文を構成するにあたって、文と文との整合性のある脈絡を産み出し、筋の通った連接を図る知識と技術である。連接のパターンとそれを表す言語徴表についての知識、それを使いこなす技術である。

f．「1章」作文

ワン・パラグラフのまとまりをあたまにおいて、いくつかの文をつづり合わせるものである。センテンスの数にはこだわらない。

これは、短い文章を作るものである。したがって、単に文を産み出し脈絡をつけて、文をつづり合わせるものではない。文章としてのまとまりをもつものを産み出す仕事をするのである。そのためには、文章としてまとめるための主題を産み出す考え方と技術が必要である。

**g. 200字限定作文**

きっちりと200字に字数を限定して、文章を書かせるものである。限定することの意図は、藤原によると、200字に収めるために表現を練りに練るということを通して、文章表現力を向上させようというのである。特に、字数の限定が、文章全体の構成の修正に及ぶ場合は、構想力の練成になると説かれていて、200字限定作文の指導方法としての有効性が、句読法、語表現・文表現のレベルにとどまらないことが指摘されている。もちろん、200字という字数が、書く方にも指導する方にも、負担にならないで、効率的に学習・指導ができる利点をもっているのは言うまでもない。

200字限定作文は、書くに当たって、句読点から始めて、文表現、連文表現、文章としての構成などの方法と技術、構想力を動員し、活用することを要求する。書く力の総合的練習の方法と言うことができる。200字限定という作文条件を実現するために、さまざまな文章技術を動員、運用することが必然性をもって要求される。文章レベルの作文条件の機能を啓示するものとなっている。

**（2）短作文の機会**

短作文の機会について、その短いという形態的特質によって、書くことの自然性にしたがった豊富な機会が得られるとしている。特設時間を設定して指導することも、話すこと・聞くこと・読むことのそれぞれの指導の中で短作文を書かせることもあってよいとする。その際、作業目的遂行の手段として、書かせることに意味があるとの考えが窺われる。このことが、書く生活であるとも述べている。

書く機会を、自然に豊富に設定して指導するということは、短作文の指導原理となりえていると、認められる。

第三章　作文教育における条件作文法の考究

### （3）短作文教育と長作文教育

　短作文の教育は、実用の言語生活の目的にかなっており、短作文は、自己目的をもつ自立的存在であることも言明されている。とともに、長作文の前段階的意義ももつものであることも指摘されている。
　この長作文の前段階としての意義の1つは、構想メモをカード法で作成し、それを短作文化して配列し、長作文に仕上げていくという方法が示されていることに認められる。
　つまり、短作文を長作文のサブ・システムとして機能させる考え方である。

## 3　藤原与一の短作文教育のまとめ

### （1）藤原短作文の指導原理

　藤原短作文の指導原理を上述のことからまとめると、以下のようになる。
① 　生活機能にもとづく多様な機会と場による活動化の原理
② 　負担感軽減のための小課題・小作業による単純化の原理
③ 　語や文といった、短く小さな表現活動にもとづく書くことの自然性と生活化の原理
④ 　長作文のための基礎力としての短作文力育成の原理
⑤ 　短作文を長作文に展開する、システムとしての文章構成の原理
⑥ 　作文力育成のための指導と評価方法の効率化の原理

### （2）藤原短作文の条件作文としての特質

① 　第一義的な条件は、書くことの目的を明確化することである。その手段としての書く文章の長さ、文構成、表現形態等の条件は、目的から導かれる。
② 　1文で表現する場合の文構成の方法は、文法論的文論の成分を取り立てて省略したり、付け加えたりするような補完条件を提示するもの、文末に特定の表現を要求する条件は、日本語の特質である文末決定性を学習させるものなどがある。2文作文の場合は、2文連接による文脈形成とその整合性を図ることを課題としている。第1文を提示し、それに第2文を連接して、

155

文脈を完成させることを条件としている。
　③　3文作文は、3語を与え、それを各文に生かして3文を構成し、その3文を適切に連接してひとまとまりの文脈を完成することが作文条件とされている。4文作文は、例としては、4こまのサイレント漫画を言語表現化し、それぞれを文表現として構成し、絵の配列に即して4文を連接することが条件とされている。この2つの方法に共通するのは、何らかの文表現の題材を提示し、それをもとに文を構成し、さらに、それらを連接して、ひとまりの文脈を形づくるという作業である。
　④　「1章」作文、200字限定作文は、文章としてのまとまりをつける作業が中心となる。つまり、主題を明確にすること、特に、200字限定作文は、200字に字数を限定し、それを越えそうな場合は、削ったり、言い回しを改めたりすることが要求される。そのことはまた、文章全体の構成まで推敲することを必要とする。つまり、この作文条件は、文レベルから文章のレベルの作文技能を動員し、練成することを誘発する。
　⑤　藤原短作文の条件法は、書く生活の中で機能する表現技能の発動を促す条件、およびその条件に対応できる、語・文・短文章の表現技能の形成順序に即した分節技能提示の条件とによって構成されている。語・文・短文章の分節は、基本的には文法論に言う語・文・短文章（段落を含む）の文法ルールにもとづいている。藤原短作文の特質は、単なる作文の基礎練習ではないことは、明らかである。よく考え、よく自己を表現できる書く生活を支える技能としての短作文力の育成が、藤原短作文指導の理念である。そのことを前提として、藤原の提案する短作文法を理解することが求められる。


　　第六項　大西道雄の短作文論


　筆者（大西）は、藤原与一の短作文を継承する形で、『短作文指導の方法―作文の基礎力の完成―』（明治図書　1980）を発表した。短作文指導の目的を「作文の基礎力の養成と目的と必要に応じた短い文章を書く力の育成」にあ

第三章　作文教育における条件作文法の考究

るとし、指導の単位としての短作文を、藤原短作文と同じく１語作文・１文作文・２文作文・３文作文・200字作文といった字数限定作文としていた。また、この時点で短作文は、条件作文であるとして、次のように述べている。

　　前に、短作文は条件作文であると言った。そもそも、文章を書くという営み自体が、書く目的・場から演繹される書くための条件の発見、ということである。すなわち、書く目的・必要から、書くべき内容とそれを伝えるべき相手が決まってくる。内容と相手が決まれば、さらに、材料の配列、文章の組み立て、表現のあり方などが、定まってくる。すなわち、書くという営みは、書くための条件の発見とその具現の過程なのである。(中略)
　　また、短作文は、それ自体が、分量を制限された条件作文である。これは、語のレベルでの条件・文のレベルでの条件・文章のレベルでの条件というように細分化していくこともできる。(同上書　88頁)

　このように述べた上で、書くことの条件を、⑴場の条件・⑵書くべき内容に関する条件・⑶文章記述上の条件に分けて設定することについて説述している。このうち、⑶の文章記述上の条件については、語のレベル・文のレベル・文章のレベルのそれぞれにわたって、〈言語要素系〉〈コンポジション（基本文型）系〉〈レトリック・一般意味論系〉〈場に応じて書くことの技能系〉に属する短作文スキルを措定している。

　この論を振り返ってみると、条件作文についての考え方は、現在のものと基本的には、変化していない。「短作文」という分量と性質から、その指導法は、スキル学習的色彩をもたざるをえない。すべての作文は条件作文であるという考え方に立つと、文章作法の指導は、スキル学習にとどまっては徹底を欠く。それは、叙述の生成、文章形態の形成にまで及ばなくてはならないものであった。


第七項　問題史的考察のまとめ


　明治期の上田萬年から昭和戦後期の大西道雄に至る、課題条件作文法の考

*157*

え方を展望すると以下のように概括できる。

　語→文→文章（段落）という各段階の作文技能を論理的に分析、系統化し、再生作文（レプロダクション）法によって習得させようとする練習的条件作文指導法から、具体的な書くことの場の条件にもとづいて析出された、語→文→文章（段落）の各レベルの作文条件による系統的指導法へと進展してきている。大正期の友納の練習目的論は、自作文（自己の思想の表現）の方法によって、文章構造の部分から全体へという論理的系統のもとに学習者の作文心理に配慮した課題条件法を創案している。

　昭和戦後期の和多史雄・巳野欣一・藤原与一・大西道雄の条件作文論は、書くことの生活の場に立って、そこで生きて働く作文技能を析出し、語→文→文章（段落）といった文章機構の単純なものから複雑なものへという配列で練習的に学習させるという点で共通している。また、基礎的作文技能の取り立て指導だけでなく、具体的な書くことの場の条件を生かした、リアルな作文活動を通して文章力を育成することを企図している点も共通する。ただ、コンポジション作文のもつ陥りやすい弊――型はめ的作文を克服する方策が創案される必要がある。また、場の条件を生かした作文学習を組織するに当たって、述べ表すべき内容の創出（創構）、内容を線条的に展開するための見通しの立案（線条化構想）、線条化構想にもとづく叙述、のそれぞれの作文活動の促進条件をどのように設定したらよいか、ということも課題として残されている。


注
1）「シュミーダー作文教授段階論の摂取と活用」国語科教育第36集　全国大学国語教育学会
2）宝代地まり子の「巳野欣一の課題条件作文論」に関する研究は、「巳野欣一の表現指導の成立と展開」という題目のもとに、その一からその五まで継続的に研究し、発表されている。最新論考は、「国語教育攷」（第19号、兵庫教育大学言語系教育講座　「国語教育攷」の会　平成16＝2004）に、「その五」として報告されている。

## 第二節　条件作文法に関する基礎理論的考察

　文章化過程に関する基礎科学、周辺科学の先行研究の成果を討究し、過去の条件作文を問題史的に辿った結果、文章を制作するということは、書く場の条件を発見し、それを充足して文章に具現するということであり、そのメカニズムは、どのようになっているのかという究明すべき課題が明らかになった。ここでは、これまでに明らかになった成果に立って、条件作文のあり方について基礎理論的に考察する。

### 第一項　条件作文法の基礎理論的考察

　言語のもっとも基本的な機能は、コミュニケーションである。他に、認識・思考・想像（創造）などがある。言語の機能は、具体的な言語活動の場において発現する。表現活動の場合でも理解活動の場合でも、活動の場は、次の５要因で形成される。すなわち、[1]誰が（言語主体）[2]誰に・誰から（相手）[3]何のために（目的）[4]何を（内容）[5]どのように（方法・形態）、である。
　言語の機能の発現に直接的に関わるのは、場の条件のうち、３の目的である。言語主体が、コミュニケーション行動としての表現行動をとるか、コミュニケーション行動としての理解行動をとるかは、誰に（から）、何のために、何をという条件が具体化されて、それを充足すべき活動条件と認識したときに決まる。何のためにという目的意識が、対象を認識し、思考し、判断して自分の意見や見解を構築して、それを誰かにアピールするということである場合は、そこに発現する機能は、認識・思考・コミュニケーションということになる。言語活動は、結局、誰かに何かを伝え、受けとる行為であると言ってよい。その意味で、コミュニケーション作文の原理を考えることは、言語

のすべての機能を発現させる場のメカニズムを明らかにすることである。言語活動を発動させるものは、場の作用である。ひとりの人を言語主体化する状況の働きかけである。つまり、場が状況性を具現しているということである。状況は、ある対象と主体との間に緊張関係が成り立っている事態である。緊張関係は、対象である事態によって、主体が問題意識を喚起されることと言ってもよい。主体が、意識した問題の解決を目的とする追求の構えを作ったとき、どのような内容を産出すべきかということを考え始める。問題の解決は、必ずしも、意見・主張を形づくることとは限らない。美しい風景と出会った感動を表現し、誰かとその思いを共有したいという願望をもつということもありうる。この内容は、誰に伝え、どのように活用するのかということと考え合わせると、さらに、産み出すべき内容と形が具体的でかつ明確になる。

　何を誰に伝えるのかということが明確に意識化されると、伝えるべき内容を相手に受けとめられやすいように内容を分節化するとともに、分節を配列して言語的に線条化することに意識が向かう。

　このような考え方に立つと、すべての作文は、書く場から導き出された諸条件を充足するための営為という意味での条件作文であると言うことができる。条件作文指導の理論的基礎としての、コミュニケーション機能にもとづく作文指導の原理をまとめると、以下のようになる。

(1) 状況性のある場に立ち、対象との間に緊張関係を意識し、問題を発見すること。
(2) 問題解決の目的がどのような言語行動を必要とするかを認識し、コミュニケーションという活動形態を選択的に意識すること。
(3) 言語活動の場の条件（主体・相手・目的・内容・方法及び形態）を明確化し、当面する目的的活動に当てはめて、充足すべき条件を具体化すること。
　① 場の第1次条件である、主体・相手・目的を具体化すること。
　② ①の上に立って、場の第2条件である、内容・方法及び形態を具体化すること。

(4) 作文過程は、次の分節によること。
　　① 書く場の発見、認識過程　②創構過程　③文章化過程（構想過程・叙述過程）　④活用過程
(5) 書き上げた作文は、目的にふさわしく形態的に整え、活用すること。

## 第二項　作文力形成の促進要因としての作文条件の体系的整理

　作文力は、作文活動を通してしか形成できないことを考えると、作文力形成の促進要因としての作文条件は、作文活動過程に即して析出し、整理するのがよいと判断される。作文活動過程は、次の４分節でとらえることができる。
(1)　場の発見、認識過程　(2)　創構過程　(3)　文章化過程（構想・叙述）
(4)　活動過程
　以下、各活動過程の条件を具体化して示す。
(1)　場の認識過程おける問題発見と漠想（表現前塊）の生成条件
　① 問題（対立・葛藤）を内包する状況的事態の認知促進条件
　　・異化する目　・心へのひっかかりの自覚　・否定的、対比的な見方
　② 問題発見の促進条件
　　・状況的事態との緊張関係の認識　・緊張関係の葛藤性（対立性）の発見
　③ 表現欲求の自覚と表現前塊の形成条件
　　・表現前塊の核となる問題についての考えの形成とそれを伝えたい相手の認識
　　・相手の認識にともなう目的の意識化

　ここで用いている「表現前塊」は、樺島忠夫（1970）に用例がある。筆者（大西）が、創構過程における想の展開の様態として仮説している「漠想」と、ほぼ同じ意味である。言語表現化する前段階において、ある漠然とした全体的な考えや、断片的なアイディアの集まりとして生成される文章の想で

ある。表現前塊生成の第1次条件は、そこに立つ人間に問題意識を喚起する状況的場を設定することである。主体の内面的基礎条件は、主体が、対象に問題を発見する柔軟で鋭い感性を保有していることである。また、発見した問題の解決が目的として意識されるような状況的な場を装置化することも必要な条件である。問題の解決が目的として意識されると、その結果を誰かに伝えたい、共有したいという表現欲求が醸成され、相手意識をもつようになる。この段階は、状況的な場に立って、言語主体として自覚的に立場を意識することが基本である。
(2) 創構過程における統合想（主題想）の形成条件
　① 自己の置かれた境遇の形成要因の分析的認知促進条件
　　　・この境遇における主体としての自己の自覚　・表現前塊の生成と問題意識化　・問題解決の方向と相手の意識化
　② 問題を核とする表現前塊の分化、具体化促進条件
　　　・表現前塊の分化を促す視点の分割化　・分割視点の発見と確認　・分化想の形成
　③ 分化想の統合と主題想の形成促進条件
　　　・統合視点の発見　・問題の解答　・中心的見解と根拠の関係づけ　・推敲（セルフ・モニタリング）

「境遇」は、芦田恵之助『綴り方教授法』(1915)にその用例が見られる。また、芦田は、『読み方教授法』(1914)において、日露戦役の戦況が知りたくて、自ら努力して新聞の文章を読む力をつける学習を始めた児童の例を紹介している。「場」に比べて、書き手の置かれている状況が具体的で、目的意識や対象意識、行動・方法意識が明確に自覚されている事態である。

　創構過程における想は、漠想→分化想→統合想のように展開するという仮説を立てている。さらに、この展開を促す刺激条件は、「境遇」の条件である。この条件は、基本的には、コミュニケーション活動の場の形成条件と共通する。漠想は、分化させる視点の発見、つまり、分割視点の発見によって明確化の方向に分化していく。相手の視点に立って、漠想を見直す。漠想の内容について、その中心と付加、結果と原因、見解と根拠などの分割視点の

発見、肯定と否定の視点の転換などによって、分化を促す。統合視点は目的意識・問題意識にもとづいて、定められる。統合視点は、セルフ・モニタリングの基準となる。
(3) **構想過程における主題想の線条的展開条件**
　① 自己の立つ場面の形成要因の分析的認知促進条件
　　・場面の第１次形成要因（誰が・誰に・何のために）の分析的認知
　　・場面の第２次形成要因（何を・どのように）の分析的認知
　② 主題想の線条化促進条件
　　・第１次要因の認知にもとづく主題想の具体化　・主題想の分節化のための分割視点の発見（ア　相手からの視点　イ　目的からの視点　ウ　内容からの視点）
　③ 文章としての線条化構想の形成条件
　　・②の条件の具体的イメージ化（場面の第１・２次要因を特定の相手・目的・内容などを思い描き、相手に伝える過程を想像する）

「場面」は、コミュニケーション（通じ合い）の言語活動を成立させ、展開させるための、目的意識や対人・対事関係意識が、「境遇」よりさらに、具体化、明確化されている事態である。場面形成要因は、主体・相手・目的・内容・方法・形態である。

「分割視点」の具体例としては、ア＝分かりやすさ　イ＝伝達か、納得か、説得か　ウ＝内容（題材）の構造→時間的か、空間的か、論理的か　などがあげられる。

(4) **叙述過程における文章表現の形成条件**
　① 場面の第２次要因（条件）具体化の促進条件
　　・全体構想に立った、分節毎の叙述過程における表現方法の選択と活用
　　　・文章ジャンルに特有な叙述層の形成
　　・文章ジャンル＝文学的文章・論理的文章
　　・文学的文章の叙述層＝「描写」・「説明」・「対応」　・論理的文章の叙述層＝「記述」・「説明」・「論説」
　② 形成しようとする叙述層に必要な表現技法の活用条件

163

- 描写表現技法＝主観を押さえ、そのもの自体が目に見えるように具体的に表現する。人物描写・容貌描写・風景描写・心理描写など。
- 説明表現（文学的文章）技法＝描写された事象の奥にある、事象と事象との関係を解き明かす。抽象―具体、原因―結果、比較・対照など。描写に付随して用いられる。
- 対応表現技法＝具体的な事象を描きながら、抽象的な意味をもった観念を表すもの。
  象徴表現法が代表的なもの。
- 記述表現技法＝事実・事象を、主観を排してそのもの自体の外観や働きをありのままに述べ表す。現在形の文末表現、状態表現など。
- 説明表現（論理的文章）技法＝「描写」に付随する「説明」とほぼ同じ表現法であるが、この「説明」は「記述」と対等に用いられる。
- 論説表現の技法＝筆者の独自な価値判断にもとづいて説得的に表現する。価値判断的表現語句、べきである・ねばならないなどの文末表現など。

③ 叙述過程における推敲（セルフ・モニタリング）の促進条件
- 書き手としての自己の立場、相手意識、目的意識、内容意識に立つ叙述と推敲

　叙述過程における推敲は、構想過程、創構過程にまでさかのぼって行われることがある。すなわち、文章産出過程全体にわたって推敲されるということである。

(5) 活用過程における活用適切化の条件
① 明確な目的意識、相手意識にもとづく活用方法の選択の条件
- 書き手としての自己の立場と目的意識の再認識

② 目的達成のための活用の実際的方法による実施の条件
- 受け手である相手の置かれている状態の理解にもとづいての実施

第三章　作文教育における条件作文法の考究

## 第三項　考察の集約と課題

### 1　集　　約

以上考究してきたことについて、集約すると、以下のようになる。
① すべての作文は、書く場から導き出された条件を充足する営みという意味で、条件作文であると言うことができる。
② 書く場は、主体と、対象となる事態との間に生起する緊張関係である状況性に包まれており、その状況と向き合うことによって、主体は、書き手としての問題意識をもつ。
③ 「場」の状況性に喚起された問題意識は、表現欲求に促されて文章の内容を生成する方向に進展する。それを促進する刺激条件は、「境遇」・「場面」であり、それぞれの段階の具体化された形成要因が、刺激条件として想の展開に作用する。
④ 作文過程は、［書く場の認識過程］［創構過程］・［文章化（構想・叙述）過程］・［活用過程］の４分節に分割できる。
⑤ 作文の条件は、この作文過程の４分節に即して具体的に析出、設定される。
⑥ 作文の条件は、書く場の条件（誰が・誰に・何のために・何を・どのように）と各分節の作文法の技術と方法の条件とにもとづいて、設定される。
⑦ 作文法の条件は、文章のジャンルによって異なる。そのジャンルは、書く場の条件のうち、主として、書き手の目的意識によって形成される。論理的文章は、その表現技法（記述・説明・論説）の複合的活用によって叙述層が形づくられる。文学的文章は、その表現技法（描写・説明・対応）の複合的活用によって叙述層が形づくられる。
⑧ 推敲（セルフ・モニタリング）は、場の条件の充足意識にもとづいた作文活動の全過程において行われるが、文章としての整備が要求される文

章化過程が中心となる。

## 2　課　題

残された研究課題は、以下の通りである。
① 本節において説述した作文の条件は、予備的な実験的調査結果と文章の表現論的な先行研究成果とを勘案して仮説的に整理したものである。作文活動の促進条件全体の体系的枠組みを示すことはできたが、細部についてのさらなる追究が必要である。
② 場の条件と文章の叙述形態形成の相互の関係を、条件統制を厳密にして実験的に調査することが要求される。
③ 文学的文章と論理的文章との叙述層の描写・説明・対応・記述・説明・論説のそれぞれについて、形成のメカニズムを実験的に明らかにする必要がある。
④ 条件作文法による指導構想で仮説した案を実践的に検証することも課題である。
⑤ 条件作文法に関する先行研究を、さらに広く深く調査、分析して、理論的基礎の精緻化を図る。

# 第四章　作文における文章化過程指導の実践的検討

## 第一節　小学校の場合

### 第一項　広島市立己斐東小学校の事例

#### 1　実践のねらい

　本実践は、6年生2クラスを対象として行われたもので、「友達」という題材で第1次作文を300字程度で書かせ、それを、推敲し書きふくらまして、第2次作文とするという活動をさせている。その際、一方のクラスには、誰に読んでもらうか、どういう目的で友達のことを書くかということを考え、そのことをメモしてから、推敲し、書きふくらませるように指示を与える（事前メモクラス）。もう一方のクラスは、特に指示はしないで書きふくらまして、その後で相手意識・目的意識について反省的に書かせるという方法で行っている（事後メモクラス）。なお、本実践の計画は、筆者が行い、実施の協力を本校教諭に仰いでいる。

#### 2　実践によって産出された、この2クラスの作文の検討

（1）**全体的傾向**
　完成作文のできばえ（上・中・下）と、完成作文（第2次作文）の間におけ

る内容・叙述上の変化の有無との関係を検討した結果を整理すると、以下のようになる。

|  | 変化の有無 | 評定上 | 評定中 | 評定下 | 合　　計 |
|---|---|---|---|---|---|
| 事前メモクラス | 変　　化 | 3 | 7 | 0 | 10（37％） |
|  | 不　変　化 | 2 | 13 | 2 | 17（63％） |
|  | 合　　計 | 5 | 20 | 2 | 27（100％） |
| 事後メモクラス | 変　　化 | 4 | 2 | 0 | 6（27％） |
|  | 不　変　化 | 5 | 11 | 0 | 16（73％） |
|  | 合　　計 | 9 | 13 | 0 | 22（100％） |

　統計的には、標本数が少ないので、この数字は当該クラスの状態像を表したものと理解せざるをえない。このことを前提に考察を進める。この2クラスの第1次作文と第2次作文との間の変化の有無については、僅少差ではあるが、事前メモクラスの方に変化の傾向を認めることができる。

　評定は、第2次作文について行った。文章としてのできばえを総合的に評定した。上・中・下の分布は、正常分布である。変化・不変化との相互関係からは、上評定については、ほとんど差がない。中評定と下評定とについては、不変化の方が多くなる傾向がある。これは、2クラスとも同傾向である。変化を促進する要因として、場の条件意識が働いていることが推測される。また、評定の高いものに、文章の展開された姿を認めることができる。なお、事後メモクラスには、第3次の推敲を課したが、変化したものは一編もなかった。具体的には、2クラスの代表事例を取り上げて、第2次作文に至るまでの制作過程を分析し、目的意識・相手意識がどのように反映されているか考察する。

（2）事例分析
［事例1　事前メモクラス］
第1次作文

〈てびき1〉　［友だち］という題で、次の原稿用紙（300字）におさまるよう

第四章　作文における文章化過程指導の実践的検討

に、短い作文を書こう。頭に浮かんだことを直ぐに。

---

　　　　　　　　　　　　　　　　　　　　　　　　　N・R子
　いつも不安な時に、一人でいるとよけい不安になるけどそんな時は友達がいると安心できるから友だちがいてよかった。
　休けい時間に一人ぼっちの人を見ても、私は見て見ぬふりをしているけど、もし私が一人ぼっちだったらと考えるとすごくさびしい気もちになるからこんどから、このクラスに一人ぼっちの人がいなくなるようにしたい。
　自分のことだけを考えずに、みんなのことも考えたい。

---

〈てびき２〉　　はじめに書いた［友だち］という短い作文を、くわしく書きなおそう。書きなおす前に、次のことを考えてメモしておこう。
　１　誰に…………仲のいい友だち
　２　何のために………自分の思ったことをちゃんとつたえるため
　３　どんなことを……うれしかったことを

第２次作文

〈てびき３〉　〈てびき２〉でメモしておいたことを参考にして、はじめの短い作文をくわしい作文にしよう。

---

　　　　友達がいてよかった
　　　　　　　　　　　　　　　　　　　　　　　　　N・R子
　私は、いつも、いろんな友だちと話しをしたり、あそんだりしています。

> 　みんなとう然のように、休けい時間になると、数人でかたまってしゃべったりしています。
> 　でも時々一人で机とにらみ合っているようにくらい顔をしてすわっている人がいます。
> 　でも私は、見て見ぬふりをして、自分が今楽しいからいいやと、むししてあそんでいました。でもある日みんなどこかにあそびにいって、私一人が教室にのこって、このまえ見た人見たいに机をながめているところがぱっとあたまにうかんで、あの人はこんな気もちだったんだなとわかりました。
> （ルビ：そんな人を見ても／自分だけのことを考えて／どこかで見たことのあるようなくらい自分が）
> 　そして、自分だけのことを考えて人の気もちを考えてなかった今までの自分を反省しました。
> 　そしていつも不安な時にいてくれる、友だちに私はとても感しゃしています。とっても不安な時に、一人でいるととてもさびしいけど友だちがいてくれるととても安心できるので友達がいてよかった。
> （ルビ：そばに）

　以上の実践結果について考察する。
　第1次作文から第2次作文の間に、相手意識・目的意識・内容意識を明確化させて記述させたクラスのものである。N・R子は上評定の変化ありと判定した事例として取り上げている。
　変化のポイントは、第1次作文の主題が、一人ぼっちの不安を友だちがいることで救われた体験にもとづいて、そのような人がクラスからいなくなるようにしたいという事態改善型の意見を形成し、その意見が第2次作文では一人ぼっちの不安を解消してくれた友だちへの感謝という主題になっているという点である。この主題の変容をもたらしたものは、第1次作文に内包されていた潜在的主題と考えることができるが、それを顕在化させたのは、第2次作文に書きふくらませる作業の前に書き止めた、「①仲のいい友だちに・②自分の思ったことをちゃんとつたえるために・③うれしかったことを」と

いう場の意識が、「感しゃ」という方向に主題の変容を促したものと推定される。誰に・何のために・何をという3要件が一体的に作用していると見られる。

[事例2　事前メモクラス]
　※〈てびき〉は、事例1と同じなので、省略する。
第1次作文

---

　　　　　　　　　　　　　　　　　　　　　　　　　A・M子
① 　私は、友だちという人は、時々、けんかをしたり、とってもなかがいい時がある関けいだと思います。
② 　なやんでいる時などは、お母さんたちよりも、友達に話したほうがかいけつしたり、ほっとしたりします。
　　それに、友達といると、楽しいし、勉強する学校も、大休けいとかに友達と話せるから毎日来れます。
③ 　友達は、いつかは、わかれないといけないけど、またすぐに、気の合う友達ができます。
④ 　もし、友達がいなかったら、私は、明るくくらせないと思います。だから友達は、それだけ大切なんだと思います。

---

※第1次作文をくわしく書き直すに先立って次のことをメモさせた。
誰に……………友達は、何でいるのか分からない人
何のために………友達を分かってもらうため
どんなことを……友達は大切ということ
第2次作文

---

　　　「友達は何でいるのか」
　　　　　　　　　　　　　　　　　　　　　　　　　A・M子
　1　私は、友達という人は、時々けんかをしたり、とっても仲がよかっ

（、そうだんしたり
たり）する時がある関けいだと思います。
2　なやんでいる時などは、お母さんたちよりも、友達に話したほうが、解けつしたり、ほっとしたりします。
3　それに、友達といると、楽しいし、勉強する学校も、大休けいとかに、友達と話せるから、毎日来れます。
4　仲のいい友達は、いつかは、別れないといけないけど、またすぐに、気の合う友達ができます。
5　私は、これまで、いろんなことをして、いろんな楽しい思いでがあるけど、それは、全部、友達とつくった思い出です。
6　人間には、何才になっても、友達というのは、ひつ用(ママ)だと思います。大人でも、なやむことがいっぱいあって、それを、だれかに、そうだんしたいと思います。そういう時に、友達が、ひつ用(ママ)になります。
7　私も、自分が、大人になったら、友達は、いてほしいです。
8　もし、友達がいなかったら、明るく、くらせないと思います。
9　だから、友達は、それだけ、大切なんだと思いました。
10　そして、友達は、何才になってもひつ用で、生きていく上で、はげましたり、はげまし合ったり、いっしょに楽しんだり(してくれる)する人だと、思います。

　これは、第１次作文から主題の変化が認められない事例である。もちろん、叙述内容に拡充された部分は多く見いだされる。第１次作文の①・②…は、形式段落番号、第２次作文の１・２…も同じく形式段落番号である。第１次作文の①・②・③・④は、第２次作文の１・２・３・４にそのまま受け継がれている。第１次作文の第⑤段落については、第２次作文の第８・第９段落と対応しているが、第９段落の「だから」という結論を導く接続詞によって帰納される見解の前提的根拠を、第５・６・７の段落によって拡充している。

第10段落は、本来ならば第6段落に付加されるべき内容である。
　このように見てくると、第1次作文から第2次作文への展開は、拡充されてはいるが、主題については、変化がないということが分かる。推敲拡充メモによると、第1次作文の主題想を確認するという意識が窺える。そのため、拡充という方向で第2次作文が展開されたのだと理解される。この拡充を図った意識には、「友達が何でいるのか分からない人に」「友達（ということ）を分かってもらうため」ということがあるため、その作用の結果として、結論的見解を導く根拠をくわしくしたものであると考えられる。

［事例3　事後メモクラス］
※第1次作文制作のてびきは、事前メモクラスと同じである。
第1次作文

　　　　　　　　　　　　　　　　　　　　　　　　　　K・M男
　ぼくの回りには友だちがたくさんいます。明るい人や真じめな人、本がすきな人など色々な人がいます。ぼくは友達がいたからこそいまここにこんな自分がいるんだなと思います。もしぼくに友達がいなかったら暗くて人と会話しずらい(ママ)と思います。
　ぼくは友達を大切にして今の友達と一生仲よしでいたいです。

※第2次作文の制作は、第1次作文をくわしく書きふくらませるという指示だけで行わせている。
第2次作文

　　　　　　　「友だち」
　　　　　　　　　　　　　　　　　　　　　　　　　　K・M男
　　　　　（周り）　（友達）　　　　　　　　　　（真面目）
　ぼくの回りには友だちがたくさんいます。明るい人や真じ面な人、本
　　　　　　　　　　　　　　　　　　　　　（友達）
が好きな人など色々個性を持った人がいます。ぼくは友だちのおかげで
　　　　　　　　　　　　　　　　　（友達）
いまの自分があるんだなと思います。もしぼくに友だちがいなかったら

人と会話もしずらく(ママ)なっていたかもしれません。

　ある日転校生がこのクラスに来ました。ぼくはその人にすぐ話しかけすぐ友達になれました。また一人ともだち(友達)が増えたのでとてもうれしく思いました。

　ぼくは己斐東小のソフトボールに入ってました。そのときたくさんの人と出合いました。入ったばかりの時はずっとだまっていたけど一ヵ月もすれば仲よし(もう友達)になれました。ぼくはもう引退したけどソフトに入っててよかったなと思いました。それは野球がうまくなったという
一番よかった ことは　(友達)　(合えた)
のもあるれど最高の友だちに合ったからです。

　夏休みに千葉に引こしするという友だち(友達)がいました。そして友だち(同じクラスの人)が
「引っこしする日見おくりに行こうや。」
　　(と言って来ました)　(ぼくは行くことにしました)
　　ってきました。　　　　いいよと言いました。
と言いました。ぼくは深くうなずきました。そして引っこしの日ぼく
　　　　　　　　　　　　(楽しい事をしていると時が流れるのが早くかんじ)
(達)　　　　　　　　　　　　　色々遊んだりしました。
たち４人は小巻君という人の家に行きました。とうとうおわかれの時が

　　　　　　　　(遠く)
来ました。でもぼくはどんなにはなれていても友だちのままだと思いま
(いつまでたっても小巻君のことを忘れません、それは友達だからです。)
それは一生友だちのえんは切れないからだと思います。
す。

　ぼくのじまんできる物は家族でもあり友だちでもあります。

　ぼく達はもう少しで中学生でじゅけんを受ける人や己斐中に行く人もいます。だけど中学校がちがってもぼくはみんなとずっとずっと友達でいたいです。そしてこれからも友達を大切にしていきたいです。

※行外の文は、くわしくするという第２次作文制作指示による作業過程において書き加えられたものである。この作業の後、K・M男は、次のような相手意識・目的意識・内容意識にもとづいて書いたと記録している。

　誰に………………千葉に転校した友達

何のために………小巻君に今自分の思っている事を分かってもらえるように
どんなことを……今、自分が思っている事
※行外の（　）内の語句や文は、第２次作文をもとに完成した第３次作文制作時に、新たに書き加えられたものである。第３次作文については、よりよい作文になるように考えながら清書するようにという指示が与えられている。

**第３次作文**
　上掲の第２次作文中の（　）内の書き加え分による。よって、全文は省略。
　以上の実践事実について考察する。
　第１次作文と第２次作文とは、内容の拡充が図られているという点はあるが、主題想はほぼ同じである。第２次作文における拡充点は、具体例として、(1)転校生との友達関係づくり、(2)ソフトボールクラブへの入部のこと、(3)転校する小巻君のことの３点をあげているところである。「くわしく書きふくらませる」という指示だけで拡充を図るＫ・Ｍ男の叙述目的意識の拠り所は、第１次作文の①自分には多くの友達がおり、今の自分は、友達に支えられて存在していること、②友達を大切にし、一生仲良くしたいこと、の２本の柱である。第２次の(1)(2)は、第１次の①と、(3)は、③と対応している。
　この作業を行った後に、その叙述意識を先述のように記述しているので、相手意識・目的意識よりも、内容意識、すなわち主題意識が拡充作業の促進要因になっていると見られる。それは、第２次作文でも第３次作文でも、直接、小巻君へ呼びかける言葉が認められないことから判断される。
　以上、分析、考察してきたことをまとめると、以下のようになる。
　これは、授業形式による実験的調査と言うべき方法をとっている。小規模のデータなので一般化はできないが、第１次作文から第２次作文への変化が認められるものは、第１次と第２次との間に相手意識・目的意識・内容意識を明確化させたものである。その際、主として作用するのは、相手意識・目的意識であると考えられる。変化していないが、拡充しているものは、内容意識に重点が置かれているように見られる。また、第１次・第２次作文を書

いた後に、相手意識・目的意識・内容意識を記述させた事例については、内容意識（主題意識）の方が重く作用しているように判断された。特に、事例3として取り上げた事例については、第1・第2次の執筆時の意識を内観して記述したため、相手意識・目的意識という場面条件の意識化より、むしろ内容（主題）意識が強化され、作用しているように考えられる。それは、相手意識を前景化して記述していながら、実際の書かれた文章には、それは表現されていない。そのことが前述のことを裏づけている。

　第1次から第2次へ書きふくらませるという意識が前面に出ると、内容中心の拡充になる。場の条件を切実に意識化させて書かせると、場の条件の作用が文章表現に明確に現れるのではないかと考えられる。

## 第二項　福岡市立青葉小学校の事例

　本事例は、己斐東小学校の事例が実験的調査を目的とする授業であったのに対して、大西の提案しているコミュニケーション作文の指導法について検討した結果にもとづいて、独自の授業仮説を立て、実践的検証が試みられたものである。
　ここでは、その授業仮説にもとづく4年生の授業実践によって生産された文章の叙述形成に、特に場の条件意識がどのように反映しているか、分析する。

### 1　実践者（平川徳幸教諭）の立てた仮説

　実践者は、次のような授業仮説を立てている。
　　活動の場の設定では、児童にとって興味・関心の高い学校行事である体育会を取り上げ、保護者からの手紙を読むという活動をとおして状況的な場を産み出し、書く場の条件を発見させる。次に、内容づくりの過程では、中心となる内容を観点ごとに考えて作り出すクラスと、内容を

第四章　作文における文章化過程指導の実践的検討

「はじめ・中・おわり」の構成表に書き込むことにより線条化に対応して作り出すクラスに分けて創構活動に取り組ませる。文章化の過程では、内容を線条的に配置し文章化させる際に、表現の工夫をうながす手引きを使用させる。さらに活用（処理）の過程では、招待状を保護者に届けて読んでもらい、招待状の返事を書いてもらう、招待状に即した行動をとってもらうという双方向的な伝達活動となるようにする。

## 2　実践によって産出された作文の検討

この指導仮説にもとづいた授業で生産された抽出事例として、Ｓ・Ｎ女のものを取り上げる。授業はワーク・シートに拠りながら進められている。招待状完成に至るまでの制作過程の反応を引用しながら、検討する。

① 招待状を書こうという動機づけをする段階

授業者は、次のような保護者からの手紙を紹介して、動機づけを図っている。なお、以下の引用文は、縦書きになっている。

---

　おはようございます。いつも、子どもがお世話になっています。
　毎日、体育会の練習が続いています。子どもは、少し、つかれているようですが、練習はいっしょうけんめいやっているようです。
　体育会のほんばんを、とても楽しみにしています。練習してきたことを出し切って、きっと、かつやくしてくれることだと思っています。
　そこで、おねがいがあります。できれば子どもが出るしゅもく、出る時間、出る場所をおしえていただけませんか。
　また、子どもが一番見てもらいたいと思っているしゅもくも知りたいと思っています。
　青葉小学校は、子どもたちの数が多いので、なかなか子どもを見つけることができません。自分の子どものかつやくするすがたを、しっかり見て、おうえんしたいと思います。
　よろしく、おねがいいたします。
渡辺先生
　　　　　　　　　　　　　　　　　　　　　　　　　　　　　　母

---

授業者は、「渡辺先生は、クラス全員の家に知らせたいと思っていらっしゃったのですが、40人全員の家に手紙を書くのは大変です。クラスのみんなひとりひとりが、おうちの人に招待状（見に来てくださいというおねがい）を書いてほしいな、と考えていらっしゃるそうです。」と話して、子どもたちに目的意識を喚起している。

② 場の条件を意識化させる段階

　（［　］括弧の中は、抽出児Ｓ・Ｎ女のワーク・シートへの書き込み。以下同じ。）

---

　1　招待状を出す相手を決めましょう。
　　　［　おかあさん　］に読んでもらう。
　2　招待状には、どんなこと（内容）を書けばいいでしょうか。
　　☆自分で考えてみましょう。
　　　［　自分が出るしゅもくや出る時間や出る場所　］
　　☆みんなで考えて見ましょう。
　　　［　・ソーランぶしなどの見どころ。／赤か白か／じゅんばん／一番
　　　見てもらいたいしゅもく　］
　3　招待状を書く目的を決めましょう。
　　　［　おかあさん　］に
　　　［　出るしゅもくや出る時間や出る場所や赤か白か、見どころ　］を
　つたえて
　　　［　楽しく見て　］もらう。

---

③ 案内状作りの手順、方法の手引きの提示

　これは、この後の作業手順への見通しをもたせるものである。

④ 内容作りをする段階

---

　　☆書く内容を作りましょう。
　1　いちばん見てもらいたいしゅもくは何かな？
　　　［　ソーラン節（ロック）　］

第四章　作文における文章化過程指導の実践的検討

2　なぜ、いちばん見てもらいたいのかな？
　　[　早くてかっこいいし本当にたいりょうのおさかながつれているから　]
3　見どころは、どんなところかな？
　　[　早くてはくりょくがある　]
4　どのように、練習したかな？
　　[　いっしょうけんめい（あつい日も）　]

⑤　作文を書く段階

完成された文章は、以下の通りである。

> 　9月23日の8時50分から青葉小学校の体育会があります。おかあさんも楽しみにしていると思います。私が出るしゅもくは、プログラム3番ザ・ソーラン節は9時15（分）ごろからあります。次に8番の心を合わせてバトパス（リレー）があります。私は、Bパートの4番目に走ります。21番ソーレひけヨイショ!!（つなひき）が2時15（分）ごろにあります。
> 　1回せんは白のたいじょうもんの近くにいます。2回せんは赤のたいじょうもんの方の中心の所らへんにいます。
> 　私がなぜ見てもらいたいかは、早くてかっこいいし本当におさかながつれ（て）いるみたいではくりょくまんてんなので見てください。
> 　体育会の練習をあつい日もいっしょうけんめいしました。ロックソーラン節をがんばりたいです。楽しく見てください。
> 　　　　　　　　　　　　　　（　）内は教師による補訂。

本児童が積極的な目的意識をもった契機は、一児童の母親からの渡辺先生への手紙である。授業者の指示は、渡辺先生の意図を受けて、各自の家に体育会への案内の文章を書くということである。この目的意識・相手意識が書くべき内容を規定する。とはいうものの、この場合は、一人の母親の手紙へ

の返事という性格をもっている。一般的には、体育会のプログラムとともに、自分の出番を述べるということが、内容となる。内容作りの手引きの1・2・4は、手紙の内容と重なる。3は、1・2の内容を強化する観点である。

　本事例の完成作文は、手引きにはなく母親の手紙にあった、体育会の演技の出番の時刻がいつ頃か、その時何処にいるか、ということを詳しく書き込んでいる。このことは、手紙の内容に触発されたということも考えられるが、うちの人にぜひ来てもらいたい、自分を見てもらいたいという気持ちと願いから書き加えられたものと思われる。

　叙述の仕方は、もっぱら事実の記述が主流になっている。第3段落は、説明である。根拠をあげて要望を書くという順序で叙述されている。第4段落も根拠としての事実を述べて、その後に、決意、要望を述べている。「〜てください。」という表現の反復は、案内の意図を表している。これは、第2文の「おかあさんも楽しみにしていると思います。」というセンテンスにも、この意識が通底している。この文章は、案内状という決まった形式をとっていないけれども、案内をするという目的意識を反映した叙述になっている。

　以上のことは、だれが・だれに・何のためにという場の第1次条件が、何を・どのようにという第2次条件を明確化するということを示していると見ることができる。

## 第三項　安田学園安田小学校の事例

　この実践は、同校新田哲之教諭によるものである。4年生を対象としたものであるが、意見文を書かせる前にディベートをさせている点に特色がある。ディベートのテーマは、「町がいいか田舎がいいか」ということであった。ディベートの後に、それに触発された各自の意見を書くという課題による学習活動として取り組まれた。

　以下、一児童の作文例について、検討する。

　文章を特定の様式・形態をもって形成するのは、書く主体の目的意識とい

う文章産出の原動力である。この書く主体の目的・意図という意識は、書く主体が、現に今ある場の作用因によって喚起される。作文に即して見てみよう。

---

　　　　町がいいか、いなかがいいか
　　　　　　　　　　　　　　　　　　　　4年　I．M（男）
① ぼくは町が<u>いい</u>です。<u>それは</u>いなかがどんなにふ便な所か知っている<u>から</u>です。
② ぼくが小さいころ、庄原（引用者注。広島県北部の市）に住んでいました。近所に子どもがいないし、そのうえ公園もなかったので、牛や自然と遊んでいました。そして、いなかは本や洋服を買ったりする店が少ないです。車がない時は、お母さんはたった一けんのスーパーに四十分も歩いて行ったと言っていました。新聞で見たのですが、県北の方では、学校に行くのに何キロも雪の中を歩いて行くのだそうです。
③ <u>それにくらべて</u>、町は、友だちもたくさんいてにぎやかです。町には、デパート、スーパー、二十四時間、いろいろ買えるコンビニがあります。
④ <u>Bさんが言ってたように</u>、いなかはやさいやくだものがほうふで、おいしい空気や大自然があります。町は夜はブオーンとバイクの音がうるさいし、はいきガスがたくさん出て空気も悪い所です。
⑤ <u>たしかに</u>、Bさんが言っていることを聞くと、いなかに行きたくなります<u>が</u>、町にはいなかにない、<u>いい所も</u>あります。前にも言ったように、スーパーは何でもそろうし、デパートでは家具や服がすぐ手に入ります。そして町にだって、緑がたくさんあります。そのうえ、交通もべんりだし、公園などもあります。
⑥ <u>このように</u>、町には<u>いい所</u>があります。<u>だから</u>ぼくは町が<u>大好きで</u><u>す</u>。
　　（―線は論理キーワード、＝線は価値性のキーワード、①〜⑥は型式段落）

この意見文は、ディベートの延長で書かれている。したがって、書き手は、論題について対戦相手を説得するという目的・意図のもとに、ディベートの討論過程で知り得た相手方の意見を取り入れて文章を構成している。①・⑤・⑥の段落は、意見の段落である。それに対して、②・③・④の段落は、その根拠となる事実の説明の段落となっている。それは、傍線を施した論理キーワード（論の展開や定位を図る鍵となる語句）によって理解できる。説明の段落をくわしく見ると、各文の文末表現に客観的に事実を記述しようとする意図が表れている。論理キーワードには、つなぎ言葉だけでなく文末部の「――ていました」「――あります」などのように客観的に事実を記述する表現、「――です」「――からです」などのように、書き手の判断を示す文末表現も含まれる。根拠を述べた段落の文の文末は、「――ていました」「――あります」から「――です」に移っている。この意見文は、②と③は「くらべて」で対比され、さらに④で③とは対照的な事実が示される。Ｂさんは、ディベートで「いなか派」であったと思われる。⑤は、④のＢさんの意見への反論が述べられている。全体として見ると、①は起こしの段落であり、②・③・④・⑤の段落は展開の働きをしており、⑥はまとめの段落である。「このように」「だから」は、まとめ、定位のキーワードである。二重線の語句は、価値性の内容キーワードである。内容キーワードには、他に「ふ便」「少ない」「おいしい」「悪い」などの中心題材性のもの、「町」「いなか」「スーパー」「コンビニ」「公園」「自然」といった素材性のものがある。

　４年生としては、反論への反論を組み込んだ説得性の高い意見文になっている。ディベートの場を経て書かれたものであるため、場の力動的な作用が、このような明確な論理構築をもたらしたものと考えられる。

第四章　作文における文章化過程指導の実践的検討

# 第二節　広島市立安佐中学校の事例

## 1　実践のねらい

　本実践は、広島市立安佐中学校大下恵子教諭（当時）の実践である。相手意識・目的意識を明確化して文章表現を工夫し、その目的を達成する表現力を育てることをねらいとして行われたものである。学校や家庭、地域における生活の中で、困ったこと、不都合なことについて、当事者に手紙で訴え、問題の解決を図るという表現活動を組織している。ここでは、それぞれに自分の身近な問題を取り上げているものの中で、学校における授業教室の移動に関わって発生した不都合を、手紙を書くことによって解決することを目的としている事例を取り上げる。具体的な状況は、以下のようである。
　１年生の当該クラスは、国語の時間の教室が、障害児学級のホーム教室の隣に割り当てられている。障害児学級の生徒が別の教室に移動したり、移動教室からホーム教室に帰ったりするときに、まだ、隣の教室で国語の授業が行われていることがある。がやがや騒がれると、授業に集中できない。度重なるので何とかしてほしいと願っている。その願いを手紙に書いて、担任の先生に届け、善処してもらおう、ということで、手紙を書く活動が始まったわけである。当然、直接、担任の先生にお願いにあがるという考え方もあったが、手紙を書くという方法を選んで、国語科の時間を利用して書くことにした。この問題を取り上げた生徒が複数いた。

## 2 実践によって産出された作文（手紙文）の検討

[事例1　O・Y子]

　作文（手紙）は、「では、自分の困ったり、心配している思いを相手に伝える手紙を書いてみましょう。」という指示で書かれている。ワーク・シートには、はじめに宛先を書く欄と、末尾に差出人の名前を書く欄とが設けられている。また、本文には、書き出しの言葉が、次のように示されている。

>　突然お手紙を書きます。びっくりされると思いますが、（　　　）にどうしてもわかってもらいたいことがあるので聞いてください。実は、……

　O・Y子は、宛先を該当の1組の担任である「M先生」にしている。書き出し文に続く本文を以下のように書いている。

>　一組は、とても明るくて、元気で、よく大きい声が出ていて、とてもいいと思います。でも、その大きな声、音がテスト中などに集中していてしずかにしている時にとても気になって困ります。その大きな声、音をやめろ！というわけではありません。私の考えがあります。それは、私達一年二組が体育の授業をしていたり、音楽の授業をしていたりと一年二組の教室に私達がいない時に、大きな声、音を出してみてはどうでしょうか。それとか、一組が無りなくすぐ行ける、多目的ホールへ行ってみてはどうでしょうか。一年二組の授業など、お互いにいろんなことが分かりあえるいい機会でもあると思います。先生に変なおもいをさせてしまったら、すみません。先生、考えてみて下さい。よろしくお願いします。
>
> 　　　　　　　　　　　　　　　一年二組　O・Y子　より

第四章　作文における文章化過程指導の実践的検討

作文を書いた後のアンケートについて、次のように回答している。

〈書き方が難しかったり、うまく書けなかったと思うところはどんなところですか。〉
　○初めの書き出しの所がかきにくくて難しかった。
　○敬語の使い方が少し大変だった。
　○きずつくことを書かない。
〈なぜ書きにくかったり、うまく書けなかったのだと思いますか？〉
　○先生で年上の人に手紙を出すことはめったにしないから。

　書く場の条件の意識化は、明確である。生徒としての自分の立場、相手は自分の学校の先生、目的は教室学習での障害事態の解決とそのための訴え、これらの条件から導かれる、困っていることの訴えと解決策の提案という内容、さらに、相手を思いやりながら自分の訴えを受け入れてもらうことができるような述べ方といった文章化のために充足すべき条件が明確に把握されていると見られる。まず、１組のことを、明るくて元気がよいクラスというほめ言葉を述べて、次に、その元気のよさがわずらいとなることを提起して、困っている事態を示す。続けて具体的な改善策を提案し、考えてみてほしいとお願いをしている。特に注目されるのは、改善策を実施すると、「お互いにいろんなことが分かりあえるいい機会でもある」と、相互理解を深めることの必要性を表明していることである。一方的な主張や非難だけにとどまらない態度は、真剣にこの問題を考えていることを示している。「すみません。先生、考えてみて下さい。」と低姿勢でのお願いの言葉を述べているのも、目的・相手・内容の諸条件が反映した叙述と見ることができる。

［事例２　Ｔ・Ｓ子］
　Ｔ・Ｓ子の書き出し文に続く本文を、１組の担任の先生宛に、以下のように書いている。

一組の生徒さんの達の声が、よく聞こえ、集中出来ないことがあります。もちろん、音楽のときは、他の教室（クラス）の人が音楽室を使ったり、T君が、車いすのためかいだんをのぼるのも、むずかしく、又、時間がかかるというのも、知っています、分かっています。だけど分かってほしいのです！
　今、私達一年二組の生徒達は、ちょっと困っています。どうにかならないのでしょうか。無理にとは言いません。努力をしてほしいです。たとえば、外で歌うのなんてどうでしょう。声はひびきにくいですが、大きな声をだせると思います。
　一組の人の事も大切ですが、私達の事ももう少し考えていただきたいと思います。一組の生徒さんにも伝えてほしいと思っています。
　　　　　　　　　　　　　　　一年二組　T・S子　より

〈書き方の難しかったところ、うまく書けなかったところ〉
○困っている事をどういうように書けばいいのかが、むずかしかった。
○他にどんな理由があるのかなやんだ！
○どうすればいいか、解決法がなかなか浮かばなかった。
〈書きにくい、うまく書けない理由〉
○私は、そんなには困っていなかったし、こういう手紙を書いたことがなかったからだと思います。

　この事例も、事例1と同じように切実な場の条件が、叙述形成に強く作用していると見ることができる。障害をもったT君への理解を具体的に示した上で、自分たちの困っている事態を訴えている。「無理にとは言いません。努力してほしいです。」と前置きして、改善策を提示している。このことも、なんとか願いを聞き入れてほしいという思いの切実さを表していると見られる。筆者のT・S子が言語表現の工夫に心を砕いていることが窺われる叙述

第四章　作文における文章化過程指導の実践的検討

となっている。

［事例3　H・Y子］
　1組の担任の先生を受け手として、書き出しに続く文章を、次のように書いている。

---

　中間テストの時、1組さんの歌声とか声が聞こえて、あまり集中できなくて困りました。あと、2組が授業をしている時に、一組さんの声とかたいこがすっごく聞こえて、困っています。特に書写の時に…。あと、音楽の時は、別の教室でやってほしいです。それで一つ提案です。
　音楽の時間や歌の授業の時は、教室でやらずに、多目的でやったらどうでしょうか。そうしたら、かいだんがないため、移動も楽だし、時間もかからないし、近くに教室がないから、よいのではないでしょうか。どうですか？　あと、ふれあい文化週間、楽しみにしています。がんばってください。
　　　　　　　　　　　　　　　一年二組　H・Y子　より

---

〈書き方の難しかったところ、うまく書けなかったところ〉
○どういう風にかけばいいのか、まよった。
○言葉使いに気を付けた。
〈書きにくかったり、うまく書けなかった理由〉
○やっぱり、相手をきずつけるのではないか、と思った。そうなったら、イヤだな、と思った。
○いつもは相手をほめたり、相手が喜ぶような内容だったけど、今回は相手のイヤな所をかく内容だったので、かきにくかった。

---

　書く場の状況性に緊迫度がり、書き手の問題意識・目的意識が明確、かつ具体的であるので、事例3も、内容とその構成、叙述の仕方に、目的意識、

187

相手意識が強く反映されたものになっている。このことは、事後のアンケートでの内省的回答でも確かめることができる。「相手をきずつけるのではないか」「相手のイヤな所をかく内容だったので、かきにくかった」と記している。H・Y子も、事例2と同じように、「あと、ふれあい文化週間、楽しみにしています。がんばってください。」相手への理解を示すとともに、エールをおくっている。これも、目的意識・相手意識から生成された叙述である。

第四章　作文における文章化過程指導の実践的検討

# 第三節　鹿児島県鹿児島実業高等学校の事例

　検討対象とするのは、鹿児島実業高等学校南田和博教諭の実践である。南田教諭は、鹿児島県高等学校教育研究会国語部会の国語科指導法研究会の中心メンバーの一人として、特に、意見・論説文指導に、意欲的で優れた研究成果をあげている実践研究者である。取り上げるのは、第42回九州地区高等学校国語教育研究大会（1998）・第43回同大会（1999）、及び第13次国語科指導方法研究会（2000）の発表資料としてまとめられたものである。検討に当たっては、この３回にわたる実践研究内容を整理した上で、作文における文章化過程（叙述生成）の指導方略とその反応様相を解明することとする。

　なお、それぞれの発表題目は、「表現者の内的機構に注目した表現指導の試み」という共通テーマにもとづく「受容主体の形成を促す試み」（第42回大会発表資料、以下、論考A）、「意見・論説文における内容生成過程へのアプローチ―ブレーンストーミング・意味マップを用いて―」（第43回大会発表資料、以下、論考B）、「論理的思考を鍛える意見・論説文指導」（第13次研究会発表資料、以下、論考C）となっている。

## 第一項　実践研究成果の整理

　論考A・B・Cは、それぞれ、表現主体の形成、表現内容創出・形成、表現内容の論理的構成と線条的展開構想力の形成をテーマとした実践研究を報告されたものであると考えられる。

## 1　論考Ａの実践

　論考Ａは、「表現者の内的機構に注目した表現指導」という全体テーマの一環として「受容主体の形成」について、取り組まれたものである。「表現主体の内的機構」は、次のようにモデル化され、図式化されている。

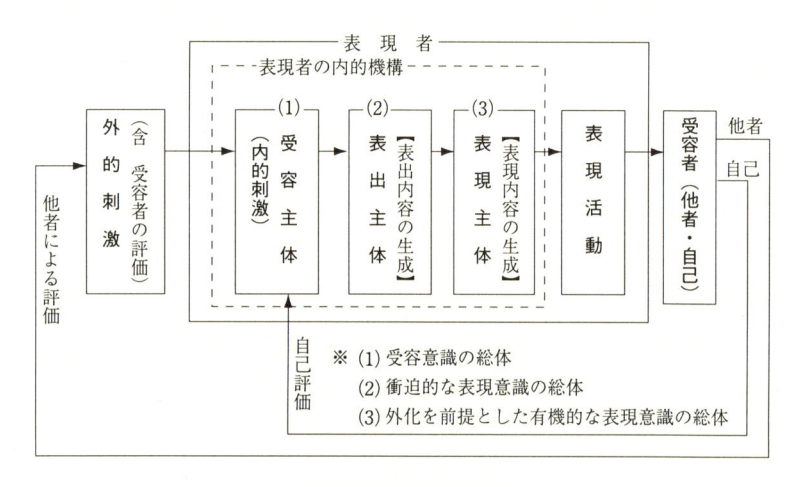

```
                    ┌──────── 表 現 者 ────────┐
                    ┊ ─表現者の内的機構─ ┊
      ┌───┐   ┌─┊─┐ ┌─┐ ┌─┐ ┌──┐   ┌─────┐
      │外 │   │(1)│ │(2)│ │(3)│ │表 │   │     │  他者
      │（含 │   │受 │ │表│【│表│【│現 │   │受容者 │
 他者 │受容者│→│容 │→│出│表│現│表│活 │→│(他者・│
 に  │的 │   │主 │ │主│出│主│現│動 │   │自己) │  自己
 よ  │刺 │   │体 │ │体│内│体│内│   │   │     │
 る  │激 │   │  │ │ │容│ │容│   │   │     │
 評  │  │   │  │ │ │の│ │の│   │   │     │
 価  │（者│   │  │ │ │生│ │生│   │   │     │
    │評価│   │  │ │ │成│ │成│   │   │     │
      └───┘   └─┊─┘ └─┘ └─┘ └──┘   └─────┘
              自己┊
              評価 ※(1) 受容意識の総体
                  　(2) 衝迫的な表現意識の総体
                  　(3) 外化を前提とした有機的な表現意識の総体
```

**言語主体の表現機構図**

受容主体形成のための授業仮説は、以下のようになされている。
(1) 「日常生活」「新聞」を対象とすることによって、興味・関心を喚起できる。
(2) 理解と表現を関連させることによって、学習者が問題を発見し、問題意識をもつ「場」を設定できる。
(3) 論点を定めさせ、それに対して理由を添えて意見を書かせることによって、筋道立てて考える態度を養うことができる。
(4) ワークシート（メモ）を用いることによって、考えを表現する「場」を手軽に設定できる。
これを、次のように図式化している。

第四章　作文における文章化過程指導の実践的検討

受容主体形成のプロセスにしたがって学習活動を組織し、「日常生活を観察する」活動から「新聞を読む」活動へと展開していく活動の構造図である。

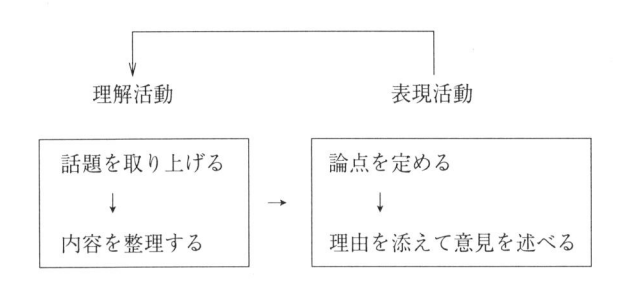

```
                 ↓
         理解活動              表現活動

    ┌─────────────┐      ┌─────────────────┐
    │ 話題を取り上げる │      │ 論点を定める       │
    │      ↓      │  →  │      ↓          │
    │ 内容を整理する  │      │ 理由を添えて意見を述べる │
    └─────────────┘      └─────────────────┘
```

**観察活動から読む活動へと展開する構造図**

この授業仮説にもとづく授業は、以下のように実施されている。
① 日常生活を観察する
　日常生活の出来事を観察して、印象に残ったことをメモし、感想を添えて記録に残して行き、それにもとづいて、論点を発見し、意見を書くという活動をさせている。この活動には、上段に「出来事（具体例）」・「感想」という項目を設け、下段に「論点」・「理由」・「意見」という項目を設定して、作業しやすいように工夫している。「出来事」については、できるだけ具体的に記述させ、「感想」は、印象に残ったわけを一文で書かせている。下段の「論点」は、短い語句で書くように指導している。「意見」は、その前の「理由」と結びつけて書かせている。論点設定（問題発見）段階の作業で、具体例を社会の問題に結びつけて考えることに戸惑いが認められたので、過年度の生徒の取り上げた論点（問題）の事例を参考に提示している。
② 報道記事を読む
　社会との関わりで自分の立場を考えさせることを意図して、新聞記事の切り抜きを上段に貼り、下段に、「情報」・「論点」・「理由」・「意見」の各項目を立てて書かせている。「情報」は、報道記事の要約作業で、リード文・見出しに着目させ、情報内容として５Ｗ１Ｈを落とさないようにすることに留意させている。また、新聞を批判的に読むことの大切さについても指導して

いる。
③　投稿を読む

　この学習活動は、一般社会の人が何に関心をもち、意見をもっているのかということを知り、自分もそれに触発されて社会問題に、関心をもつとともに、投稿を読むことによって、そこに考える「場」をもたせることを意図していると述べられている。この学習活動の指導は、①・②と同様に上段に投書の切り抜きを貼り、下段に「話題」・「理由」・「意見」の項目を設け、それぞれに着目して投書内容を読みとることを指示している。さらに、それにもとづいて、投書に対する「意見」・「理由」を書くように、それぞれの項目を設定して提示している。

　投書に対する意見を述べるに当たっては、まず賛成か反対かの立場を明示させ、その理由を述べさせるという指導を加えている。特に反論を考えることにより、多角的に物事を考える力をつけようとしている。

④　コラムを読む

　時事問題・社会風俗などについての短評を載せる囲みが、コラムである。短い文章の中に筆者の意見が、鋭い切り込みを学び取るのには有益な文章である。そのことをねらいとして、コラムを読み、意見を書く学習をさせている。これまでの学習と同じようにワークシートを用意して、指導、援助している。

　この授業についての自己評価は、授業仮説にもとづいて次のように述べられている。

(1)　「日常生活」「新聞」を対象とすることによって、興味・関心を喚起できる。

(2)　理解と表現を関連させることによって、学習者が問題を発見し、問題意識をもつ「場」を設定できる。

(3)　論点を定めさせ、それに対して理由を添えて意見を書かせることによって、筋道立てて考える態度を養うことができる。

(4)　ワークシート（メモ）を用いることによって、考え表現する「場」を手軽なものとして設定できる。

自己評価にもとづく授業反省による課題については、次のように述べられている。

　「外発的・内発的な刺激（自分なりに感知した刺激）として感知する能力［問題意識］」の育成によって、受容主体の形成を促す点においても、「問題意識から受容主体の形成」への道筋については考察しきれず力不足を感じつつも、問題意識そのものを育てることを試みたことによって、指導者の大きな困難点の一つである「書く内容」形成の入り口に立ったという思いがする。

なお、参考文献としては、拙著『作文教育における創構指導の研究』が、掲げられている。

## 2　論考Bの実践

論考Bは、「意見・論説文における内容生成過程へのアプローチ─ブレーンストーミング・意味マップを用いて─」というテーマで取り組まれている。特に、「内容生成」過程のうち、「論点を定める」活動つまり発想の段階を、語彙力を深化拡充することに着目して追究することに焦点化されている。次のような授業仮説を立てている。

① 授業仮説
1．ブレーンストーミングを用いて、テーマにまつわる連想語を挙げていくことによって、テーマに関する学習者の既有の知識（言葉や概念）を顕在化できる。
2．個々のブレーンストーミングの交流によって、未知の知識と出会い、テーマへのより多角的なアプローチが可能になる。
3．意味マップを用いて、意識のなかに個別に存在している知識をテーマに対して視覚化・体系化することによって、問題意識が顕在化し、より切実な論点の設定ができる。
4．「内容生成」の過程に語彙指導を位置付けることによって使える言葉として言葉の量と質の拡充を図ることができる。

この４点を授業の方法仮説として授業を構成し、展開している。
② 授業計画
次のように、６段階で構成されている。
１．テーマを提示する。
２．論点を定める。
　テーマに関して思いつく言葉をできるだけたくさん単語で書き出し（ブレーンストーミング）、それを他の学習者と交流する。さらに、それをもとに意味マップを作成することによって、テーマに対する語の認識を視覚化・体系化（問題意識を顕在化）し論点を定める。
３．資料で調べ考察を加える。
　図書館の参考書やデータベースで調べる。
　　「考察の型」
　　　具体化する　一般化する　原因・理由を考える　結果を予測する　比較する　反論する
４．構成を考える。
　重層構造を用い、文章展開の型（反論を論破する）を意識して構成表を作成する。
５．記述する。
６．評価・推敲する。
　観点にしたがって評価・推敲する。
③ 授業の実際
１．テーマの提示
　「現代社会を論じる」学習のテーマとして、「福祉」・「環境」のいずれかを選択させた。
２．論点の設定
　論点を設定するために、問題意識を切実にし、［ブレーンストーミング］をさせた。その際、新しい観点や反対の立場からのアイディアを単語・語句などでたくさん書き出すようにさせた。その後、［ブレーンストーミングの交流］をさせ、自分に不足している言葉を補足させた。テーマに対する意識

の拡充のためと説明する。「福祉」・「環境」のテーマを選んだ者同士のグループで交流させた。交流後、[意味マップ]を作成させた。テーマを視覚化・体系化する方法であることを説明したが、生徒に戸惑いも見られた。結果は、予想以上によい成果をあげていた。

　[論点を定める]段階では、意味マップにおいて自分の問題意識のもっとも強く現れている部分を中心に論点を定め、それに対する見通し(仮の意見)を立てる活動であることを説明するとともに、「論点設定の際のチェックポイント」として5点を提示した。
　a．自分の問題意識(興味・関心)に基づいているか。
　b．演繹できるか、具体例があるか。
　c．論点に対して自分の意見をもっているか。
　d．感想や常識論で終わってしまわないか。
　e．指定の長さで論述できるか。
　この作業では、論の展開の全体像がつかみにくく、苦労していたようであると述べられている。

3．この後の学習活動
　この後、[資料で調べる][考察を加える][記述する][評価・推敲する]の作文作業をした後、2000字の論説文を完成させた。この段階の経過は、この程度の記述にとどめられている。

④　仮説の検証(授業の自己評価)
　授業の自己評価は、授業仮説を観点に行われている。結論のみを引用する。
(1)　ブレーンストーミングを用いて、テーマにまつわる連想語を挙げていくことによって、テーマに関する学習者の既有の知識(言葉や概念)を顕在化できる。
(2)　個々のブレーンストーミングの交流によって、未知の知識と出会い、テーマへのより多角的なアプローチが可能になる。
(3)　視覚化・体系化することによって、問題意識が顕在化し、より切実な論点の設定ができる。
(4)　「内容生成」の過程として語彙指導を位置付けることによって、使え

る言葉として言葉の量と質の拡充を図ることができる。
　これらは、アンケート法によって生徒の学習反省、自己評価結果を把握し、それと生徒の学習作業結果とを対照して、判断されたものである。抽象的・概念的な言葉になじみの薄い学習者に、「使える言葉としてこれらを身に付ける機会を、意識して学習過程に組み込み、内容生成の過程をゆさぶ」り、充実させることを意図したが、事柄・知識としての言葉が中心であり、十分な成果を確認できていない。このことが、課題として意識されている。
　なお、参考文献として、菅井建吉・湯沢正範共著『ことば＝語彙の教育』（1988）、塚田泰彦・池上幸治著『語彙指導の革新と実践的課題』（1998）が掲げられている。

## 3　論考Cの実践

　研究実践テーマは、「論理的思考を鍛える意見・論説文指導」、仮説は、「意見・論説文の文章化段階の構想過程において、文章展開の型を示して線条化構想力を鍛えることが、論理的思考力の育成に培う。」と示されている。なお、発表資料は、鹿児島実業高校の南田和博・鹿児島南高校の宮原義文両教諭の連名となっている。
　仮説を立てるに当たっては、意見文の指導過程として、筆者（大西）の仮設している、〈1．状況的場の設定〉〈2．創構過程〉〈3．文章化過程（構想・構成・記述・推敲）〉〈4．活用過程〉の4分節過程にもとづき、同じく筆者（大西）の説く「構想」・「構成」を、それぞれ、次のように引用して、指導の拠り所としている。
　　構想＝構成に至るまでの見通しを立てたり組み直しをしたりする思考過程
　　線条化構想力＝述べ表すべき内容を生み出し、その内容を文章として線条
　　　　化する段階での見通しを立てる力
　　構成＝文章の組み立てとして結果された形
　指導上の工夫として、構想過程に提示する「文章展開の型」は、次の4パターンが掲げられている。

第四章　作文における文章化過程指導の実践的検討

　　［A］深める
　　［B］並べる　比較する
　　［C］一般化する
　　［D］視点を転換する　反論を論破する
　これらは、ワークシートを用いて作文練習をして利用可能な技能化することを企図している。
　学習展開におけるこれらの方法の導入については、南田教諭の実践として次のように示されている。
1．診断作文の実施→「〇〇についての一言」という題で、400字の意見文。
2．書く方法の学習
　①　表記・表現
　②　構成意識－段落の完結性と役割
　　⑴　完結性　a　一段落一話題一キーセンテンス
　　　　　　　　b　一段落200字程度
　　⑵　役割　段落は、ある結論（意見）に到達するために積み重ねていく
　　　　　　　一つの単位。段落の役割、構成の基本は「序論・本論・結
　　　　　　　論」の三段構成。
　　［3段落構成における各段落の基本的な役割］について、具体的な例を挙

　　［論証の基本要素］
　　結論を支える事実　　具体例・問題・結果

　　　考察（結論が導きだされる理由付け）
　　　　　［本論展開の型（考察の型を基に）］

　　　　深める　並べる　比較する
　　　　　　　　＋
　　　　一般化する
　　　　視点を転換する　反論を論破する

　考察の到達点（キーセンテンス）　　判断

197

げて説明する。特に注目されるのは、「本論」の役割について、「なぜ結論(意見)に至るかを論証する」として、前頁のように図解しているところである。

3．文章構成の学習
［構成表］

①構成表の提示の
　タイトル ［　　　　　　　］　　　　◎記入の仕方
　　　　　　　　　　　　　　　　　　タイトル

　　　［　　　　　　　　］　　　　　内容を端的に示す
　　　　　　　　　　　　　　　　　　（論点・論点か結論）
　　　　　　　　　　　　　　　　　　（　　）
　　　┌──────────┐　　　予定字数
　　　│　　　　　　　　　│　　　段落の役割
　　　│　　　　　　　　　│　　　k　段落レベルのキーワード
　　　│　　k　　　　　　 │　　　K　文章全体のキーパラグラフ
　　　│　　　　　　　　　│
　　　└──────────┘

　　　［具体的事柄と考察］

　　　┌──────────┐
　　　│　　　　　　　　　│
　　　│　　　　　　　　　│
　　　│　　k　　　　　　 │
　　　│　　　　　　　　　│
　　　└──────────┘

　　　［　意　見　］

　　　┌──────────┐
　　　│　K　　　　　　　│
　　　│　　　　　　　　　│
　　　└──────────┘

第四章　作文における文章化過程指導の実践的検討

4．意見文の学習

　文章構成の方法を指導した後に、前掲の「構成表」を利用して意見文を制作させている。Ｏ・Ｓ子の構成表と意見文は、次に引用するように制作されている。

　［構成表］

```
            タイトル　[　　　　　　　]

      ［話題提示］

（一     k    テレビ、ゲーム……外で遊んだ記憶がない。
〇
〇
字
）

      ［具体的事柄］

（四     k    17歳の少年が起こした事件
〇            大人に分かるわけがないと思う。
〇
字
）

      ［考　察］

（四    （原因・理由を考える　　結果を予測する）
〇     k    痛みの分からない子供が育った。
〇
字
）

      ［意　見］

（一     K    進んで遊べる環境を
〇
〇
字
）
```

199

[意見文]

痛みの分からない若者

O・S子

　私達は幼い頃から何をして遊んできたか。今、改めて思うと、テレビを見たり、ゲームをしたり、人形遊びをしたりと、あまり集団で外で遊んだという記憶がない。だから、殴ったり蹴られたりというけんかをしたこともあまりない。そのような子供が今、騒がせている。

　ゴールデンウィーク中に起こった二つの事件。近所の老婦を殺した事件と、バスジャックをし、乗客一人を殺した事件だ。いずれの犯人も一七才の少年で、動機がはっきりしなかったり、「人を殺してみたかった」だったりである。報道番組では、心理学者が津々浦々の少年の分析をしている。見ていてこっけいだと思った。育った環境も時代も違う人に今の私達の心理が分かるわけがないと思う。

　では、なぜ分からないのか。先に述べたように、環境が違うということ、そして何より大人の作った世界の中で私達が育ったということだろう。自らで、又は仲間と積極的に遊ぶ場を作れない。だから大人の作ったテレビやゲームの世界でしか痛みを見たり感じたりしていない。つまり、大人の作った世界の中での間接体験しかしていないということだ。その結果、痛みの分からない子供が育ってしまったのではないか。

　子供が主として社会とコミュニケーションをとれたり、親との生活時間を長くすることで、十数年後、このような事件は減るのではないだろうか。

　この授業についての自己評価・仮説の検証結果は、記録されていない。また、参考文献も記載されていないが、授業仮説の提示の中に引用されている筆者（大西）の論は、論考Aに掲げられていた『作文教育における創構指導の研究』に拠っていると見られる。

第四章　作文における文章化過程指導の実践的検討

## 第二項　授業実践の分析と考察

　南田和博教諭のＡ・Ｂ・Ｃの論考を通して言いうることは、文章（意見文）を制作するに際して、文章の表現主体の問題意識の喚起を出発点として、その問題意識の必然的展開としての内容作り、文章化（内容の線条化の構想と構成）の作業を進めていくことのできる方法と技術を習得させようとしているということである。
　論考Ａで注目されるのは、問題意識を喚起して、書き手を主体として立ち上がらせる「場」の設定の工夫である。「場」は、読むことと書くこととの関連的活動の場において、問題意識を醸成するような出来事や文章に出会うことを通して成立するように設けられている。また、問題意識醸成の刺激材としては、日常生活の出来事・新聞の投書・新聞のコラムを読むことが指示されている。「受容主体」の形成という言葉が用いられているのは、何かに接して問題を発見し、主体としての立場を自覚することが「表現主体」としての活動を発動する第一歩であるという考え方を示していると見ることができる。
　論考Ｂは、表現内容の創出、形成、つまりインベンション（創構）の技法の習得と創構力の形成についての実証的研究である。ここで注目されるのは、ブレーンストーミングという創構活動の過程に、語彙指導を位置づけていることである。ブレーンストーミングで生み出した断片的アイディアのグルーピングに際して、論点としてまとめるために利用されるのが、アイディアの集合を捨象して概念化する抽象語彙である。これは、筆者（大西）が、内容キーワードとして働く中心題材性のキーワードとして措定しているものである。この点への着目は、注目される。
　論考Ｃは、文章制作における「文章化過程」の「構想（構成）過程」・「叙述過程」のうち、「構想（構成）過程」に係る研究である。創出された内容を線条的に展開、配置し、構成するための見通しを立てること、つまり線条

化構想力を働かせて、構成、展開をする過程に、「文章展開の型」として4パターン（A＝深める、B＝並べる・比較する、C＝一般化する、D＝視点を転換する・反論を論破する）を提示している。これは、文章展開の型というより思考のパターンである。南田教諭の創案は、序論・本論・結論という文章全体の構成に対して、それぞれの部分に、その文章内容に即応した論理とそれにもとづく構成があり、文章展開は重層構造をなしているということと、線条化構想に当たって操作することが求められる思考パターン析出し、導入したことである。

　完成された意見文を、この観点に立って検討すると、論点形成のための思考パターン操作技能が有効に活用されていると評価することができる。

第四章　作文における文章化過程指導の実践的検討

## 第四節　実践的検討結果の集約

　本章で取り上げた実践事例は、小・中・高校ともに筆者（大西）の仮説的に提案してきている場の条件を生かした作文指導についての考えを受け入れ、かつ、実践者が独自の実践的方法を考案して実践されたものである。
　小学校３例のうち、己斐東小の場合は、実践というより授業形式を取った調査である。場の条件を意識させることによって、内容、叙述の仕方に変化が生じる傾向を示した。安田小の場合は、ディベートによって生み出された意見を、自己の立場で再構成し、相手を明確に意識して説得しようと、文章化されたものである。これも、相手を説得するという意識が論理的叙述の上に反映されていることが確かめられた。青葉小の実践については、筆者（大西）のコミュニケーション作文に関する理論を中心とした作文指導論を踏まえ、独自の見解を加えた指導仮説にもとづいた実践例によって、場の条件を生かすことの有効性を確かめた。運動会の案内という書く目的と相手・内容という場の条件から必然的に形態・叙述様式が定まってくる。そのことを作文例の分析を通して検証することができたと考えている。
　中学校の場合は、自分たちが困っていることを当事者に訴えて、解決を図ることを企図した実践である。状況性のある場の条件にもとづいて具現すべき作文条件を発見し、文章に具体化した作文事例を検討することを通して、状況性のある場の設定にもとづく作文指導法の有効性を検証した。特に、自己のもつ問題の解決という目的の切実性が、相手理解（相手の置かれている境遇への配慮）を、細やかにかつ深くさせるとともに、内容とその述べ表し方を適切なものにさせる。これは、手紙形式による伝達方法の選択ということをも結果させている。場の条件を生かした作文指導への示唆を与える実践であるということができる。
　高等学校の実践は、周到な理論的仮説にもとづく実験的臨床的研究の性格

をもっている。論考A・B・Cを通して明らかにされたのは、場の力動的作用を生かした、問題意識喚起の方法の開発、その問題意識の展開であるインベンション（創構）の方法としてのブレーンストーミング、それを組織するキーワードの発見と活用（語彙指導）の有効性についての所見、文章化への段階としての線条化構想の手だてとして「文章展開の型」という思考パターンの導入の有効性の確かめ、さらに文章展開は重層構造をなしおり、その操作の具体的な方法の解明ということである。高等学校の実践の理論仮説には、筆者（大西）の理論が援用されているが、この点が、本研究（大西）への有力な支援となっている。

# 第五章　作文における文章化過程指導の臨床的実験的解明
——高等学校1年生の場合——

## 第一節　臨床的実験的解明のための実験的調査仮説

　筆者は、作文は、書く活動の場を形成する条件を発見し、それを文章に具現する行為であるとする立場に立っている。すなわち、作文は、そのような意味で条件作文であるという考え方である。授業形式による実験的調査を構成し、文章としての線条化、叙述生成の様態を明らかにし、叙述を促進する要因を析出することによって、文章叙述力を育成する条件の解明を企図している。

　実験的調査の構成にあたっては、先述の創構過程モデル（序章　5頁）・構想過程モデル（第一章　77頁）・叙述過程モデル（第二章　100頁）にもとづいて、作文単元を構成し、その作文過程における生徒の作文活動の反応を記録し、診断的に分析、検討することによって、モデルとして仮説した叙述過程を検証することができると考えられる。検証のためのデータを収集するためには、作文活動を促進する要因と想定されることを作文条件として組織的に提示し、それにもとづいて、作文活動をさせることが必要である。以下のように、書く場を設定し、作文条件を提示して、それにもとづいた作文活動を展開させる。また、事後に、内観調査を実施して生徒の作文意識とも照応させて、データ解析をする。

## 第二節　検証のための授業形式による実験的調査の構成と実施


### 第一項　実験的調査の協力校及び協力者

　1　実施対象　　安田女子高等学校1年1組＝42名、2組＝41名
　2　実施協力者　同校　服部里香教諭・津田智子教諭
　3　実施時期　　平成13（＝2001）年12月中旬～下旬

### 第二項　調査のための作文単元の構成


#### （1）書く場の設定

　同校の生徒は、2年生の秋に北海道に修学旅行に行き、富良野にも立ち寄ることになっている。また、富良野の体験を書いた、幸田文のエッセイ「えぞまつの更新」を教科書で学習している。このような潜在的問題意識に働きかけ、顕在化するとともに、それを追究することを通して、表現欲求を喚起することができると考えられる。ただ、文章として整備し、それを誰かに向かって発信するためには、書く場の意識化を図る必要がある。
　書く場は、誰が・誰に・何のために・何を・どのように、という5要因で形成される。書く場は、具体的に充足条件として提示することによって意識化させることもできるが、作文活動を主体的に展開させるには、充足すべき場の条件をみずから発見させることが重要である。本実践においては、これから出会うことが予定されている富良野の風景、富良野の原始林についてのエッセイ、それと対照的な地理的位置にある屋久島の原始林の樹木とエッセ

イを提示して間接的な自然体験をもたせ、併せてなんらかの感銘・感想を生成させ、表現欲求、伝達意識を喚起させることを企図する。つまり、何を、という条件を提示することを契機として、目的意識、相手意識を明確化させ、目的的な書く活動としての作文活動を発動させようとするものである。

### （2）場の形成のための課題素材

比較検討するために映像＋エッセイ組（1組）とエッセイ組（2組）とに分けて、提示する。
　1組＝富良野のハルニレの四季の映像＋屋久島のヤクスギの映像＋幸田文の富良野のエゾマツのエッセイ＋田口ランディの屋久島のエッセイ
　2組＝幸田文の富良野のエゾマツのエッセイ＋田口ランディの屋久島のヤクスギのエッセイ

## 第三項　作文活動の展開計画

［1組］
　第1時：「富良野のハルニレの四季の写真、屋久島のヤクスギの写真を合わせ見て、両方の写真から触発された思いをそれぞれ二百字程度にまとめて書く。その後、両者を見て考えたことを、三百字程度にまとめて書く。」（手引き1・2）
これは、明るく開放的な印象の富良野のハルニレの写真と、どっしりと重厚な印象の屋久島ヤクスギの写真を提示された学習者は、おのずから比較、対照して映像の世界に同化するとともに、何らかの感想、問題意識を触発されて、表現主体となることを企図している。
　第2時：「幸田文の『えぞまつの更新』というエッセイと田口ランディの『屋久島の杉』というエッセイとを読んで、それぞれから触発された思いを二百字程度にまとめて書く。その後、両者を読んで考えたことを、三百字程度にまとめて書く。」（手引き3・4）

これは、すでに映像によって触発された考えをもっている主体が、言語表現化されているそれぞれのエッセイの筆者の見解を読んで、論理的に整理、構築するように思考を誘うことを企図している。
　第3時：「富良野のハルニレの写真と屋久島のヤクスギの写真を見て考えたこと（手引き2）、及び幸田文のエッセイと田口ランディのエッセイとを結んで考えたこと（手引き4）とを関係づけて、もう一歩深めて考えたことを、三百字〜四百字にまとめて書く。」（手引き5）
　これは、これまで接してきた課題素材から触発されたことを総合化して、1つの見解に到達することを期待した創構活動である。4つの課題素材から触発された考えが羅列されただけでは、文章を統合する主題想は得られない。4つの課題素材からもっとも強い刺激を受け、触発された思いを核にしてまとめさせることが必要なので、個別に助言する。
　第4・5時：「前時に書いた作文を、できるだけ詳しく書き広げるとともに、①誰に読んでもらうのか、②何を意図して書こうとしているのか、③書こうとしている内容は何なのか、④それをどのように書き表したらよいか、ということを念頭に置いて、推敲する。下書きの文章に書き加えたり、削除したり、修正したりした場合は、消しゴムで消さないで、その部分に線を引き、横に書くように指示する。また、書き広げをした後の推敲に際しては、あらかじめ、①・②・③・④の各観点について、どのようにするか考え、メモしておいてそれに従って、推敲作業をする。」（手引き6・7）
　これらの作文活動は、前時までの創構の成果を線条化する作業である。線条化には、それを促進する作用因は、場の条件である。すなわち、①〜④の観点がそれにあたる。それを意識化させることも意図している。
　第6時：清書させる。400字原稿用紙を3枚配付する。清書の作業は、前時の作業が早く進んでいる者には、第5時から取りかからせる。

［2組］
　第1・2時：「幸田文『えぞまつの更新』、田口ランディ『屋久島の杉』

の2種類のエッセイを読み、それぞれから触発された思いを、それぞれ二百字程度にまとめて書く。その後に2種類のエッセイを読んで考えたことを、三百字程度にまとめて書く。」(手引き1・2)

これは、エゾマツの文章の重厚な印象と、ヤクスギの文章の軽妙な印象では、対照的である。また、文章内容のもつ自然の生態系についての問題意識の喚起という点では共通するところがある。こういった点に対立を発見し、それに主体的に立ち向かう姿勢をつくると同時に初発の主題想を形成させることを企図している。

第3・4時：「前時に書いた三百字程度の文章（初発の主題想）を、できるだけ詳しく書き広げる。書き広げた文章を、場の条件、つまり①自分が書き手として、どういう立場に立って、②誰を読み手として、③どういう目的・意図で、④どういう内容を、⑤どのような述べ表し方で書くか、ということを考えて推敲する。推敲の観点については、あらかじめメモしておいて、それに従って推敲させる。その際、書き加えたり、削除したり、修正したりすることを、該当部分に線を引いてその横に書く。」(手引き3・4)

この段階の作業は、創構した内容を線条的に展開させようとするものである。ただ詳しく書くという意識だけでは、十分な展開は図ることはできない。線条的展開を促す要因は、場の条件である。場の条件を意識化させようとするのは、そのためである。

第5時：「推敲した下書きの文章を清書する。」(手引き5)

清書の作業は、前時の作業が早く進んでいる者には、第4時から取りかからせる。

## 第四項　実験的調査の経過の概略

［1組］
ほぼ、計画に従って実施した。作文作業に個人差が出て、計画以上に時間

が延びてしまった。第1時に予定した作業は、2時間目にかかってしまった。同様に第2時も次時までかかった。それに従って、第3時以降も順次延びていった。全体での所要時間は、8時間であった。作業は手引きに従って進めさせ、停滞したり、援助を求めたりしてくる生徒には、個別にアドバイスするという方法で授業を進めた。授業の展開様相については、標本生の活動経過を追跡することで記述する。標本生は、完成作文の評価が学級の上位にある者を選んでいる。それは、作文過程が望ましい姿で辿れることを期待してのことである。学級の全体的傾向とあり方については、授業分析の段階で検討する。

[2組]
　2組の場合も、ほぼ同様である。

## 第三節　実験的調査結果の分析と考察

### 第一項　分析の観点と方法

次のような分析の観点と手順によって、叙述の様相を整理し、叙述生成の要因と促進条件を明らかにする。

（１）**全体的反応傾向の分析と整理**
［観点］
　①　完成作文の評定
　②　完成作文の文章形態
　③　完成作文の叙述層の発現傾向
　④　完成作文の執筆意図

（２）**標本事例の抽出**
　上記の全体傾向の類型にもとづいて、類型毎に標本を抽出し、創構過程・文章化過程の作業結果について分析する。

## 第二項　分析と整理

### （１）完成作文の分析結果
① 完成作文の評定（実数）

| 評定 | 1組 | 2組 |
|---|---|---|
| 上 | 12(名) | 16(名) |
| 中 | 23 | 20 |
| 下 | 7 | 5 |
| 計 | 42 | 41 |

評定の観点
1　全体としてのまとまり　　　　（5点）
2　中心思想の明確さ　　　　　　（5点）
3　叙述、用語の確かさ、適切さ　（5点）
4　課題素材の活用度　　　　　　（5点）

② 完成作文の文章形態（実数）

| 文章形態 | | 1組 | 2組 |
|---|---|---|---|
| A1 | 思索型意見文 | 17 | 11 |
| A2 | 解決型意見文 | 7 | 6 |
| B | 文芸的随筆文 | — | 2 |
| C | 感想的随筆文 | 18 | 16 |
| D | 説明文 | — | 4 |
| E | 創作文(詩・フィクション) | — | 2 |
| 合　計 | | 42 | 41 |

③ 完成作文の叙述層（実数）

| 叙述層 | 組 | A1 | A2 | B | C | D | E |
|---|---|---|---|---|---|---|---|
| 記　述 | 1 | 17 | 7 | — | 14 | — | — |
|  | 2 | 11 | 6 | 2 | 13 | 4 | — |
| 説　明 | 1 | 17 | 7 | — | 18 | — | — |
|  | 2 | 11 | 6 | 2 | 16 | 4 | — |
| 論　説 | 1 | 17 | 7 | — | 4 | — | — |
|  | 2 | 11 | 6 | — | 3 | 2 | — |
| 描　写 | 1 | 3 | 4 | 1 | — | — | — |
|  | 2 | — | 3 | — | — | — | 2 |

第五章　作文における文章化過程指導の臨床的実験的解明

| (説　明) | 1 | − | − | − | − | − | − |
| --- | --- | --- | --- | --- | --- | --- | --- |
|  | 2 | − | − | − | − | − | 2 |
| 対　応 | 1 | − | − | − | − | − | − |
|  | 2 | − | − | − | − | − | 1 |

④　完成作文の執筆目的・意図（実数）

| 目的・意図 | 組 | 文章形態 |||||||
| --- | --- | --- | --- | --- | --- | --- | --- | --- |
|  |  | A 1 | A 2 | B | C | D | E |
| 1　事実の共有 | 1 | − | − | − | − | − | − |
|  | 2 | − | − | − | − | − | − |
| 2　事実の構造・仕組み・法則の共有 | 1 | 1 | − | − | 2 | − | − |
|  | 2 | 1 | − | − | 1 | 4 | − |
| 3　意見・見解・感動の共有 | 1 | 16 | 2 | − | 16 | − | − |
|  | 2 | 10 | 3 | 2 | 10 | − | 2 |
| 4　意見の納得と行動化への意識の共有 | 1 | − | 5 | − | − | − | − |
|  | 2 | − | 3 | − | − | − | − |

（2）全体的反応傾向の考察と整理集約

①　完成作文の評定結果については、著しい差は認められない。2種類のエッセイのみを提示したクラスの方が、若干、上位の評定が多く、中・下位の評定が少ないという傾向である。

②　完成作文の文章形態の発現傾向には、著しい差が生じている。すなわち、2種類のエッセイのみを提示したクラスの方が、多様な文章形態が発現している。特記すべきは、意見文と感想的随筆文とが、際立って多く発現しているということである。さらに、意見文の2タイプのうち、対象の意義や価値を解明すべく思索する思索型意見文が多いということも目立つ反応である。これは、対照2クラスに共通する。予想は、2種類の写真と2種類のエッセイを提示したクラスの方が多様なものが発現するということであった。

③　文章形態の発現傾向は、完成作文から読み取ることのできる執筆目的や意図と相関する結果であった。「意見・見解・感動の共有」を意図して書かれたものが目立つということである。これは、思索型意見文や感想的随筆

文に特有のものである。

　④　叙述層の発現は、2クラスとも、論理的な文章に特有な、「記述」・「説明」・「論説」が目立つ。これは、2クラスに発現した文章形態のほとんどが、論理的文脈を主とするものであることを示している。形象的文脈を主として成立する文学的文章は、「描写」・「説明」・「対応」の叙述層を基本とする。

## 第三項　標本事例の抽出

　以上の傾向を代表する事例を標本として抽出した。写真＋エッセイ提示クラス10例、エッセイ提示クラス10例である。※印の標本生については、後で考察する。

［1組　――写真＋エッセイ提示クラス――］

| 標本 | 評定 | 文章形態 | 叙述層 | 執筆目的・意図 |
| --- | --- | --- | --- | --- |
| ※1 | 上 | 解決型(意見文) | 記述・説明・論説 | 意見の納得と行動化への意識の共有 |
| 2 | 上 | 解決型 | 記述・説明・論説 | 意見の納得と行動化への意識の共有 |
| 3 | 中 | 解決型 | 記述・説明・論説 | 意見の納得と行動化への意識の共有 |
| ※4 | 上 | 思索型(意見文) | 記述・説明・論説 | 意見・見解・感動の共有 |
| 5 | 上 | 思索型 | 記述・説明・論説 | 意見・見解・感動の共有 |
| 6 | 中 | 思索型 | (記述)・説明・論説 | 意見・見解・感動の共有 |
| 7 | 上 | 感想的(随筆文) | 記述・説明・描写 | 意見・見解・感動の共有 |
| 8 | 上 | 感想的 | 記述・説明・論説 | 意見・見解・感動の共有 |
| 9 | 中 | 感想的 | 記述・説明・論説 | 意見・見解・感動の共有 |
| 10 | 中 | 感想的 | 記述・説明・論説 | 意見・見解・感動の共有 |

［2組　――エッセイ提示クラス――］

| 標本 | 評定 | 文章形態 | 叙述層 | 執筆目的・意図 |
| --- | --- | --- | --- | --- |
| 1 | 上 | 解決型(意見文) | 記述・説明・論説 | 意見の納得と行動化への意識の共有 |

第五章　作文における文章化過程指導の臨床的実験的解明

| ※2 | 上 | 解決型 | (記述)・説明・論説 | 意見の納得と行動化への意識の共有 |
|---|---|---|---|---|
| 3 | 上 | 思索型(意見文) | 記述・説明・論説 | 意見・見解・感動の共有 |
| ※4 | 上 | 思索型 | 記述・説明・論説 | 意見・見解・感動の共有 |
| ※5 | 上 | 文芸的(随筆) | 描写・説明・(論説) | 意見・見解・感動の共有 |
| 6 | 上 | 感想的(随筆) | 記述・説明・(論説) | 意見・見解・感動の共有 |
| ※7 | 上 | 説明(文) | 記述・説明・論説 | 事実の構造・仕組み・法則の共有 |

## 第四項　抽出した標本事例の分析と考察

### 1　2種類の写真と2種類のエッセイを提示したクラス（1組）

　文章産出活動における叙述の生成過程を追跡し、叙述層の形成の様相を解明する。事例分析については、各文章形態から1例ずつを取り上げ、作文の完成に至るまでの過程の作業成果、各作業段階ごとの作文意識の内観記録を参考にしつつ、その様相を記述する。

（1）標本生1・解決型意見文
1）　創構過程の様相と分析
《手引き1による作業経過と分析》
　手引き1は、「2枚の写真を配りました。1枚は、富良野のハルニレの写真です。もう1枚は、屋久島のヤクスギの写真です。どちらからでもいいですから、それぞれを見て思ったことを、この用紙に書いてください。その際、書いた順番を（　）の中に記入してくだい。」という作業指示になっている。
　標本1の生徒（以下、標本生1）は、この指示に従って、次のような作業をしている。

>     ハルニレ　（１）
> 　同じ場所で撮った同じ木なのに、4枚の写真はそれぞれ違った雰囲気を出しているので、季節のもつ力はすごいと思った。4枚の写真（春・夏・秋・冬）の中で、私が一番好きなのは夏のハルニレの写真です。空の色がとても青く、まるで絵にかいたようだからです。この木の下で、風にふかれながら一度本を読んでみたいなあと思いました。
>
> 　　　ヤクスギ　（２）
> 　見ているだけで、その場にいるような感じになるくらいのスケールの大きさにビックリしました。人間の手が加えられていない、ありのままの"自然"の象徴だと思います。6枚の写真の中の「屋久島杉の倒木更新」は、中でも一番"自然"の力が表われています。長い歴史をかけて、ここまで成長した屋久島の木々を、これから先も残していきたいです。ハルニレと同じように、この木の下で一度本を読んでみたいです。

　標本生1は、「ハルニレ」では、夏の空を背景とした木について、「ヤクスギ」では、「自然」の力の表れである屋久島の杉について、焦点的にとらえ、共通に木の下で読書したいという思いを述べている。
　「ハルニレ」については、第1文は、「季節の力はすごいと思った」という感想の叙述の対象は、記述されていない。これは、書き手の相手意識の中に、自分の書く文章の読み手は、叙述の対象についての情報が、相手と共有されているという判断のもとに省略されたものと考えられる。そのため、第1文が「説明」のレベルの叙述層に当たるもので書き始められたと見ることができる。第2文も、同一の水準で叙述されている。これは、第3文とセットとなっており、文末の「だからです」が、それを裏づけている。第3文は、判断の根拠としての事実を述べている。その事実の述べ方が「描写」になっている。ただ、その「描写」には、比喩が取り入れられている。つまり、イメージを喚起しやすい叙述法が取られているわけである。このイメージが醸

第五章　作文における文章化過程指導の臨床的実験的解明

し出す雰囲気の感得が、第４文の読書してみたいという願望をイメージとして呼び起こしたものと推測される。

　それに対して、「ヤクスギ」の場合は、鬱蒼と茂ったヤクスギの森林や縄文杉、紀元杉の独立樹という奥行きのある写真の組み合わせであることに起因する感想が、第２文の「"自然"の象徴」という言葉を呼び起こしたものと考えられる。特に、「屋久島杉の倒木更新」の写真が焦点的に意識化されたため、現象のもつ意味を「象徴」といったとらえ方で表したものと見られる。すなわち、事象的な印象から自然の内面に入った主体的反応となっている。叙述層としては、第１文の叙述は、「説明」になっている。これは、「ハルニレ」の場合と同じである。第２文以降の叙述は、「論説」に近いものになっている。この段階の叙述は、課題素材に触発され、自分の内面に生成された感想をまとめ、言語化するという思索意識に導かれていると見られる。課題素材の刺激因と相手意識の内面化、すなわち自己内対話的通じ合い意識で叙述様式が生成されたと推測される。

　この段階の作文意識の内観調査では、標本生１は、写真を見て思ったことを書こうと思ったと答えている。この段階の作文意識が、伝達という外への意識でなく、思ったことをまとめるという内への意識、課題素材の刺激への反応による応答想の構成意識が中心となっていることが分かる。その中心は、〈木の下で読書をしたい〉という想いである。

《手引き２による作業経過と分析》

　手引き２は、「手引き１の仕事ができましたら、２種類の写真を結んで考えたことを書いてください。どのような観点で関係づけて考えてもよいです。」という作業手順を提示している。標本生１は、次のような文章を書いている。

　　　　　　二枚の写真を結んで考えたこと
　小さい頃に読んだことのある物語の中で主人公の少女は木の下でよく本を読んでいる。例を挙げると、不思議の国のアリスなどだ。西洋に住む幼い少女達は、木の下で本を読み、物語の主人公になりきるという夢の体験が出来ると私は思う。なぜなら、西洋の公園というのはとても大

> きいし、庭つきで大きな木があるという家庭も少なくないからだ。それに比べて日本はというと、都会のど真ん中に公園があったりなど、夢の体験を日常の中で実現することは難しい。日本と西洋の環境の差が、夢の体験を可能にするかしないかを決めている。これから環境問題があらゆる場面で出てくると思うが、是非とも本をもっていきたくなるような公園を身近な場所に作ってほしい。

　標本生1は、この文章を書く際に、「見た写真の内容について思ったことを書こうと思った」と答えている。標本生1が、手引き1で書いた2種類の文章に共通する感想の中心は、〈木の下で本を読みたい〉ということであった。この中心的感想が、手引き2による文章では、西洋と日本の公園や庭園の実情とを比較して、日本では木の下で本を読む夢が実現でないかもしれないという問題意識に展開され、さらに、環境問題にまで拡大され、主題想に発展している。
　第1文は、「記述」的叙述である。第2・3文は、それを受けての「説明」である。第4文も、前文の根拠であることを示す事実の提示であることを「なぜなら」が明示している。第5文も「それに比べて」という語句が「説明」の表徴となっている。これらに対して、第6・7文は、「論説」のレベルでの叙述となっている。この叙述層の段階的展開は、主題想の生成、深化と相応している。
　すでに述べたように、作文意識の内観調査では、外へ向けての伝達意識ではなくて、課題素材からの触発され、内面に生成されつつある想を組織する方向へ向いている。

《手引き3による作業経過と分析》
　手引き3は、「2種類のエッセイを配りました。どちらからでもよいですから、それぞれを読んで思ったことを、書いてください。その際、書いた順番を（　）の中に記入してください。」というものであった。標本生1は、次のような文章を書いている。

第五章　作文における文章化過程指導の臨床的実験的解明

> 　　エゾマツ　　（　2　）
> 　倒木の上に木が生える。一瞬きのこを想像してしまった。これも寒い地方で生きていくための木なり、の知恵なんだなあと思った。もし私がこの木ならきっと、倒木の上に根を張るということは考えないで、普通に土の中に根をはって、やがて寒さに耐えれなくなり、枯れてしまうと思う。生き物には、それぞれ生きていくための知恵が必ずあることが分かった。
> 　　ヤクスギ　　（　1　）
> 　木も壮絶な生存競争を、人間の見えない所で長い年月にわたってしていることが分かった。動物や水中の微生物たちが生存競争をしているとは思ってもみなかった。しかしよく考えてみれば、木も"生き物"なのだから当然のことなのに…。

　標本生１は、「エゾマツ」では、倒木更新からキノコを連想し、もし自分がエゾマツだったら、と対象に同化し、種の生命の保守、継承することについて、思いを巡らせている。また、「ヤクスギ」では、生存競争をキーワードに、生き物として生き残りをかけて、懸命になっていることに感想をもっている。
　「エゾマツ」の第１文は、事実が記述されている。第２文は、それを受けて「一瞬きのこを想像してしまった」と述べている。これを驚きの表現と取るか、倒木更新の比喩的表現（＝「説明」）と取るか、で異なってくるであろうが、ここでは、「説明」と取りたい。それは、第３文が、「木の知恵」という価値的意味を発見、叙述していることと照応しているからである。第４文も自分とエゾマツとを比較して、エゾマツの知恵の価値性を説明している。第５文は、それらを受けて、「生き物には、それぞれ生きていくための知恵が必ずある」という結論的見解を述べている。第５文は、「論説」に近い叙述になっている。このような順序で叙述を進める促進刺激としては、まず課題素材があげられる。相手意識、目的意識については、「読んだ内容について書こうと思った」と内観調査では答えている。相手への意識より内容をま

219

とめることの方へ意識が向いていると見られる。意味の深化は、そのことを反映していると考えられる。結論的見解の部分の「知恵」というテーマ・キーワードは、その意味を表している。

　「ヤクスギ」の第1文は、「説明」で叙述されている。「記述」に相当する叙述は、課題素材の内容を「相手」と共有しているという意識から省略されたものと考えられる。第2文も第1文のキーワード「生存競争」をキーワードとしており、生存競争の具体的事象は、「相手」と共有していることを前提とした述べかたになっている。第3文は、第1・2文の根拠を示しており、説明層である。この文も相手意識は、自分に向いていると考えることができる。

《手引き4による作業経過と分析》

　手引き4は、「手引き3の仕事ができましたら、2種類のエッセイを結んで考えたことを、書いてください。どのような観点で関係づけてもよいです。」という作業手順を示したものであった。標本生1は、次のように書いている。

> 　この地球上にいきている命あるものには、それぞれの環境に適し、生き残っていくための「知恵」が必ずあることに、改めて気付かされた。木には発芽する場所を選ぶ知恵、生き物には天敵から身を守るための知恵、そして人間には火を使ったり、機械を発明したりして、生活をよりよいものにしていくための知恵、といったように、形は違ったり目には見えなかったりするけど、何らかの場所でみんな使っている。その「知恵」をお互いに壊さないように、また使えそうな「知恵」は真似たりしながら生きていくことが大切である。その為には、互いの「知恵」の内身をもっと知る必要があると思う。

　標本生1は、この作業を行っているときの文章意識としては、「読んだエッセイの内容について思ったことを書こうと思った。」と述べている。その思ったことの中心は、2種類のエッセイについて共通することとして、「それぞれの環境に適（応）し、生き残っていくための『知恵』が必ずある」という

第五章　作文における文章化過程指導の臨床的実験的解明

ことである。この段階の文章想のテーマ・キーワードは、「知恵」である。これは、すでに前段の「エゾマツ」で見いだされていたものである。「ヤクスギ」のキーワードは、「生存競争」である。この語は、「知恵」に比べて具体性がある。2種類のエッセイは、ヤクスギ→エゾマツの順序で読まれている。ヤクスギの生存競争は、「環境に適し、生き残っていくため」という言葉に発展され、「知恵」と結びつけられて、まとまった主題想を形成している。この別々の想の総合化主題化が、この短文章に叙述されていると見られる。第1文は、総合化され、主題となる見解の発見の「説明」的叙述となっている。第2文は、その内容の具体化の叙述となっている。見方を変えると、第1文の見解の根拠としての事実を「説明」的に述べたものと言うことができる。第3文には、文末に「大切である」という価値判断を表現する言葉が用いられているので、「論説」的叙述である。第4文は、第3文の内容成立の必要条件を述べている。その文脈から言うと、「論説」レベルの叙述層と言うことができる。叙述形成の促進要因となっているのは、課題素材の促進刺激である。ただ、論説層の発現は、相手意識が自己から自己以外の人に向かい始めていることを示している。

《手引き5による作業経過と分析》

　手引き5は、「手引き2と手引き4で書いたことを、さらに関係づけて、もう一歩進んだ考えをまとめてください。どのような観点からでもよいです。一番心に残ったことをもとに考えてください。」となっており、総合化したものをさらに統合する作業である。標本生1は、次のような統合的思考結果を叙述している。

---

　環境問題が重要視されている今の世の中で、その解決策のヒントに生き物（虫や植物）の持っている、生きていくために必要な「知恵」がある。例えば、葉緑体をもっている植物が光合成を行って、養分を自ら作り出すことをモチーフにした（と私は思うのだけれど）太陽パネルなどだ。

　科学技術がこれからいっそう発展していくと思うが、モノの大量生産を進めるために使うのではなく、もっと環境問題を解決するためにその

*221*

> 未知の力を使っていくべきだと思う。生き物は人間の知らない数々の「知恵」をもっているのだから、まだまだ解決策は出てくるはずだ。
> 　近い将来、日本の日常生活の中で、木の下に座って自然を感じながら本を読むことが実現するかもしれない。それが実現した時、人間は本当に自然と一体となって生活できるのではないだろうか。

　標本生１は、この作業の際の叙述意識として、「一般の人たちに伝えようと思った。」と、その意識を記している。統合思考活動のキーワードとしては、写真の段階の、「木の下で本を読む」という鍵イメージと「環境問題」・「自然（の力）」、エッセイの段階の、「環境に適（応）し、生き残るための『知恵』」といった言葉を用いている。
　第１文は、説明層に相当する。「環境問題」「解決策」「生きていくために必要な『知恵』」というテーマ・キーワードを関係づけ、見解を表明している。第２文も「説明」である。「例えば」という言葉が、その表徴となっている。それを受けて、第３文・第４文は、「論説」になっている。第３文の文末が、「〜べきだと思う」となっているのは、それを裏づける。第４文は、第３文の根拠をなしており、同一の叙述層に位置づけられる。第５文は、「〜かもしれない」という文末で示されているように、推論を表す文である。推論の前提は、第３文・第４文で述べられている解決策が実現されていることである。第６文は、第５文の内容が成立するという仮説の上に立って、木と人間との共生の実現への期待を述べている。「〜ないだろうか」という疑問形表現を取っているのは、一種の婉曲表現と見られる。叙述のレベルとしては、「説明」となっている。ただ、第５・６文は、課題素材の写真から喚起されていた考えであり、これがここまで維持され、展開されて筆者の見解を形づくっていると判断することができる。
　この段階に至って、創構の仕事は終わる。ここに創構されている内容は、書き手の意識が外へ向けられ、「一般の人たちに伝えようと思う」という構えのもとに叙述されたものと見られる。

第五章　作文における文章化過程指導の臨床的実験的解明

2）　文章化過程の様相と分析
《手引き6・7による作業経過と分析》
　手引き6は、「手引き5で書いたことを、できるだけ詳しく書き広げてください。」となっている。「手引き7」は、次のような作業指示をしている。「手引き6で書いたことを、①誰に・②何のために・③どういうことを・④どのように述べ表すかということを考えて、推敲してください。その際、手引き6で書いた作文の直そうと思うところに、――線を引いて、その横に書き込みをしてください。＜印をして言葉を挿入してもよいです。消しゴムは、使わないでください。」これは、文章としての線条的叙述と、いわゆる推敲の作業指示である。標本生1の作業結果を掲げる。

---

　大気汚染・騒音・悪臭などの公害や、森林破壊・海の埋め立てなどによる環境問題が重視されつつある今日の日本。科学者達と協力しながら国は必死にその解決策を見つけている。その解決策に虫や植物・動物などの生き物が持っている、生きる上で必要な「知恵」がある。例えば、葉緑体をもっている植物が光合成を行って、養分となる。"でんぷん"を作り出すシステムをヒントにした太陽パネル。これを自宅の屋根にとりつけることによって自分の家で電気を作り出すことが出来、発電所にたよらなくてもよくなる。それによって環境破壊を少しでも減らすことができる。
　現在、日本の発電所の中で最も多いものは火力発電だが、最近は科学の発達により原子力発電も多くなっている。しかし、原子力発電の安全性についてはまだまだ問題がある。｜原発事故、廃棄物の処理問題などにより、人間の生活は逆におびやかされている。｜科学発達は、人間の生活をより便利に、より快適なものにしたが、これからは是非とも、環境問題を解決するためにその未知の力を（大いに）利用していくべきだと思う。例えば生き物の「知恵」を解明し、環境保護に役立てたり、クリーン・エネルギーの開発の

223

推進に使用したりなどである。こうしたことを進めていけば、近い将来、日本の日常生活の中で、大きな木のしたでゆったりとした気持ちをもち、自然の雄大さを体で感じながら本を読むことが出来るかもしれない。それが実現したした時、自然と人間が一つになった感じることが出来るのではないだろうか。

（書き入れ）
- 「こうしたことを進めていけば」→「これからもっと」
- 「私たちがもっと自然を大切にし、環境問題を自分のこととして考えていけば」

標本生1は、次のようなメモを書いて、推敲している。
　①＝人々に
　②＝自然と一体となった生活を実現させるために
　③＝その生活を実現させる為には科学と人々の環境を自分のこととして受けとめる意識が必要である（という事を）
　④＝なるべく例をあげて説明したい

推敲した部分は、原文に書き入れしてある通りである。
標本生1は、書き広げの作業時の意識について、次のように記録している。
　①　相手意識＝一般の人たちに伝えようと思った
　②　目的意識＝写真とエッセイとを結んで考えたことを分かってもらいたいという意識で
　③　叙述意識＝書く内容を述べ表すのに、相手が納得するように説明的に書こうと思った

推敲メモと重なる点が多い。
完成作文を叙述層の生成過程の最終段階という見方で分析することとする。
文章形態としては、意見文に分類することができる。意見の類型は、解決型である。創構過程（手引き1～5）においては、課題として提示された素材の表象するものに対する感想を述べることから想の案出とその組織化を進めてきている。手引き1・2の段階の文章想は、思索的に深化する方向にある。特に、手引き2の、2種類の写真に対する感想をまとめる段階では、意

第五章　作文における文章化過程指導の臨床的実験的解明

見と言うことのできるレベルに達しつつあり、意見の内実は、思索型＝事象の意義の解明に向かっていた。2種類のエッセイのそれぞれに対する思いを述べる手引き3の段階では、感想のレベルを越えて意見のレベルに入りつつある。ただ、ヤクスギについては、感想のレベルにとどまっている。それに対して、手引き4は、2種類のエッセイについての感想を統合する思考作業で、その結果は、手引き2の場合と同じように意見のレベルに達している。すでにそれぞれの段階の短作文の叙述分析で見てきているように、「記述」―「説明」が主流をなしていた。2種類の写真、2種類のエッセイのそれぞれの感想を統合する段階の手引き2、4による短作文は、「説明」―「論説」という叙述層の形成が主流をなしている。手引き5は、創構過程の最終段階である。創構された意見想は、ここに至って、解決型意見に変化している。それは、テーマ・キーワードとして「環境問題」と「解決策」とが発見、関係づけられて、主題想が形づくられていったものと考えられる。しかも、叙述層は「論説」が主流となっている。

　完成作文は、この解決型の意見が、意見文として展開、形成されれば、解決型意見文になるはずである。完成作文は、全13文から成り立っている。この意見文の構成は、

　　Ⅰ　問題の所在
　　　　第1文・第2文
　　Ⅱ　具体的解決例
　　　　第3文・第4文・第5文・第6文
　　Ⅲ　問題解決解決を図る上での問題点
　　　　第7文・第8文・第9文
　　Ⅳ　よりよい問題解決策の提唱
　　　　第10文・11文
　　Ⅴ　結論的見解
　　　　第12文・13文

のようになっている。叙述層の形成様態を見ると、以下のようである。

　　Ⅰ　第1文＝事実の記述

　　　　第2文＝事実の記述
　Ⅱ　第3文＝記述された事実の説明
　　　　第4文＝同上（説明）
　　　　第5文＝同上（説明）
　　　　第6文＝同上（説明）
　Ⅲ　第7文＝事実の記述
　　　　第8文＝記述された事実の説明
　　　　第9文＝同上（説明）
　Ⅳ　第10文＝説明にもとづく論説
　　　　第11文＝同上（論説）
　Ⅴ　第12文＝これまでの記述・説明・論説にもとづく論説
　　　　第13文＝同上（論説）

　完成作文の叙述は、「記述」→「説明」→「論説」の順序で進められている。このことは、叙述内容の深化と対応している。完成作文の主題想は、創構過程の総合化の段階でほぼ定まっている。完成作文では、創構過程の総合化された想（創構想）を線条的に展開される必要がある。この線条的展開を促すのは、完成作文の推敲メモ、完成作文執筆時の内観メモに記されている、相手意識＝「人々」・「一般の人たちに」、目的意識＝「自然と一体になった生活を実現させるために」・「（自分の考えたことを）分かってもらいたいという意識で」、叙述＝「なるべく例をあげて説明したい」・「相手が納得するように説明的に書こうと思った」といった言葉に表れている「読み手を納得させよう」という意識である。特に、例をあげて説明するという意識は、見解や意見を、例によって具体化、あるいは例証しようということで、読み手の納得のしやすさを考えて具体的事例を配置し、線条化を図るという思考営為を促す。文章の線条化は、叙述の展開である。言うまでもなく、叙述は内容の言語表現化である。その叙述が、「記述」→「説明」→「論説」という順序で進められているのは、文章内容の意味のレベルが、事柄→関係→価値という順序で深化していくのと呼応している。完成作文の内容構成の、Ⅰ・Ⅱ・Ⅲ・Ⅳ・Ⅴという分節は、叙述層の形成様態の整理で示したように、内容（文

## 第五章　作文における文章化過程指導の臨床的実験的解明

章想）の「論理」的関係に対応していると見ることができる。すなわち、Ⅰ～Ⅳの環境問題の解決策に、「生き物が持っている『知恵』」を活用するという見解を根拠として、Ⅴの「自然と一体になった生活」の実現という中心的意見を述べるという関係論理に応じた叙述順序をなしているいるということである。

＊

　標本生１の完成作文は、①２種類の写真による分化想－総合→②２種類のエッセイによる分化想－総合→①＋②→主題想としての統合＝創構想、を生かした解決型意見文となっている。それぞれの段階の短作文の叙述層形成の様態を分析的に記述した。それぞれの段階の分化想の総合の過程において、オーガナイザーとして機能しているのは、内容キーワードと論理キーワードである。①の分化想は、「季節の力はすごい」・「自然の力の象徴」という前景的キーワードと〈木の下で本を読みたい〉という背景的イメージとで組織されている。総合想は、新たに「環境問題」という内容キーワードを創出されるが、背景的イメージであった〈本を読む〉ことが、前景に出ていき、「環境問題」は、付随的なキーワードとして想の組織化に動員されている。②の分化想の過程では、「木の上に木が生えている」＝「きのこ」というイメージと、「生きるための知恵」というキーワードとが、表される意味と表すイメージという関係で組織される。また、「ヤクスギ」においては、「生存競争」というキーワードが、メイン・キーワードとして働いている。写真には現れていた〈本を読む〉というイメージは、発現していない。これらの分化想の総合は、「環境に適（応）し、生き残っていくための『知恵』」というメイン・キーワードによってオーガナイズされている。①と②との統合想は、「環境問題」・「解決策」→「生きるための知恵」→「木の下で自然を感じながら本を読む」＝「人間と自然との一体化」というように組織されている。

　完成作文は、統合想とほぼ同じ構造をもった文章想を形成している。統合想の拡充、線条化は、「例えば」という接続詞によってなされている。これが、完成作文の論理キーワードとなっている。叙述の形成、展開は、完成作文の分析、考察において述べたように、目的意識・相手意識・内容意識の複

合的作用によって、促されているということができる。特に、相手意識が、対他的になっていくのは、論説層の発現する段階からであることも判明した。

(2) 標本生4・思索型意見文
1) 創構過程の様相と分析
《手引き1による作業結果の分析と考察》
　標本生4は、手引き1（ハルニレとヤクスギの写真提示）の作業を次のように行っている。

---

　　　ハルニレ　　（　2　）
　春。少しもやがかかりぼんやりと立っているように見える。新芽が出始め、でもまだ眠っていたいという感じである。夏。青空とハルニレの鮮やかな緑がマッチして、気持ちのよさげな姿である。とてものびのびとしていて見ている自分も元気になれそう。秋。日が沈みかけ、夕方のあのオレンジ色の空におちついた雰囲気でたっているハルニレ。少しもの悲しいような、それでいて安心できるような不思議な感覚がある。冬。日が登り始め、朝の瞬間を静かに見守るハルニレは、夏とは違った美しさがある。まるで、子供から大人になるようなそんな情緒がある。春から冬にかけていろんな顔が見れるのはハルニレだけに限らない。周りの身近なものにも同じようなことがたくさんあるのだろう。ただ、日々の忙しさに見ていないだけで。

　　　ヤクスギ　　（　1　）
　杉は杉でも多くの種類がある。また、それぞれが様々な生き方をしていると私は思う。例えば縄文杉。どっしりとその根をはり、これでもかというぐらいの幹の丈夫さを披露し、何よりも強大な威圧感かもしだしている。が、その一方で紀元杉の頂は葉もなくどことなく頼りなげである。しかしその洞に生えたツツジを守ってやっているような優しさがある。ヤグルマにからまれた屋久杉は、少し疲れ気味のように見え、また一列に並んでいる様子は他の木々をライバル視しているようにも見え

## 第五章　作文における文章化過程指導の臨床的実験的解明

る。人が一人一人違うように杉も一本一本が異なり、様々な味わいがあると思う。まるで人間のように見えておもしろい。

標本生4は、この作業をふまえて、手引き2（ハルニレ・ヤクスギの写真を見て、それぞれについて思ったことをまとめた考えを書く）の作業を次のように行っている。

　身の回りには、人間が自分達で作らなかったもの、すなわち自然がある。自然を壊していくのも人間だが、その自然によって心を癒されるのも人間だ。二つの写真、屋久杉とハルニレは、同じ木だけれど見た目もそこから感じるものも全く違う。どちらかというと、屋久杉は「強さ」というものを語っているような気がする。生きることの難しさや一生懸命生きること、またその誇りというものがにじみでている。しかし、ハルニレはそれを見守る母の愛みたいなものが溢れ出ている。温かさや励ましを受けているような気になる。自然は時には怖い一面もあるけれど、その威厳や温もりは確実に私達に伝わっていると思う。本当にすばらしいものなので人間はその価値をもっと理解すべきだと思う。

標本生4は、この作業をするときの執筆意識を、「表現の仕方を考えながら書こうと思った」と記述している。

　ハルニレの写真を見ての思いを述べた文章は、ハルニレの四季の風景のイメージを「描写」的に叙述している。文章の終わりの5文は、類比的に想が展開されており、「説明」的になっている。「ヤクスギ」の場合も、「ハルニレ」と同じように、ヤクスギの映像のそれぞれについてのイメージを「描写」的に述べている。ただ、この場合は、杉から受けた印象を様子の「描写」によって表現している。2種類の写真を見ての思いをそれぞれに述べた分化想は、描写的叙述が主流であった。標本生4の執筆意識は、映像の認知結果を要約的に「描写」するという表層的対応に止まっている。

　これに対して、2種類の写真を見た分化想を総合した想は、分化想それぞ

れから抽象された観念が叙述されている。9文で叙述されている。第1文は、ハルニレとヤクスギとを抽象して「自然」と表現しているが、同時に、自然は人間が作らなかったもの、つまり人工でないもの、という認識も示している。第2文では、人間の自然との関係を「壊す」と「癒す」という対比的な二面からの認識を提示している。第1文は、「記述」的叙述であるが、第2文は、対比的認識の「説明」的叙述になっている。この2文の対比的な述べ方は、第3文以下のハルニレとヤクスギのそれぞれの特質とその意味づけとを対比的に説明する叙述態度を引き起こしている。ヤクスギに「強さ」と困難に耐えて一生懸命生きる姿を、ハルニレに母の愛のような温かさと励ましを人間に与える姿を、それぞれ発見している。第8文は、ヤクスギとハルニレとを改めて自然というレベルでとらえ、第9文では、価値的判断を叙述面に反映させた「論説」的に叙述されている。この文章は、意味内容の深化に伴って、「記述」−「説明」−「論説」と叙述層が形成、展開されていっていると見ることができる。

　手引き3（エゾマツとヤクスギとのそれぞれに関するエッセイを読んで思ったことを書く）にもとづく短作文は、それぞれ以下のように行われている。

---

　　　　エゾマツ　　　（2）
　文章自体は美しい表現がたくさんあってきれいなのに、気持ちよりも情景や経過の方が詳しすぎて何か物足りなく飽きやすかったです。擬人法が使ってあった部分があったけれど実際に人間らしく松が見えてくるのではないかと思えました。どちらかというと落着いた文で作者のはしゃぎとかではなく、森林の大木などの気持ちに合った、風格というかフィーリングが背景にマッチしていました。作者自身の威厳も伺えるような、そんな気持ちになりました。
　　　　ヤクスギ　　　（1）
　屋久杉の話の方が会話文があっておもしろいなと思いました。適度の空白があり、読みやすいと思い、えぞ松の方はその点で字がぎっしりなので人に読みにくいのではと思ってしまった。情景がとても詳しく説明

第五章　作文における文章化過程指導の臨床的実験的解明

> されており、目の前に想像することができたし、また作者と共に山の中を歩いているような気持ちになりました。作者の細かい反応や気持ちが表現され、何よりも最後のまとめ方が生物として杉を見、読者に語りかけているようにして終わったところがすばらしいと思った。

　２種類のエッセイのそれぞれについての思いは、エッセイの表現についてのものが中心になっている。表現に対する思いなので、その述べ方は、「説明」的になる。感想を述べ、感想の根拠を述べるという叙述の進め方は、「説明」という叙述法によることになる。表現の仕方についての「説明」が、そのような表現を選んだ作者に及ぶのも自然な成り行きであると考えられる。また、２種類の写真を見て、それぞれについての思いを書く作業では、写真映像についてその認知を「描写」的に叙述している。その表現態度が、エッセイを読んだ初発の感想の叙述の時にも現れたものと見られる。
　標本生４の、手引き４（２種類のエッセイを読んで考えたことを書く）にもとづく作業の結果は、次のようであった。

> 　この二種類のエッセイは書き方は全く違うけれど、どちらとも自然の偉大さや人間を圧倒させてしまうほどの自然の魅力などについて語ったものなのではないかなと思いました。とにかくどちらとも作者がいる情景がとても詳しく詳しく描かれていて、さりげなく自分がどう感じたかという事が含まれていて本当に読む方にわかりやすく書いてありました。あえて思ったことは、屋久杉の文は作者の疑問が読者の思っていることと重なって、それにオウ氏が答えるという流れがあったので何となく理解しやすかったです。それに比べてえぞ松の方は事実がたんたんと語ってあるところがあって、読む方としては少しあきるなあと思ってしまいました。

　手引き３・４の作業時の執筆意識を「読んだエッセイの内容について思ったことを書こうと思った」と記述している。

2種類のエッセイのそれぞれについての思いを述べたときの着眼点が、エッセイの書きぶり、表現の仕方に向けられていたことと、この統合的思考の着目点とは、通ずるものがある。両者の共通点として、「自然の偉大さと自然の魅力」を主題としている点は、2編の短作文の内容を統合するという思考を、内容の意味把握の深化に向かわせている。この文章は、209字4文で構成されている。1文の平均字数は、52字である。この4文の叙述の展開は、比較、対照の方法によって行われている。つまり、叙述法としては、内容の部分相互の関係説明という方法が用いられている。このような叙述がなされるのは、2種類のエッセイを刺激材料として提示していることと、2種類のエッセイへの感想を統合するという対比思考を促す方向づけをしたことに起因していると判断される。相手意識は、内容をまとめるために自分を対象にした自己内対話として営まれていると考えられる。
　手引き2と手引き4とのそれぞれによる短作文の内容を統合することを指示した手引き5による作業は、次のように行われている。

---

　人間の自然に対する価値観はさまざまで、それぞれの愛し方があると思うのだけれど、人間の何倍もの寿命を持つヤマグルマやスギなどの植物が長い年月をかけて戦ってきたりえぞ松の倒木更新のように倒木のうえで発芽した種が厳しい環境の中で育ち最後には立派な木に成長したりと、何百年もかけてそうやってつくられている山を見た人間は多かれ少なかれ心に届くものがあるのではないだろうか。幸田氏のように木をただの木と見ず、古く死んだ木もただ生きているのではないと気づき、生死の継目や輪廻の無惨にこだわることはないのだという気持ちにさせるものがこの光景にあったのだと思う。いわば、人間の大先輩といった感じがしてくる。静かにたたずむ姿は、自分自身を見つめ直す時間を与えてくれ、その強さを分けてくれる気がしてならない。人間の愚かな所を全部ひっくるめて、それでいて見守ってくれているようなとても頼りになる友達、あるいは人類の母といった偉大なものなんだなあと改めて思った。

この時の執筆意識を、「書く内容を述べ表すのに、自分が思い描いたイメージが伝わるように具体的に書こうと思った」と述べている。このことは、叙述内容をイメージ化し、それを通して、内容のもつ意味を発見しようとしたものと考えられる。読み手を意識しながら自分の統合した主題想を客観化しようとしたのではないかと考えられる。その読み手は、特定の読み手(相手)ではなく自問自答であると見ることができる。

　この作業課題の意図は、いわゆる創構活動の中心的作業として、これから産出、展開しようとしている文章の主題想を創出、組織することにある。

　この文章は、409字5文で構成されている。1文平均81字である。1文の長さとしては、長文と言うことができるであろう。第3文は22字で、例外とすると、他の4文の平均は97字となる。1文が長いということは、明らかに2種類のエッセイへの感想を統合した短作文とは異なる。主題想をまとめていく過程で、問いかけ、問いかけ、思索して内容を深めていっていることが、各文の文末に端的に現れている。すなわち、「第1文＝ないだろうか。第2文＝のだと思う。第3文＝感じがしてくる。第4文＝と改めて思った。」となっている。思索するという思考営為が長文化を誘ったものと思われる。叙述様式は、「論説」的である。「説明」と重なり合って論説層を形成していると言うことができる。

2）　文章化過程の様相と分析

　手引き6の作業指示は、手引き5で書いたことを、できるだけ詳しく書き広げるということであった。つまり、文章化である。続いて、①誰に・②何のために・③どういうことを・④どのように述べ表すか、ということを考えて、推敲するという仕事が指示された。書き広げと推敲は、次のように行われている。

あなたは木と人間に共通点があると思いますか。それを説明するためにいくつか例をあげよう。最初の例として、私は木には人間と似た点があると思う。たとえば、倒木更新では、倒木のうえに着床発芽したものは生育にらくな条件がかなえられているため一見しあわせそうに見える。しかし、倒木の上はせまいので弱いものは負かされて消えることになり、きびしい条件に適応し得た、真に強く、そして幸運なものわずか何本かが、やっと生き続けることを許されて、現在三百年四百年の成長をとげることができるのだ。人間もそれに似ていて、死の危険はなく幸せそうに見える。しかし、歴史を見てもわかるとおり、はいないだろうか。万物の長として人類は存在しているが、その中身は差別などそのその他多くの問題ごたごたとしていて終らない戦争や自殺や他殺や心のすれ違いなどがある。この世界その中で真に心の幸福を以て過ごしている人々はどのくらいいるだろうか。多くはないと思う。どちらも気楽にのうのうと生きているわけではないのである。

次の例として、また、倒木と同じ理屈で、折れたり伐ったりした根株のうえにすくっがある。そと育つえぞの脚の下にある腐朽古株の姿が残ったものがある。を見て、この現在がの樹は、今はこの古株を大切にし、いとおしんで、我が腹のもとに守っのているような形をしていると作者は述べ、その印象が生死輪廻お生々しみたために作者は述べる。い継ぎ目をみて、荒れていた作者の心を癒したと語っている。そして古木の幹の外側はいま迄のどの木の肌よりも冷たいが内側はごくかすかではあるが温味がありあたたかく、そこには古い木だからといってただ死んだだけではなく、生死の継目、輪廻の無惨になにもそうこだわることとも語っている。はないという気持になるものがある。作者はこのぬくみを自分の先行き一生のぬくみとして信じようときめている。この「ぬくみ」が大切なのではないか。古い木の思いを汲み取って新しい木が生きているのだ。

第五章　作文における文章化過程指導の臨床的実験的解明

> 古いものと新しいものの心が通じあっているようだと思った。人間も似ている所がある。帝国主義がはやった時代のことだ。侵略された国も多数あったがその中で文化や習慣がそのまま侵略国にうけつがれることもある。しかし、人間は木と違うから、互いに犠牲の関係になりあうことはおかしいと思う。でもそんな世の中だからこそ、人間だってお互いに思いあう気持ちを皆がもてば争いごとなんて起こらないのにと思った。だからこそそんな木の情感は見る人に温かい心を（を）与え、つつみこんでくれる（のかもしれない）ような気がする。

標本生4は、この書き広げ（手引き6）と推敲の仕事（手引き7）をするときの意識を次のように記述している。

　書き広げ＝「書く内容を述べ表すのに、できるだけことがらに即して書こうと思った」・「書く内容を述べ表すのに、自分が思い描いたイメージが伝わるように具体的に書こうと思った」

　推敲＝「読み手に伝えるべき内容をどういうことにするかということ」・「読み手に効果的に伝えるためにどのように書き表したらよいかということ」

標本生4の、書き広げ、推敲の際の作業意識の内観では、内容に即して表現するという内へ向かう意識と、読み手に伝わるようにという外へ向かう意識とが同時的に自覚され、表現精練という活動へ具現化されていると理解される。

創構された主題想を、文章として線条化しているかということを検討する。主題想は、次のように構成されている。

　第1文＝屋久島のヤマグルマとヤクスギとの長年月にわたる生存競争、エゾマツの倒木更新といった、厳しい環境の中で育ち、形づくられた山、すなわち自然に対する人間の愛、感動（心に届くもの）を与えられたこと…181字

　第2文＝倒木更新という事象に、「生死の継ぎ目」「輪廻」という意味を発見し、「無惨」という思いにこだわる必要のない光景だとの幸田氏の

認識…91字
　　第3文＝「人間の大先輩」にたとえられる（エゾマツ・ヤクスギ）…22字
　　第4文＝「人間の大先輩」といった姿が自身を見つめ直させるとともに、
　　　　　その強さを分けてくれる思いがすること…50字
　　第5文＝「人間の愚かな所」を含めて、見守ってくれる「友達」「母」と
　　　　　いった存在だという感想…74字
　これは、第1・2文と第3～5文とにまとめることができる。すなわち、Ⅰ）ヤクスギとエゾマツとの厳しい環境に耐えて存在している、愛を感じさせるおおらかな姿、という認識。Ⅱ）厳しい環境に耐えて存在しているヤクスギ・エゾマツの姿は、「大先輩」「友達」「母」といった自分を包んでくれるというイメージをもたせてくれるという感想。というような2つの段落にまとめられる。
　これが、完成作文でどのように構成、展開されているかを検討する。完成作文は、次のように大きく2段で構成されている。第Ⅱ段落は、さらに3つの小段落に分けられる。
　　Ⅰ）問題提起　木と人間とは似ている点があることを具体例を通して説明
　　　　　するという問題提起。…3文
　　Ⅱ）問題考究　(1)　倒木更新に見いだされる生存競争に人間世界のそれを
　　　　　　認めたこと。…7文
　　　　　　(2)　同じ倒木更新の腐朽した古株に認められる生の「継ぎ
　　　　　　目」に、新しい命を守る「温味」を感じ、それは新しい
　　　　　　木に通じているように思われ、心の癒しを感じたこと。
　　　　　　…5文
　　　　　　(3)　帝国主義の盛んであった時代、被侵略国の文化や習慣
　　　　　　が侵略国に受け継がれることがあった。これも倒木更新
　　　　　　に似ているところがあるが、人間は互いに思いあう気持
　　　　　　ちをもてば、争いは起こらないと思ったこと。…6文
　内容構成の点から検討すると、創構想の段階で、エゾマツ・ヤクスギと人間とを対比的に論述しているところとは、共通している。内容の展開では、

創構想では２段構成になっているが、文章展開の段階では問題提起の部分は別として、本論の部分は、３段構成になっている。(1)では、人間と木との「生存競争」という点での共通点を、(2)では、「倒木更新」に命をつなぐ温かみを発見し、それが人間の心を癒すという、対象と主体という関係での対応を、(3)では、「倒木更新」での発見を人間世界における平和の問題に一般化している。つまり、(1)→(2)→(3)という順序で、特殊から一般へと発展的に展開している。

　叙述層形成の点から見ると、
　Ⅰ）問題提起　説明
　Ⅱ）問題考究　(1)　説明
　　　　　　　(2)　説明
　　　　　　　(3)　論説
のように整理できる。Ⅱ）の(1)・(2)を「説明」で概括したが、説明層の中には事実の記述が内包されている。例えば、(2)の部分で、「折れたり伐ったりした根株のうえに～残ったものがある。」と「記述」し、それにもとづいて「大切にし、いとおしんで、我が腹のもとに守っているような」と推論、「説明」する「作者」の言葉を引き、「～の無惨になにもそうこだわることないという気持ちになるとも語っている。」という「説明（解釈）」をしている。

　この完成作文の叙述層は、「説明（記述）」→「論説」という順序で形成されていると言うことができる。

　なお、「感想的随筆文」も、叙述層の様態は、「思索型意見文」とほぼ同様である。

## 2　2種類のエッセイを提示したクラス（2組）

　このクラスも、主として手引きによる作業指示によって、文章制作活動を進めていった。計画では５時間を予定していたが、１組と同じように、エッセイを読んで初発の感想を書くのに時間がかかってしまった。読む速度に個人差が出たのである。また、２種類のエッセイの感想を統合して、主題想を

形成する作業も時間オーバーした。

（1）標本生2・解決型意見文
1）　創構過程の様相と分析
《手引き1・2による作業経過と分析》
　「手引き1」は、「2種類のエッセイを配りました。どちらからでもよいですから、それぞれを読んで思ったことを、書いてください。また、書いた順序を（　）の中に記入してください。」という作業指示がなされている。

---

　　　　エゾマツ　　（2）
　えぞ松というものを見たことはないけれど情景描写が豊かで、倒木のうえに育っているえぞ松の姿が見えた。生きることの大変さを思い知らされました。倒木が倒木の上に育つ木によって殺されるのではなく乾いて温味をもっていたというところに自然のあたたかさを感じました。私は筆者のように、ぬくもりをじかに感じたことがないので、いつかそれを知りたいと思います。

　　　　ヤクスギ　　（1）
　この話では、苔が賛美歌を歌っているとか、水滴のつぶをダイヤモンドにたとえるなどして比喩がとても美しいと思いました。植物の世界を眺め、そのことについて述べている筆者の言うことに、度々共感しました。人間と植物を比べて、生きるために繰り返される営みについて人間と比較しているところに特に共感しました。屋久島には行ったことはないけれどこの文章を読んだら屋久島のそう大な緑の楽園が目に浮かんできました。

---

　手引き2は、「手引き1で書いた2種類のエッセイについての思いを、どのような観点からでもよいですから、関係づけて、一つのまとまった考えを生み出し、書いてください。」というものであった。
　手引き1による作業について、標本生2は、「ヤクスギ」→「エゾマツ」

第五章　作文における文章化過程指導の臨床的実験的解明

の順序で課題素材文を読み、感想を書いている。「ヤクスギ」について、まず、着目されているのは、文章表現である。文章表現を通して窺われる筆者の対象のとらえ方への共感が、この短作文の主想をなしている。したがって、述べ方も、4文全部が、「説明」的叙述になっている。ただ、第4文は、脳裏に形成されるイメージの「記述」的叙述の部分を含んだ叙述になっている。「エゾマツ」についても、「ヤクスギ」のとらえ方が影響したのか、「情景描写」に着目して喚起された倒木更新のイメージを通して、筆者の捉えた「自然のあたたかさ」への共感的感想を述べている。全4文で叙述されているが、いずれも「説明」的叙述である。「ヤクスギ」「エゾマツ」ともに、エッセイの「描写」的表現に惹かれた感想であるので、論理的文脈を主流とするこの2編の短作文には、形象的文脈（イメージの「説明」的叙述の部分）が混在している。執筆意識は、「読んだエッセイの内容について思ったことを書こうと思った」と記されている。課題素材文と向き合っている標本生の執筆姿勢が窺われる。

　手引き2は、手引き1で形成した分化想を統合する作業である。統合想は、以下のように書かれている。

　この2つのエッセイは木について書かれているという点で共通している。植物の生命力のすごさに感動しました。人間は長くて百年ちょっとしか生きることはできないけれど、木は何千年生きてきているものもあるので人間なんて、地球上においてはほんの小っぽけなものにすぎないんだと思いました。私は周りに自然の緑が全くないので、森に行くとそのそう大さにいつも感動します。だから、筆者の考えにはとても共感するところがありました。自然は互いに頼り共存していることを思い知らされました。私たちも、自然の中の生物として、自然を破壊しないよう気をつけるべきだと思いました。二つのエッセイを読んでいると、自然のそう大な緑の楽園が浮かんできました。研究者たちは、地球が滅びるのは近いと言っています。現在自然を破壊しつつあるのは人間です。私たち人間は、自然の恵みに感謝をし、壊さないよう日々努力することが

> 大切だと思いました。

　標本生2は、課題素材文に共通するものを、木について書かれていること、また、それを読むことを通して得た「植物の生命力のすごさ」への「感動」を統合の契機にしている。すなわち、形成された統合想（主題想）は、「植物の生命力のすごさ」への感動を基底に置きながら、「自然の恵み」への「感謝」と「自然破壊」しないための「努力」を前景にしたものになっている。形式段落としては1つであるが、意味上は、2つに分けることができる。全11文の内、第1文〜第5文が第1段、第6文〜第11文が第2段を、それぞれ構成している。第1段を背景に第2段が前景として浮かび上がるように構成されている。

　叙述層形成の点から整理すると、第1段＝第1文〜第5文＝説明、第2段＝第6文（説明）・第7文（論説）・第8文（記述）・第9文（記述）・第10文（第9文の根拠＝説明）・第11文（論説）、となっている。分化想の段階では、「記述」・「説明」が主流となっていたものが、統合想では、叙述層が、「説明」・「論説」に生成、変化している。つまり、意見文が成立したということである。内観された執筆意識は、「二つのエッセイを結んで考えたことを訴えたい」、「二つのエッセイを結んで考えたことを述べるのにエッセイのどの部分を生かそうか」といったことを考えていたと記述されている。「考えたことを訴えたい」という意識は、意見形成に向かう創構活動と照応していると見られる。「訴える」という意識は、相手意識が、対他的になっていることを裏づけており、叙述層に「説明」「論説」が発現していることとも対応している。

2) 　文章化過程の様相と分析
《手引き3・4による作業経過と分析》
　文章化の仕事は、手引き3の説明的指示によって、進められている。手引き3は、「手引き2で書いた文章を、①自分が書き手として、どういう立場に立って、②誰を読み手として、③どういう目的で、④どういう内容を、⑤

第五章　作文における文章化過程指導の臨床的実験的解明

どのように書くか、という観点から考えて、書き広げてください。その際、①・②・③・④・⑤について考えたことをメモしてから、書いてください。⑤については、説明文風に書いても、意見・論説文風に書いても、報道文風に書いても、物語・小説風に書いても、詩のように書いても、書き方は、自由です。」となっている。

　書く場の条件についての意識は、次のようにメモされている。
　　①＝人間として自然を見ている立場
　　②＝すべての人類
　　③＝人に自然を壊さないよう努力してもらうため
　　④＝自然のすばらしさと貴さ
　　⑤＝自然と人間を比較しながら書く

文章として叙述することは、手引き４の指示によって行われている。手引き４は、「手引き３で書き広げた文章を、①・②・③・④・⑤の観点から読み直して、推敲してください。その際、書き直したり、書き加えたりする部分があったら、──線を引いたり、く 印をつけたりして、修正、加筆してください。ケシゴムは、使わないでください。」のように作業手順が示されている。

　書き広げと推敲のあとを書き加えた後の作文を合わせて引用する。標本生４の作文には、推敲のあとの書き入れは、一カ所だけであった。

---

あなたの身の周りには自然はありますか。私の身の周りには、ありません。だから、私は森や山に行くと、そのそう大さにいつも感動します。まず、自然のすばらしさについて書きます。私たち人間は、おそらく緑がないと生きることは不可能でしょう。植物は私たちよりも、はるかにずっと昔にこの地球上に誕生しました。それにもかかわらず私たち人間は、発達した脳をもっているために自分たちが自然より優れている、そう思っています。そのため、これまで私たちは多くの問題をかかえてきました。公害、酸性雨、森林破壊などがあります。これらはどうして起こったのでしょうか。

　それは、人間が自然を過信しすぎたからでしょう。おそらく誰もが、

常に自分が自然より上であるという優越感を持っているに違いありません。その考えは今すぐ捨てるべきです。自然を過信し、手を加えると二倍、三倍返しで返ってくるでしょう。
　多くの研究者たちは、地球が滅びるのは近いと言っています。現在自然を破壊しているのは私たち人間です。私たちが地球が滅びてしまうのを防ぐために何ができるのでしょうか。
　多くの問題のうちの一つに地球温暖化があります。これを防ぐには、二酸化炭素の発生を少しでも多く減らすことです。そのためには私たち一人一人が自家用車に乗らず、バスや電車などの公共機関を利用することです。他のどの問題でも、私たち一人一人が努力をしなければ解決することは不可能でしょう。
　最後に、私たちがすべきことをまとめてみます。
　一、自然のすばらしさ理解する。
　二、過去を振り返って自分たちを見直す。
　三、私たち一人一人が解決するために努力する。
　この三つを実行すればよいでしょう。

　標本生2の場の条件意識は、「人に自然を壊さないよう努力してもらうため」に、「自然のすばらしさと貴さ」を「自然と人間を比較しながら書く」と記述されている。これだけを見ると、説明文として書かれるように理解される。しかし、実際は、意見文として書かれている。
　統合想がどのように線条的に展開され、文章化されているかを検討することを通して、その変化、生成の様態を明らかにする。
　まず、構成面から見てみよう。統合想は、2段で構成されていた。前段は、植物（自然）の生命力のすごさへの感動、後段は、自然破壊を防ぐ努力、が中心トピックとなっている。意見が主想となっている。完成作文は、5つの分節に分けられる。それぞれのトピックを掲げると次のようである。

第五章　作文における文章化過程指導の臨床的実験的解明

1　森や山の壮大さへの感動
2　自然への人間の優越感が問題（公害・酸性雨・森林破壊）を起こしたこと
3　問題発生の原因が人間の優越感、自然への過信にあること
4　自然破壊＝地球温暖化の解決には自家用車をやめ、公共交通機関を利用するなどの一人ひとりの努力が大切であること
5　自然を守るために努力すべき３点（自然理解・自己の過去の反省・各自の努力）

これを統合想と比べると、統合想の前段と第１分節とが照応し、後段と第２～第５分節とが対応する。つまり、「意見」の部分が拡充されていると見ることができる。

展開のパターンとしては、典型的な問題解決型である。すなわち、２＝問題点－３＝問題発生の原因－４・５＝解決の方策という解決型意見文になっている。

次に、叙述層の形成について検討する。

書き広げをする際の標本生２の叙述意識は、「自然と人間を比較しながら書く」ということであった。すでに述べたように、「説明」的に書こうとしているように見える。しかし、叙述を辿ると、それは、人間と自然とは調和的に存在すべきであるのに、人間が自然に優越的存在であると、誤った考えに立ったために自然破壊が起こったのだとする、対立的とらえ方を「比較」と述べたものと理解することができる。完成作文の分節毎の叙述層を整理する。

　第１分節（５文）　　第１文～第５文＝説明
　第２分節（４文）　　第６文～第９文＝説明
　第３分節（５文）　　第10文～第12文＝説明、第13文＝論説、第14文＝説明
　第４分節（７文）　　第15文～第20文＝説明、第21文＝論説
　第５分節（５文）　　第22文＝論説、第23文～第25文＝説明、第26文＝論説

概括的に見ると、「説明」→「論説」のように叙述層が形成されているということができる。問題解決型の意見文の場合、叙述層は、［問題の事実＝

記述・説明］ー［問題発生の原因究明＝説明］ー［問題の解決策＝説明・論説］ー［解決策の提案＝説明・論説］のようになるのが、一般である。本事例も、ほぼ、この基本形のようになっている。

### （２）標本生４・思索型意見文
1）　創構過程の様相と分析
《手引き１による作業経過と分析》

　手引き１は、「２種類のエッセイを配りました。どちらからでもよいですから、それぞれを読んで思ったことを、書いてください。書いた順序を（　）の中に記入してください。」という手順が示されている。標本生４は、次のような文章を書いている。

---

　　　　エゾマツ　　（　１　）
　松という木はすごい木なんだなと思いました。樹木のうえに着床発芽をしてその中でも幸運なものがせまい倒木のうえで成長し、北海道のきびしい自然の中で三百年四百年成長するのは本当にすごいことなんだな、と思いました。私は松や他の木などじっくり見たことがないので松がどんなものなのか全然よくわからないけどこの文章を読んで今度じっくり松を観察してみたいなど思いました。

　　　　ヤクスギ　　（　２　）
　私はこの文章を読むまで木はのびのびとたっているんだな、としか思っていませんでした。でも、この文章を読んでその考えがちがっていたんだなとわかりました。自然の中で樹々は戦っているということを改めてしりました。大きくて立派な樹はそこまで成長するのに色々なことをのりこえて成長しているんだなと思いました。

---

　標本生４は、「エゾマツ」→「ヤクスギ」の順序で読後の思いを書いている。「エゾマツ」では倒木更新に、「ヤクスギ」は生存競争に、問題意識が、焦点化されている。両者とも、感想の対象となる事実(提示された課題素材文)

の記述は、省略されている。書き手は、感想の対象は、想定される読み手（この場合は、書き手自身）と共有しているという判断に立っていると考えられる。「エゾマツ」の第1文は、すごいという価値判断を表す言葉をキーワードとする「論説」的叙述となっている。それに対して、第2文は、第1文の判断の根拠となる事実を記述し、その事実が第1文の根拠であると関係づけるものになっている。その意味で、「説明」の叙述となっている。第3文は、課題素材文から触発された課題意識について述べた文である。課題意識についての「説明」的叙述となっている。エゾマツのエッセイについて書くときの標本生4の意識は、内観調査では、エッセイの内容について思ったことを書くということであった。書き手の意識は、エッセイについての読み手としての主体的反応を対象化して文章化する方向にあったと言うことができる。

「ヤクスギ」の第1文は、これまでの「木」についての認識を記述したものとなっている。第2文は、課題素材文を読んで、これまでの認識が改まったことを述べている。第1・第2・第3文は、「でも」という逆接の接続詞で連接されているが、課題素材文に触発された「木」に対する認識について記述した叙述となっている。第4文は、自分の認識内容について、説明した文になっている。「大きくて立派な樹は……色々なことをのりこえて成長している」という叙述は、「樹々は戦っている」という前文の内容についての「説明」的叙述である。

《手引き2による作業経過と分析》

「手引き2」の作業指示は、「手引き1で書いた2種類のエッセイについての思いを、どのような観点からでもよいですから、関係づけて、一つのまとまった考えを生み出し、書いてください。」となっている。標本生4は次のような考えを生み出している。

> 樹の「成長」というのはとても凄いことなんだと思います。私達が普段よく見る大きくて立派な樹になるまでにいろいろな歴史があるのだと思います。植物の「成長」と人間の「成長」というのは全然違うものだと思っていました。でも、似ているところがあるなと思いました。人間

> は、「成長」するために物を食べます。それは動物等を「犠牲」にして得ている物だと思います。樹は「成長」するために弱い樹を「犠牲」にして育っているのだと思います。人間が「成長」するのも、樹が「成長」するのも、何かの「犠牲」の上に成り立っているものなのだと思いました。

　標本生4は、手引き1の作業結果にもとづいて、2種類のエッセイに触発された感想を、「成長」と「犠牲」というキーワードで統合し、人間と樹とのあり方を対比的に捉えようとしている。この2語をカギ括弧で示しているのは、キーワード意識の反映であろう。第1文は、「凄いこと」という価値評価の言葉を用いている「論説」的叙述である。第2文は、第1文の「凄い」という価値判断の根拠を示す「説明」的叙述となっている。第3文以下は、樹の「成長」について、人間の「成長」との比較でその意味を説述している。樹と人間との「成長」の共通点が、「犠牲」の上に成り立っていることにあるという発見を述べている。「説明」的叙述層を形成している。書く時の意識の内観記述では、2つのエッセイから触発された思いをどう統合するかを考えながら執筆した、と述べている。文章想をまとめるのに自分の内へ向かった自己内対話的思考のもとに叙述していると見られる。

2）　文章化過程の様相と分析
《手引き3による作業経過と分析》
　手引き3は、創構された内容を線条的に展開し、文章化するために、書く場の条件を具体的に意識化して、書き広げをすることを指示したものである。指示内容は「手引き2で書いた文章を、①自分が書き手として、どういう立場に立って、②誰を読み手として、③どういう目的で、④どういう内容を、⑤どのように書くか、という観点から考えて、書き広げてください。その際、①・②・③・④・⑤について考えたことをメモしてから、書いてください。⑤については、説明文風に書いても、意見・論説文風に書いても、報道文風に書いても、物語・小説風に書いても、詩のように書いても、書き方は自由

第五章　作文における文章化過程指導の臨床的実験的解明

です。」となっている。
　標本生4は、場の5条件を次のようにメモしている。
　　①＝人間
　　②＝人
　　③＝成長についてしる、という目的
　　④＝「成長」するということについて
　　⑤＝自分の考え
《手引き4による作業経過と分析》
　標本生4は、この条件にもとづいて、書き広げの文章を書いている。作文結果は、手引き4の推敲作業の結果とともに引用する。

> 　樹が「成長」するというのは、とても凄いことなのだと思います。私達がよく見かけるおおきくて立派な樹々にはいろいろな歴史があるのだと思います。
> 　例えば、北海道の自然林のえぞ松は倒木のうえに育ちます。北海道の自然はきびしいので地上におくられた数知れぬ沢山の種は発芽しても育たないからです。しかし、倒木のうえはせまいので弱いものは負かされ消えることになります。そして真に強く、幸運なものわずか何本かが生き続け、現在三百年四百年の成長をとげているそうです。
> 　また、美しい森の静かな植物たちが、壮絶な生存競争を繰り広げています。そこでは、異なった2本の種類の樹が複雑にからみ合った光景を見ることができるそうです。それは樹の戦いの記憶だそうです。
> 　私は人間の「成長」するということと、植物の「成長」するというのは全然違うことだと思っていました。けど、似ているところがあると思いました。｜（改行）人間の「成長」は食物を食べたりすることによって成長できます。その食物は動物を「犠牲」にすることによって得ることができます。また、日本では見ることができないかもしれないけど、外国では生

247

> 活をするためにいろいろなものを「犠牲」にしている人がたくさんいると聞いたり見たりしたことがあります。|改行|植物の「成長」は弱い樹を「犠牲」にして育っているのだと思います。
>
> 　結局、微妙に違うところはあるかもしれないけど人間の「成長」も、植物の「成長」も何かの「犠牲」のうえに成り立っているもの(なの)だなと思いま す(した)。

　創構された内容が、その意識の流れの上に立って文章化されている。この段階で作文の叙述は、完成されたということができる。そういう見方に立って、叙述層の分析をする。
　完成作文は、文章形態としては思索型意見文である。
　この意見文の構成は、以下のようになっている。
　Ⅰ　樹木の「成長」についての認識　―問題―
　Ⅱ　他の生物の「犠牲」の上に成り立っている樹木・人間の「成長」
　　　―本質への接近―
　Ⅲ　生き物の「成長」の本質的意味　―結論的見解―
　また、それぞれの部分の叙述の様相を文単位で分析する。
　Ⅰ　第1文＝論説的叙述
　　　第2文＝第1文の論説の根拠の説明
　　　第3文～第6文＝第1・2文の説明
　　　第7文＝事実の記述
　　　第8文＝事実の記述
　　　第9文＝第8文の説明
　Ⅱ　第10文＝（既有認識事実の）記述
　　　第11文＝第10文の説明
　　　第12文～第14文＝第10・11文の説明
　Ⅲ　第15文＝第10文～第14文の論説的叙述

完成作文の叙述の展開は、「論説」→「説明」→「記述」→「説明」→「論説」となっている。これは、標本生2の解決型意見文の叙述展開とは、異なる反応様態である。標本生4は、この文章を執筆するにあたっての意識を、「成長」ということについて知ることを目的として、「成長」するということについて、自分の「考え」を述べるのだ、というようにメモしている。このことは、この文章の内容が、生き物の「成長」の意味について思索し、まとまった考えを述べ表すものになっていくことを予想させる。普通であれば、「記述」→「説明」→「論説」という順序で叙述が進むはずである。それが、曲折した叙述経過を辿っているのは、思索していることの反映と考えられる。それを裏づけるように、標本生4は、自分の既有の認識をエッセイを読むことで改め、深化していっている。
　叙述を進めるにあたっては、相手を説得するとか、相手を行動に誘うとかいった執筆意識ではなく、「相手が納得するように説明的に書こうと思った」という内観を記述し、推敲の際は、「自分が書き手としてどういう立場に立っているか」ということを意識しながら、練り直しをしたと述べている。叙述層形成に、相手意識が働いていることは否定できないが、それは、自己の内面に向けられる意識が主流をなしていると見られる。

### （3）標本生5・文芸的随筆文
1）　創構過程の様相と分析
《手引き1による作業経過と分析》
　手引き1による作業結果を以下に掲げる。

---

　　　　　エゾマツ　　（　1　）
　えぞ松の偉大さが文章から伝わってきました。倒木の上に育つえぞ松が整然と行儀よく一列一直線にならんで立っているところを私も見てみたいと思いました。作者と同じ、倒木更新の感動を体験したいです。
　作者が訪れたえぞ松の倒木更新の見れる場所ではえぞという大きな地名を冠にかち得ている松が粛然と並んでいました。雨上がりに霧のか

> かった林の中で見たあの光景と感動がとても感じられました。
> 　　　　　ヤクスギ　　（２）
> 　雨の森や雨上がりの森は私も大好きです。特に雨上がりはぼんやりと霧がかかっていて神秘的な感じがします。
> 　この文章を読んで木の威圧感にやられそうになりました。想像しただけでここまでくると本当に見たら感動で何も言えなくなりそうです。正直私は巨木という巨木を見た事がありません。でも、一度は作者が見たような、圧倒的な存在感を持つ、偉大な木を見て、その生命のエネルギーにひたりたいです。

　手引き１による作業時の執筆意識を、標本生５は、「誰かに伝えたいと思った」と記している。執筆意識の内観では、「何を」伝えたいかは、記していない。「エゾマツ」「ヤクスギ」それぞれについて書いた短作文では、標本生５の執筆の構えは、対象に同化的である。「エゾマツ」は、２段落で構成されているが、第１段では、更新されたエゾマツが、整然と一列一直線に生え並んでいる情景をイメージし、それを仲立ちとして、「見てみたい」「作者と同じ、倒木更新の感動を体験したい」と感動した思いを表明している。第２段も同様な文章から喚起されたイメージを媒介とした感動が述べられている。これは、「ヤクスギ」においても、基本的には共通する。この対象に対する構えが、「描写」－「説明」という叙述層を形づくらせていると考えられる。内容キーワードとしては、「エゾマツ」では、「偉大さ」という価値レベルの意味をもつ言葉が創出されている。「ヤクスギ」では、「神秘的」「偉大な」「生命のエネルギー」といった言葉が選ばれている。この価値レベルのキーワードが、それぞれの短作文のテーマを表すものとなっている。論理的文脈を形成すると「論説」になるが、この２編の短作文では、そのレベルには達していない。また、形象的文脈でもない。形象的文脈での叙述は「対応」表現になるが、そのようにもなっていない。イメージによって喚起された感動を表現したものが、これらのキーワードである。

《手引き２による作業経過と分析》

第五章　作文における文章化過程指導の臨床的実験的解明

　手引き2による、「エゾマツ」「ヤクスギ」2編の短作文の統合は、次のようになされている。

---

　2つの文章のどちらともから木の偉大さ、そして木の圧倒的な存在感を感じられました。何千年もの年月をかけて、太く高くなっていく木の神秘さがわかりました。
　私は2人の作者のような感動を木を見て覚えたことがありません。神社にあるような御神木や、山奥に息をひそめているかのようにひっそりと、でもしっかりと立っている太く高い木を見てそのエネルギーを分け与えてもらいたいです。
　いわゆる樹海という場所。霧がかかっていて地面にはしめった木の葉がたくさん。どこを見ても木しかない、そんな場所へ行くと絶対に重量感や圧迫を感じる木はあります。しかし、最近はそんな場所が少しずつ減少してきています。保護されている森林もごくわずかです。ですから、早いうちに感動を与えてくれる木に出会いたいです。

---

　この文章を書くときの標本生5の意識について、「二つのエッセイを結んで考えたことを分かってもらいたいという目的を意識した」と述べている。
　2種類のエッセイを読んでそれぞれに触発された思いを統合して、全体としての文章の主題想を創構する作業である。手引き1によって、「エゾマツ」・「ヤクスギ」のそれぞれについての思いを述べた短作文に共通するテーマ・キーワードは、「偉大」であり、それを「感動」的に発想している点も共通している。手引き2による主題想を創構する短作文においては、この共通点を中心に、「エゾマツ」・「ヤクスギ」の分化想が統合されている。
　この短作文は、2つの段落で構成されている。前段では、手引き1による2編の短作文の内容を総合したものになっており、後段には、森林保護という新しいアイディアが産出、付加されている。これは、手引き1の2編の短作文の分化想を統合する創構活動過程において想が拡充された結果と見られる。すなわち、「樹海」の「描写」を通して喚起されたイメージが、このア

251

イディアの産出を促したものと考えられる。

　叙述層の形成について見ると、前段では、全4文とも説明層に位置づく叙述を形成している。第1～3文は、「説明」的叙述であるが、第4文は、描写層を内包した「説明」となっている。後段は、全6文のうち、第1文は「説明」、第2文は「描写」、第3文は「説明」、第4・5文は「記述」、第6文は「説明」となっている。全体としては、前段は、描写的説明層を形成しており、後段は、「論説」に発展する契機となる可能性を内包する「保護(森林)」をキーワードとするアイディアを説明する叙述層が形づくられている。

2）　文章化過程の様相と分析
《手引き3・4による作業経過と分析》
　手引き3は書き広げ、手引き4は推敲の作業指示をしている。手引き3による書き広げをする前に、書く場の5条件について次のように記している。
　①　書き手としての立場＝その木を見たい人
　②　読み手＝木の感動をしらない人
　③　目的＝感動を伝えるために
　④　内容＝木のすばらしさ
　⑤　表現方法・形態＝意見・論説文風
　手引き3・4による、書き広げ、推敲の作業結果を合わせて引用する。

---

　　樹海。その言葉を聞くと思い浮かぶのは、霧がかかっていて視界も悪く、地面には湿った土と木の葉がたくさん落ちていて、どこを見ても木しか見えない。そのような感じです。
　　その樹海にいったん入ると迷ってもう帰れないような雰囲気があります。(ただよっています。)
　　しかし、その樹海の奥にあるものはすばらしい"木"です。樹海に木があるのは当たり前ですが、木の中でも私たちに重量感や圧迫を感じさ

252

## 第五章　作文における文章化過程指導の臨床的実験的解明

せる、そんな木です。何千年もの年月をかけて、息をひそませているかのようにひっそりと、でもしっかりと太く高く立っている木からは木の神秘さや偉大さが伝わってきます。今まで私たちが悩んできた悩みが一気に吹き飛ぶような感じにとらわれます。〈るでしょう。〉

　実際私はそんな木に巡り会ったことはありません。もし私がそんな木に会うためにいわゆる樹海に入り、何時間もかけて奥へ奥へと歩いて行く。静かなその場所では鳥がさえずり、虫が木の葉の間をかさかさと散歩している。高い高い木のすきまからわずかに入ってくる光。樹海の雰囲気に呑まれてい〈る〉うちに目的の木を見つける。

　今まで歩いてきた疲れを忘れさせるような感動を与えてくれる、きっとそんな木でしょう。自分たちの存在の小ささを改めて感じることができるでしょう。

　こんな理想の出会いはおそらくできないとは思います。しかし、木は私たちの暮らしをずっと見下ろしています。〈木は〉私たちの、人間の親といっても私はいいと思います。

　いつか感動を与えてくれる木に〈私も〉出会いたいです。その生命エネルギーを分けてもらいたいです。

　書き広げ（手引き3）、推敲（手引き4）の作業時の執筆意識は、それぞれ、「書く内容を述べ表すのに、自分が思い描いたイメージが伝わるように具体的に書こうと思った」、「読み手に効果的に伝えるためにどのように書き表したらよいかということ」と記述されている。

　主題想が、線条化された文章にどのように展開されているか、検討する。
　完成作文は、4段で構成、展開されている。
　第1段　樹海の奥深い雰囲気

第2段　樹海の樹木の神秘さ偉大さと癒し
第3段　樹海のなかの散歩と人間存在の卑小感
第4段　人間の親のような木との出会いの願いと木の生命エネルギーへの憧れ

　これは、起・承・転・結の展開的構成と考えることもできる。創構における主題想（統合想）は、前・後2段で構成されていた。完成作文と比較すると、完成作文の第1・2段と統合想の後段、第3・4段と前段が、それぞれ対応していると見られる。ただ、後段にあらたに生み出された「保護（森林）」のアイディアは、欠落している。それぞれの段の題材については、特に、新しく付け加えられたというより、情景、行為、様子などの「描写」、「説明」がくわしくなっていると見るのが適当と判断される。
　叙述層の形成について検討する。標本生5は、書き広げに当たっての執筆意識について、「木の感動を知らない人に」「感動を伝えるために」「木のすばらしさ」を、「意見・論説文ふうに」書くと述べている。執筆意識と実際とは、相手・目的・内容については、ほぼ、意識した通りになっているが、叙述形態については、意図に反して文芸的エッセイになっている。それは、課題素材文として提示した、幸田・田口両氏のエッセイの影響とも考えられる。が、創構過程の執筆の過程を辿ると、素材との最初の出会いの段階から、感動を契機とする対象の「描写」を通してのイメージ表現意識がはっきり察知できる叙述になっているので、主体的に紡ぎ出した叙述様式と考えることができる。

第1段（5文）　第1〜5文＝描写
第2段（4文）　第1〜3文＝説明、第4文＝描写（説明）
第3段（7文）　第1文＝説明、第2〜5文＝描写、第6・7文＝説明
第4段（6文）　第1文〜6文＝説明

　文学的文脈は、基本的には、「描写」と「説明」の叙述によって形成される。さらに、「描写」を通して喚起されるイメージの操作（対比・累加・重層）によって、「対応」表現が創出される。完成作文では、そこまでは意図されていないで、「論説的説明」とでも言うべきレベルの表現になっている。

### (4) 標本生7・説明文
1) 創構過程の様相と分析
《手引き1による作業の経過と分析》
　手引き1による作業結果は、それぞれ以下のようであった。

---

　　　　エゾマツ　　（　1　）
　自然はすごいなあと感心しました。ただ枯れてしまって倒れているのではなく意味があって倒れているのだし、折れたり伐ったりした根株の上にも育つ力強さに驚きました。人間はとても自然にかなわないなと感じました。『もののけ姫』って感じがしました。
　　　　ヤクスギ　　（　2　）
　私は、川にもともといない魚を放すのが気になりました。人間はわがままだなあと思いました。今まで人は自然に頼りすぎて甘えていたと思います。これからは人間が自然のために何ができるか考えて実行するべきだと思いました。そして木は年（長？）生きだと思います。

---

　この段階の作業過程での書く意識は、「読んだエッセイの内容について思ったことを書こうと思った」と内観している。
　創構活動としての分化想を生み出す作業である。「エゾマツ」は、倒木更新という自然事象に対する驚きの感情を素朴に表明したものになっており、「ヤクスギ」は、エッセイ中の「もともといない魚を放す」という人間の生態系破壊行為についての意見に成長しそうな感想を述べている。いずれも未分化な想の叙述になっている。「エゾマツ」の文章4文の各文末は、「感心しました」「驚きました」「感じました」「感じがしました」となっていて、未分化な感想であることを示している。「ヤクスギ」の文章5文の文末は、「気になりました」「〜なあと思いました」「〜ていたと思います」「〜べきだと思いました」「〜だと思います」となっており、未熟で未分化な意見の表明であると理解できる。これらは、執筆意識の「エッセイの内容について思ったことを書こうと思った」をそのまま反映したものとなっている。2編の短作文の

叙述様式は、「記述」を内包した「説明」的なものになっているのは、書き手の内容に対する構え、執筆態度がしからしめているのではないかと考えられる。

手引き1で書いた2編の短作文の結果をまとめる手引き2の作業は、次のようである。

>　えぞ松はせまい倒木の上というきびしい条件でやっと生き続けることができる。倒木といってもただ死んだわけではない。新しい木のために倒れたんだと思う。その新しい木もただ生きているのではない。古株を大切にしている。私は古い倒れた木に感謝しているんじゃないかなと思う。今、生えている新しい木も時間がたつと今度は倒れてしまうのだから。でもその頃多分私たちは生きていないと思う。
>　すごい生命力だ。ヤマグルマとスギもそうだ。この二本の木が一緒に生きることはできない、どっちかが枯れるまで戦いを続けるのだ。もちろんその決着がつくころ私たちはもう生きてない。私たちの人生の何倍もの時間をかけるのだ。縄文杉もものすごい生命力をもっている。何百年も成長しながら生き続けて来た。もちろんこれからもっと生き続けるだろう。人間と違って木は動かない代わりに長い命を手に入れたんだと思います。

この時の、標本生7の執筆意識は、「書く内容を述べ表すのに、できるだけ事柄に即して書こうと思った」と記述されている。

「エゾマツ」「ヤクスギ」のそれぞれについての思いを書いた、短作文の内容（分化想）を統合するという創構活動において発見された統合の視点は、倒木更新を通しての生命の継続、ヤマグルマとヤクスギとの生存競争を経ての生命の継続、というところに立てられている。そのベースには、木のもつ生命と人間の命の長さの比較意識がある。統合に際して、「できるだけ事柄に即して書こう」という執筆意識が、手引き2の統合想を生み出す活動に忠実に反映されている。

統合想は、2段で組織されている。前述したように、エゾマツについての前段、ヤクスギについての後段である。これを統合しているのは、木のもつ命の継承、持続というテーマ観念である。これらの観念の、叙述層の様相を見てみよう。

　　前段　「エゾマツ」（8文）　第1〜8文＝説明、第2文と第3文＝否定と肯定、第4文と第5文＝否定と肯定、第6文と第7文＝推論と根拠、などによって、説明層を形成していると判断できる。

　　後段　「ヤクスギ」（9文）　第1文と第2文＝同定判断、第3文＝根拠・判断、第3文と第4文＝根拠と判断、第5文＝説明、第6文と第7文＝判断・説明（具体化）、第8文＝推論、第9文＝根拠・判断（推論）、などによって、説明層を形づくっていると判断される。

2）　文章化過程の様相と分析
《手引き3・4による作業の経過と分析》
　手引き3は、書き広げの作業に入る前に、標本生4の場合と同じように、5つの書く場の条件について、意識を明確にした上で書き広げをしている。書く場の条件意識は、次のように記されている。
　　①　書き手としての立場＝読んでくれる人に思っていることを伝える立場
　　②　読み手＝読んでくれる人
　　③　目的＝読んでもらう
　　④　内容＝木の生命力について
　　⑤　表現方法・形態＝説明文
　手引き4は、書き広げと推敲を指示している。この指示にもとづく作業結果を引用する。

　　木は色々な種類があります。そして、それぞれの種類によって葉の形や生きる場所の好みなど違うところはたくさんあるけれども、長生きをするという点では同じだ。

たとえば、えぞ松は北海道の自然林では倒れた木の上に育ちます。これをえぞ松の倒木更新といいます。これはきびしい北海道の自然の中で生きていくには大切な条件なのです。しかし、そこもせまいので弱いものは枯れてしまいます。強い何本かがやっと成長することができるのです。その下の倒れた木も死んだわけではありません。やがて今生えている木もやがて倒れてまたその上に新しい芽が生えてえぞ松は私達が死んでも生き続けます。

　ヤマグルマとスギは好みの環境条件が似ているのでこの二種類の木の間では壮絶な生存競争が繰り広げられています。この戦いはスギがヤマグルマを押し退けて生き残るか、ヤマグルマがスギを枯らしてしまうまでずっと続けられます。一緒に生きていくことはできないのです。その決着がでるのには二百年ぐらいかかります。そうして生き残った木はそれからまだまだ生き続けてゆきます。

　長生きしている木には縄文杉があります。この杉は今までこの巨大な体になるまで根を張り枝を伸ばしたりしながらものすごい年月をかけて成長してきました。そしてこれからも圧倒的な存在感を放ちながらこれからも今以上に成長を続けながら生き続けていくでしょう。

　私はこの木の生命力にあらためて驚かされました。今、普通に路上に生えている木は私が生まれるずっと前から生きて切られたりすることがない限り私の人生の何倍も生きてゆくことができ(ていきます。)生まれてから死ぬまでずっと同じ場所で。人間は木がなければ生きていけません。でも木は人間がいなくても生きていけます。本当に木はすごいなと思います。

　手引き3による書き広げの際の、執筆意識については、「一般の人たちに伝えようと思った」、「書く内容を述べ表すのに、できるだけ事柄に即して書

第五章　作文における文章化過程指導の臨床的実験的解明

こうと思った」と記している。また、推敲に際しては、「読み手がどういう人で、どういう関心や必要感をもっている人かということ」、「読み手に効果的に伝えるためにどのように書き表したらよいか」といったことを考えていたと記述している。また、書き広げに際しての、事前の心構えとしては、前掲のように、読み手を強く意識して、「伝える」ために、「説明文」として書くということが、記述されている。

　創構結果の統合想が、完成作文にどのように展開されているか、検討する。完成作文の構成は、次のようになっている。
　Ⅰ　問題提起　木は種類を異にしても、長命であるという共通点があること
　Ⅱ　例証　(1)　えぞ松は倒木更新によって種の生命の持続を図ること
　　　　　　(2)　屋久島のスギは、壮絶な生存競争の後に長命な縄文杉になること
　Ⅲ　ま　と　め　木の生命力への驚き──木は人間がいなくても生きていけること

　創構における統合想は、前段＝倒木更新によるエゾマツの命の継続、後段＝生存競争に勝って生き続ける縄文杉の生命力、という２段で組織されている。統合テーマは、木の生命の継続、継承ということであった。完成作文の構成と比較すると、統合想が、完成作文において分節化され、それが線条的に配置されていることが分かる。例証の部分は、ほぼ、統合想を内容とする短作文に重なる。完成作文の〈Ⅰ問題提起〉〈Ⅲまとめ〉の部分は、統合想を分節して、文章としての展開的構成の〈書き起こし〉と〈結び〉の部分に位置づけられていると見られる。

　叙述層の形成という観点から見てみよう。
　Ⅰ　問題提起（２文）　第１文＝記述、第２文＝比較法による説明
　Ⅱ　例証　(1)（７文）　第３文＝自然事象の記述、第４〜７文＝記述された自然事象（倒木更新）の仕組みの説明
　　　　　　(2)（８文）　第１〜２文＝生存競争という自然事象の記述、第３〜５文＝生存競争の状況とその理由の説明、第６文＝存在事実の記述、第７〜８文＝縄文杉という長

　　　　　　　　　命の木の生長事情の説明
Ⅲ　ま　と　め（6文）　第1文＝判断（説明）、第2～3文＝（第1文＝判
　　　　　　　　　　　　断）・第2～3文＝根拠（説明）、第4・5文＝対比
　　　　　　　　　　　　（説明）、第6文＝〈（第4・5文＝対比）＝根拠〉・
　　　　　　　　　　　　第6文＝判断（説明）
　このように検討してくると、標本生7の叙述層は、「説明」を中心に形成されていると言うことができる。また、「説明」という叙述は、目的意識、相手意識、内容意識、伝達意識によって生成されたものと判断できる。


（5）標本生9・詩
1）　創構過程の様相と分析
《手引き1による作業経過と分析》
　手引き1による「エゾマツ」と「ヤクスギ」についての短作文は、以下の通りである。


　　　　　　エゾマツ　　（1）
　北海道の自然林の中では、えぞ松が年々地上に数知れぬほど沢山の種を送りつけているが、北海道の自然はきびしく、生育にらくな倒木のうえに着床発芽したものであっても気楽にのうのうと伸びるわけにはいかなくてせまい倒木の上、弱ければ負かされて消えてしまう。
　きびしい自然に適応し得た、真に強く、そして幸運なものわずか何本かがやっと生き続けれるというので、植物たちの生存競争のすさまじさやたくましさを感じました。
　　　　　　ヤクスギ　　（2）
　雨に濡れた森は、収縮する神経組織みたいで、透明な緑色の空気はわたしたちの心を浄化してくれるかのようです。
　私は、「世界は緑。深く緑、ぬれて透明な光を放つ緑。」というところが深い森の中にいるようでとてもいいと思います。
　縄文杉はそれだけで圧倒的な存在感があり、その場を静寂でつつむ。

第五章　作文における文章化過程指導の臨床的実験的解明

> たゆまない、植物の生の営み。森の構成美は植物のじっと根をすえて静かに長生きする事で生まれるのかも知れないと思った。

　標本生9の手引き1による執筆時の意識は、「読んだエッセイの内容について思ったことを書こうと思った」と述べられている。また、執筆は、「エゾマツ」→「ヤクスギ」の順序でなされている。これらは、「エッセイの内容について思ったことを書く」という意識で執筆されたものであるが、生成された思いの内容と述べ方は、少し異なっている。「エゾマツ」は、1文1段落で2段に構成されており、「ヤクスギ」は、1文1段落で、4段落（然文）で構成されている。「エゾマツ」は、前段で、倒木更新という事態について、具体的に「説明」的に述べられている。それにもとづいて後段では、「生存競争」という言葉でその事態を捉え、その感銘を、「すさまじさ」「たくましさ」という言葉で述べ表している。
　「ヤクスギ」では、第1文は屋久島の森の情景を、比喩的表現を交えて「描写」している。喚起されたイメージから「浄化」というキワードで「思い」を表現している。第2文では、課題素材の中の「世界は緑。～」の部分を引用して「深い森の中にいる」「思い」を「説明」的に叙述している。第3文は、縄文杉を焦点的に対象化し、その存在状態の印象を「圧倒的な存在感」「静寂」という言葉で「説明」的に叙述している。第4文は、縄文杉を含む屋久島の森についての「圧倒的な存在感」「静寂」の生起する理由を「説明」している。
　「エゾマツ」の叙述の文脈は、どちらかというと、論理的である。それに対して、「ヤクスギ」は、美的なイメージを喚起するような文脈、つまり形象的である。

《手引き2による作業経過と分析》
　手引き2による手引き1による短作文の統合は、次のようになされている。

> 1　えぞ松と屋久杉を読んで私が感じたのは、林や森のいろいろな表情

261

だ。
2　森林を構成している美しくもの静かな植物たちは、実は壮絶な生存競争をくり広げているのだ。
3　木たちはきびしい環境の中では倒木更新という形で生死を継ぐ。
4　古木はただ死んだだけじゃない。
5　新木はただ生きているんじゃない。
6　また巨木は、森の中で圧倒的な存在感を持つ。
7　存在するだけでその場に静謐な空間ができる。
8　森林は天候によっても変化する。
9　雨に濡れた森は、収縮する緑色の神経組織みたいだ。
10　透明な緑色の空気はわたしたちの心を浄化してくれるかのようだ。
11　晴天で明るく輝く森林だけがきれいなのではない。
12　しっとりと雨に濡れる森林のほうが魅力的で私はいいと思う。

（施線は引用者。）

　この統合想をまとめた文章は、形式的には、明らかに「詩」である。この「詩」の主想の内実は、「生存競争」「倒木更新」「圧倒的な存在感」「静謐」「浄化」といったキーワードで形づくられている。これらの言葉は、「エゾマツ」「ヤクスギ」のそれぞれについて書かれた短作文のテーマ・キーワードと重なる。つまり、別別に書かれていた感想（分化想）が統合されたということである。全12文で書かれている。これは、大きく２つにまとめられる。前段は、美しく静かな森の表情には、壮絶な生存競争や倒木更新による「生と死」の「継な」ぎが秘められていることが、そして、後段には、森の巨木の圧倒的な存在感と雨の森の透明な緑のもたらす浄化感が、うたわれている。この「詩」には、「エゾマツ」についての「思い」と「ヤクスギ」についての「思い」とが統合され、「詩」という形式で表現されている。
　述べ方は、どうなっているか、まず、文法論の観点から検討する。
　第１文＝判断（説明）〈～は～だ〉・第２文＝判断（説明）〈～は～のだ〉・第３文＝判断（説明）〈～は～（のだ）〉・第４文＝判断（説明）〈～

第五章　作文における文章化過程指導の臨床的実験的解明

は～ない〉・第5文＝判断（説明）〈～は～ない〉・第6文＝判断（説明）〈～は～（だ）〉・第7文＝判断（説明）〈（～は）～（だ）〉・第8文＝判断（説明）〈～は～（だ）〉・第9文＝判断（説明）〈～は～みたいだ〉・第10文＝判断（説明）〈～は～のようだ〉・第11文＝判断（説明）〈～が～なのではない〉・第12文＝判断（説明）〈～は～と思う〉

全文がいわゆる「判断文」になっている。これだけで見ると、論理的文脈が形成されているようである。しかし、「詩」は、形象的文脈を形成しつつ叙述が展開されていくものである。この詩の文脈の形成と展開を跡づけると、以下のようになる。

まず、この詩の構成、展開を見ると、大きく2段で構成され、2段目は、さらに、(1)第2文～第5文、(2)第6文・第7文、(3)第8文～第12文、のように3分節できる。

次に文脈展開の様相を見てみよう。

第1文＝「～林や森のいろいろな表情だ。」→第2文～第12文（「いろいろな表情」の具体的展開）《第2文＝「実は壮絶な生存競争をくり広げている」・第3文＝「倒木更新という形で生死を継なぐ」（対比的具体化）・第3文→第4文＝「古木は～死んだ～。」・第5文＝「新木は～生きて～。」（対句的展開）・第6文＝「圧倒的な存在感」→第7文＝「存在するだけで～。」（連鎖＝尻取り的展開）・第8文＝「森林は天候～変化～。」→第9文＝「雨に濡れた森は、収縮する緑色の神経組織みたいだ。」（比喩による具体化）→第10文＝「透明な緑色の空気～浄化～。」（連鎖的展開）・第8文→第11文＝「晴天で～きれいなのではない。」・第12文＝「雨に濡れる森林～魅力的～。」（対比〈肯定・否定〉的展開）》

この詩の表現には、ある感情を誘発するような言葉が選ばれている。「美しくもの静かな」「壮絶な」「静謐な」「透明な」「明るく輝く」などの形容語句、「圧倒的な存在感」「静謐な空間」といった深奥な印象を与える語句、「収縮する緑色の神経組織みたいだ」「心を浄化してくれるかのようだ」といったメタファー、などである。

特に注目されるのは、形象的文脈を形成するために用いられた表現語句の

*263*

多くが、課題素材文から隠引されているということである。下線を施した部分が、それに当たる。第3～5文は、「エゾマツ」から、その他は、「ヤクスギ」からのものである。このように検討してくると、この分化想をまとめた統合想の文章（詩）は、詩としての形象的表現への契機を課題素材文の、特に「屋久島の杉」の文章に得ていると言うことができるのではないかと考えられる。

標本生9は、統合想を文章化する際の執筆意識を、次のように記している。

・特定の人たちに伝えようと思った
・二つのエッセイを結んで考えたことを分かってもらいたいという目的を意識した
・二つのエッセイを結んで生み出した書くことの内容をまとめるのに、エッセイのどの事柄を生かすかを考えた
・書く内容を述べ表すのに、自分が思い描いたイメージが伝わるように具体的に書こうと思った

注目されるのは、3番目と4番目の内容である。この統合想の文章に、エッセイに用いられている表現語句が、そのまま生かされているものがあるのは、3番目の意識が反映しているためと思われる。4番目がこの文章（詩）を書く際に、もっとも強く作用していると考えられる。

2）　文章化過程の様相と分析
《手引き3・4による作業の経過と分析》

文章化は、手引き3の「書き広げ」と手引き4による「推敲」とによって行われている。「書き広げ」の作業に入る前に、書く場の5条件についての意識を次のように記している。

①　書き手として立場＝伝える方の立場
②　読み手＝相手、先生、このエッセイを読んだことのある人
③　内容＝二つのエッセイを読んだ、私の感想と意見
④　目的＝森林の表情、木の生命力
⑤　表現方法・形態＝小説風

手引き3・4による書き広げと推敲のあととを合わせて掲げる。

1 森林を構成している、美しく、もの静かな植物たちは、実は壮絶な生存競争をくり広げているのだ。
2 植物たちはじっと根をすえて静かに長生きする。
3 私たち人間のように動き回り、激しく消費し、短命に終わる生き方は選ばなかった。
4 たゆまない、植物の生の営み。
5 太陽の光を浴びて光合成をし、酸素を吐き、そして生長を続けること。
6 植物たちも生きるために様々な営みを繰り返しているのだ。
7 私は特に、(植物のなかでも)木の生命力に注目した。
8 北海道の様なきびしい自然環境において、木たちは倒木更新や腐朽古木更新という形で、生死を継なぐ。
9 この営みにおいて、倒木や腐朽古木は、ただ死んだだけじゃない。
10 新木はただいきている﹅ん(だけ)じゃない。
11 これは生死輪廻の継目﹅なのだ。
12 次は植物の島での生存競争だ。
13 そこは人間とは違う進化を選んだ生き物の楽園である。
14 その楽園には数千年の時間の中で延々と繰り返されてきた生存競争の歴史がある。
15 しかし、その楽園にはまた、数千年間ずっと生き続けてきた巨木も(が)存在する。
16 巨木は、森の中で圧倒的な存在感を持つ。
17 存在するだけでその場には静謐な空間ができるのだ。
18 巨木はどうしてそんなに長く生き続けることができたのか疑問だっ

た。
19　でもそれは単純なのかも知れない。
20　「大きい」それが純粋にすごい。
21　巨木は生命力のすごさのあらわれなのかも知れない。
22　巨木と呼ばれるようになるまでに何があったかは分からないが、この木も生存競争においては勝者なのだろう。　　　　（施線は引用者。）

　標本生9は、「書き広げ」時の執筆意識を、「二つのエッセイを結んで考えたことを分かってもらいたいという目的を意識した」、「書く内容を述べ表すのに、自分が思い描いたイメージが伝わるように具体的に書こうと思った」と記している。
　「推敲」に際しては、「これこれという反応を読み手に起こしてもらいたいという目的や意図をを明確にもつこと」、「読み手に効果的に伝えるためにはどのように書き表したらよいかということ」と記述している。
　統合想の文章は、詩形式で書かれていた。それを、さらに線条的に展開するのが、「文章化」の段階の仕事である。統合想は、大きく2段、細かく分けて4段で構成されていた。文章化の段階も、統合想の詩的形式による表現の構えが、持ち続けられている。書き広げの作業に入る前に書いた執筆意識は、このエッセイを読んだことのある人を読み手として、エッセイを読んだ自分の感想・意見＝森林の表情・木の生命力について、小説風に書く、と記されている。小説形式ではなく、詩形式で書かれているが、形象的な文脈で文章化を図ろうとしたものと考えられる。文章化段階の詩は、4分節に分けられる。
　Ⅰ　森林を構成している植物は、厳しい生存競争の後に得た命を、太陽の光を受けて生き続けていること
　Ⅱ　木は倒木更新などの営みを通して、生死輪廻の継ぎ目の命を生きていること
　Ⅲ　植物の島には、人間と違った進化を選んだ、圧倒的な存在感を発揮す

る巨木が存在すること
Ⅳ　巨木は生命力のすごさの現れであり、生存競争の勝者の証であること
　創構段階の統合想の詩のテーマは、「森林のいろいろな表情に包まれている倒木更新・生存競争を通しての生命の継続」ということであったが、文章化段階の詩では、「倒木更新・生存競争という生死輪廻の継ぎ目に生きる木の生命力のすごさ」というテーマに変化している。テーマが、表層的なものから深層的ものに変わったということである。
　構成の面では、創構段階の詩の全体の問題を提示した冒頭の段落の1文による方向づけは、文章化段階では、外されている。つまり、テーマが焦点化されたということである。
　創構段階の詩では、エゾマツ・ヤクスギを総合的にとらえての構成という構えであったが、叙述の実際では前半にエゾマツ、後半にヤクスギという述べ方になっている。文章化段階では、はっきりと、前半にエゾマツのこと、後半にヤクスギのこととして述べられている。創構段階の詩の4小段落と文章化段階の詩の4段落とは、必ずしも、きちんと対応してはいない。
　叙述層の形成について検討する。創構段階の詩は、全12文で叙述されている。文章化段階の詩は、全22文で叙述されている。22文は、すべて1文ずつ行換えがなされている。つまり、詩形式を意識している表記である。文脈は、詩的表現を成立させる形象的文脈として形成される必要がある。形象的文脈の形成は、基本的には、創構段階の詩の文脈形成について見たのと同様の形成の様相を認めることができる。
　第3段落（第12文～第17文）の場合を見てみよう。
　第12文＝屋久島を「植物の島」と一種の換喩で表し、中心トピックを提示する。
　第13文＝「生存競争」を「人間と違う進化」と捉え、「生き物の楽園」と隠喩で表している。第12文を受けて、「生存競争」のある「植物の島」を「楽園」と見方を逆転して、アピール性の強い表現をしている。
　第14文＝第13文の内容の反復叙述になっているが、「楽園」のイメージに

対立的な「生存競争」という言葉を直接的に挙げて矛盾的内容を叙述している。
第15文＝「しかし」によって、前文に対立的な内容の叙述を予告して、「楽園」に調和的な「巨木」の「存在」を述べる。
第16文＝第15文を受けて、「巨木」の「圧倒的な存在感」という誇張法を用いた表現で「巨木」を印象づけようとしている。
第17文＝第16文の「圧倒的な存在感」に「静謐な空間」という言葉を対置して、「巨木」の存在感を増幅させている。

この段落の形象的文脈は、言葉と言葉とを対比したり、累加したり、重層化したりして、言葉によって喚起されるイメージの広がりと深まりをもたらしている。書き広げの執筆意識は、「自分の思い描いたイメージが伝わるように」書くということであった。「伝わるように」するために、読み手の心に印象づける表現法を工夫している。「巨木の生命力のすごさ」への感動を表現し、伝えるには、イメージを喚起する形象的な文脈を形成することが求められる。それが、この詩には具体化されている。

次に、統合想の詩的表現の場合と同じように、この詩の形象的文脈形成の作用因と考えられるものに、課題素材文の表現語句の隠引がある。センテンス番号で言うと、第7〜10文は、「エゾマツ」からの隠引である。その他の下線部は、「ヤクスギ」からのものである。第3段落について分析する手がかりにした語句の大部分が、隠引された語句である。詩的表現の効果を高めるために用いられた、レトリックを支えている語句とそれが重なっている。統合想の詩の形象的文脈の形成と同一の仕組みが働いていると考えられる。

標本生9は、2種類のエッセイから触発されたアイディアを、文章想として生成し、組織していく過程で、アイディアを表現する言葉の利用源を長期記憶された表現語彙の中に求め、必要とする言葉を引き出して活用するという表現行為を基本としている。創構の分化想の叙述の段階では、課題素材からの引用が、「　」つきで表記されているところもあるが、それとことわらずに、自分のアイディアの表現として用いているところもある。課題素材文の表現語句を利用しているのは、課題素材文の作者の表現内容への共感、同

## 第五章　作文における文章化過程指導の臨床的実験的解明

化がもたらした表現態度であると理解される。ただ、この段階では、課題素材文への感想を散文的に表現するという構えが存在していることは、確かである。統合想の段階に進むと、詩的形式によって、感想を課題素材文から隠引した言葉で表現している。この表現の構えは、文章化の段階においても維持され、形式的にも表現の上でも、詩になっている。なぜ、このように変化し、詩的表現を生成したのか。書き広げに際しては、表現の心づもりの記述では、文学的な表現への志向があることを、「森林の表情、木の生命力」を「小説風」に書くというように記している。表現意識の内観的記述では、「自分が思い描いたイメージを具体的に伝えたい」と思ったと述べている。これらのもとになったものは、標本生の日常的な言葉で表し得ない感動ではないかと考えられる。

## 第四節　分析・考察の集約と課題


### 1　実験クラスの反応の全体的傾向

　クラスの反応の全体的傾向を調べたのは、事例分析のための標本を抽出するための前提作業であった。抽出例は、反応傾向を代表するものを選ぶので、類型化を図り、その中から抽出した。以下に、その基準にもした傾向をまとめる。
(1)　完成作文を上中下に評定した。対照クラスのうち、2種類のエッセイのみを提示したクラスの方が、若干、上位の評定が多いという結果であった。ただ、有意の差というほどではなかった。
(2)　完成作文の文章形態の発現傾向は、2種類のエッセイのみを提示したクラスの方が多様なものが現れた。予想は、2種類のエッセイと2種類の映像とを提示したクラスに多様な反応が現れるということであった。目立った文章形態は、2種類の意見文のうち、思索型のものである。
(3)　執筆意図も思索型意見文と相関する「意見・見解・感動の共有」が多かった。これは、随筆的感想文と共通する反応であった。
(4)　叙述層の発現は、論理的文脈を形成する「記述」・「説明」・「論説」が目立った。

### 2　事例分析結果のジャンル別のまとめ

　クラス全体の反応類型にもとづいて、対照クラスの10例ずつを抽出し、分析した。そのうち、エッセイ・映像クラスは、解決型意見文と思索型意見文の事例について、エッセイクラスは、解決型および思索型意見文・文芸的感

想文・説明文・詩の事例について、創構過程、文章化過程における文章生成の様態を分析的に記述した。なお、これらの事例は、完成作文の評定が、すべて上位のものである。

　個々の事例は、特殊な反応様態を示しているので、類型化したり、集約したりすると、その特性が見えにくくなる。そこで、できるだけ事例の特徴的反応を生かしながら、課題素材別、完成作文のジャンル別に、この実験の目的・意図である叙述層形成の要因解明という分析課題を中心に集約し、次いでそれらを総括する。

（１）意見文における叙述形成の傾向
① 創構過程における傾向
　創構過程の傾向については、解決型・思索型両意見文を対比しつつまとめる。
　場の条件は、誰が（主体）・誰に（相手）・何のために（目的・意図）・何を（内容＝題材）・どのように（方法・形態）の５つである。課題素材に最初に遭遇したとき、遭遇した人物が、課題素材から刺激を受け、刺激を発する課題素材を対象化して向き合ったとき、主体となる。映像材と文章材を刺激として提示したクラス（以下、映＋文クラス）、及び文章材だけを刺激として提示したクラス（以下、文のみクラス）の事例とを取り上げる。
　両クラスともに、意見文は、解決型と思索型の２類型が発現している。映＋文クラスでは、映像材から刺激を受けて触発された想は、イメージ化されて発現する傾向を示す。その言語化は、「描写」という叙述法が取られている。これは、意見文の両類型ともに同傾向であるが、ハルニレでは、「絵」のような風景がイメージ化され、ヤクスギでは、「スケールの大きさ」、「強大な威圧感」といった言葉で印象をイメージ化するとともに、「自然の象徴」「まるで人間のよう」という言葉でそのイメージを言語化している。これは、刺激材として構成された映像の作用がもたらしたものと考えられる。
　解決型意見文には、この段階において副次的なイメージとして結ばれたものに、両方に共通する〈木の下で本を読みたい〉という想がある。この副次

*271*

的な想が、それぞれの映像から触発された想を統合する作業段階に進んだところでは、中心イメージに変容する。その際、中心イメージが、西洋と日本との、木の下での読書にふさわしい自然環境の違いという対立点を発見して、環境問題の意識化を促している。この時点で喚起された問題意識が、その問題の解決に向かって展開され、解決型意見の形成を促したと考えられる。

一方、思索型意見文では、映像材のそれぞれに触発された想を統合する際に、ハルニレでは母の愛の優しさを、ヤクスギでは困難に耐えて生きる強さを発見し、ハルニレ・ヤクスギという自然の人間に対してもつ価値を理解すべきだという意見を形成している。優しさ・強さという対比的な対象認識に立って、その価値を解明する方向に思索が向かう。

同一刺激を受けながら、解決型意見に向かうか、思索型意見に向かうかの分岐点は、分化想を統合するところに認めることができる。

2種類の課題素材文それぞれに触発された想を言語化する段階での解決型意見文と、思索型意見文との想形成は、課題素材（題材）の刺激とそれを受けて想を生成、外化（言語化）する相手としての自己との相互作用（自己内対話）によって促進される。これは、内観記述によって確かめることができる。外化は、「描写」という方法で言語表現化（叙述）されている。これは、相手（読み手）に対してというより、想をまとめ、客観化＝言語化するという限定的目的意識を達成するために自己に問い、かつ答えているのだと考えられる。この「描写」という叙述は、その結果採用された方法であると見られる。また、両クラスともに、文章表現の美しさに初発の反応が現れている。それが、いずれも情景描写に対してのものであることから、触発された想の言語表現化も「描写」という方法が取られ、イメージ化を促す叙述が形成された理由を推測することができる。

文章を刺激材とした段階については、映＋文のクラスと文のみのクラスに共通するので、両クラスの解決型意見文・思索型意見文の事例について比較しつつ説述する。

映＋文クラスの解決型では、ヤクスギのエッセイについては、「生存競争」というキーワードを用いて、木が壮絶な生存競争をしていることに気づいた

第五章　作文における文章化過程指導の臨床的実験的解明

驚きを述べ、「説明」的に叙述している。エゾマツのエッセイについては、倒木の上に木が生えるという叙述からキノコを連想している。つまり、イメージ化しているわけである。そのことから、「生きていくための知恵」という意味を発見するとともに、自分も同じ生き物としての共感的理解を「説明」的に叙述している。文のみのクラスでは、ヤクスギのエッセイについて、文章表現に着目し、比喩表現の美しさを指摘するとともに、人間と植物とを比較して、生きるための営みをイメージ豊かに表現していることを共感的に述べている。エゾマツについても、情景描写の豊かさを指摘するとともに、倒木の上に立つ木をイメージ化して、「生きることの大変さ」への感銘を述べている。両者に共通するのは、文章表現への感想である。これは、刺激材が文章であることからの反応であると推測される。映像材がイメージ化を誘うのと同一の理由である。

　２種類のエッセイそれぞれへの想（分化想）を統合化する段階で、映＋文クラスは、分化想の段階の「生きるための知恵」というキーワードを核にまとめて、「説明」的に叙述するとともに、自然と人間とがその知恵を共有して共に生きることの大切さを「論説」的に叙述している。文のみのクラスでは、「植物の生命力のすごさ」への感動を述べるとともに、「自然のそう大な緑の楽園」のイメージを媒介にして「自然破壊」をする人間へ警告を発している。ここには、「論説」的叙述が現れ始めていると見られる。映＋文クラス・文のみクラス両クラス共に、「論説」的叙述を取っているのは、相手意識が外へ向き始めていることを示している。

　両クラス共に、統合想に意見想が発現していることは、指摘した通りである。解決型意見として成立するのは、どの段階からであるか。映＋文クラスでは、映像材の統合文と文章材の統合文とを統合する作業が加わっているが、映像材段階の統合思考の過程に、すでに、解決型意見想が現れている。文章材の想の統合では、必ずしも解決型意見想とまでは言えないレベルにあったものが、映像材の想と文章材の想（分化想）とを統合する段階では、解決型意見によって統合されている。分化想を叙述する段階でのキーワード「生きるための知恵」が、統合想では、解決の方策（意見のキーワード）として活用

273

されている。そのことから、このクラスの解決型意見想は、映像材段階において方向づけられていたと見ることができる。

思索型意見文についても、映＋文クラスの意見想の思索型への分化は、映像材の統合思考の段階に始まっていると言うことができる。

叙述層は、題材（内容）意識・相手意識・目的意識に促されて、「記述（描写）」→「説明」→「論説」の順序で、発現、形成されると言ってよい。

② 文章化過程における傾向

創構過程において見たように、統合想の文章化（短作文化）の段階で、ほぼ、意見想の核となるものが定まっている。これは、解決型の場合も思索型の場合も同じである。解決型意見と思索型意見との分化の契機は、統合想に至るまでの分化想形成の段階に芽生えのようなものが発現していて、それが統合思考をきっかけに分化、明確化する。その要因は、課題素材の刺激による言語主体の潜在的問題意識の反応である。文章化過程における線条的展開は、その原型とでも言うべきものが、創構過程の統合想において形成されている。

〈解決型意見文〉

映＋文クラス・文のみクラス共に、〈創構過程から文章化への展開〉は、以下のような傾向を示している。

・基本的な文章構成は、創構過程の統合想に、ほぼ同じ。
・拡充部分は、課題素材文以外の、既有の知識、思考による創出がほとんど。
・場の意識は、目的・相手が中心的に作用。
・叙述層の形成は、「記述」→「説明」→「論説」。

〈思索型意見文〉

映＋文クラス・文クラス共に、〈創構過程から文章化への展開〉は、以下のような傾向を示している。

・基本的な文章構成は、創構過程の統合想に、ほぼ同じ。
・拡充部分は、課題素材文以外の、既有の知識、思考による創出がほとんど。
・場の意識は、目的・相手が中心的に作用（相手については、対自己と対他者とが複合している場合がある）。

・叙述層の形成は、「説明」→「論説」、の類型と、「論説」→「説明」→「記述」→「説明」→「論説」の類型とがある。

（２）文芸的随筆文における叙述形成の傾向
　感想的随筆文は、思索型意見文とほぼ同じような反応傾向を示しているので、ここでは、文芸的随筆文についてまとめる。なお、文芸的随筆文以下の文章ジャンルは、文のみクラスにのみ発現しているので、これからのまとめは、刺激材としての課題素材は、２種類のエッセイのみの提示クラスである。
① 創構過程における傾向
　２種類のエッセイそれぞれへの感想（分化想）の段階で生み出された共通のキーワードは、「偉大さ」であり、それを「感動」的に発想している点も共通している。その感動は、それぞれの情景をイメージ化して、「描写」的に叙述している点も共通している。この「偉大さ」という語は、「倒木更新」・「生命のエネルギー」といった副次的キーワードで支持されている。統合想を創構する段階に進むと、分化想の段階のキーワード「偉大さ」を核に主題想としての統合想が形成される。２段で構成されている統合想の後段に、副次的キーワードとして、「保護された森林」が発現しているのが注目される。これは、意見想への発展が予感されるものであるが、中心に位置づいてはいない。中心想は、「圧倒的な存在感」「重量感」といったイメージ語で印象を表すとともに、その印象を生み出す情景を「描写」的に叙述している。執筆意識の内観記述では、「誰かに（読んで思ったことを）伝えたい」と述べている。叙述を通して、窺われる執筆の構えは、対象に同化的である。したがって、統合想の叙述は、「描写」→「説明」となっている。
② 文章化過程における傾向
　〈創構過程から文章化への展開〉は、次のようになされている。
・文章構成は、創構過程の統合想の構成とほぼ同じである。
・拡充部分は、課題素材に触発された想を、想像力を働かせて拡充している。「保護された森林」という副次的キーワードは、「森林保護」「環境保護」に発展し、環境問題として議論されてはいない。つまり、意見想には

形成されなかったということである。
・場の意識は、拡充に際して、「木の感動を知らない人に」「感動を伝えるために」「木のすばらしさ」を「意見・論説文風に」と、内観的に記述されているが、「意見・論説風に」という叙述意識だけは、文章の実際と異なっている。
・叙述層は、「描写」→「説明」という順序で形成されている。形象的文脈として、いわゆる「対応表現」にまでは、至っていない。

（3）説明文における叙述形成の傾向
① 創構過程における叙述形成の傾向
　エゾマツ→ヤクスギの順序で感想が書かれている。エゾマツについては、倒木更新の驚きを、ヤクスギについては、外来魚の放流による生態系の破壊の問題についての意見を述べている。この分化想を統合するに際して、その執筆意識は、「書く内容を述べ表すのに、できるだけ事柄に即して書こうと思った」と記述されている。統合の視点は、エゾマツの「倒木更新」とヤクスギとヤマグルマとの生存競争とを通しての、生命の継承（生命力のすごさ）に定められている。このことを、人間の命と木の生命とを比較して述べようとしている。「事柄に即して」書くという構えと、比較して述べるという叙述態度が、「説明」という叙述法をとらせたものと考えられる。全17文で叙述されている。これらは、すべて、「説明」という叙述層を形成している。
② 文章化過程における叙述形成の傾向
　〈創構過程から文章化への展開〉は、以下のような傾向を示している。
・文章構成は、統合想の2段構成は、完成作文では、大きくは3段に、細かくは4段に拡充されているが、完成作文の、Ⅰ問題提起・Ⅱ例証(1)(2)・Ⅲまとめの中心を形づくっている例証の部分は、創構過程の統合想の構成とほぼ同じである。
・拡充部分は、ⅠとⅢである。このうち、Ⅲは、前置きである。それに対して、Ⅱにもとづく結論的見解が内容になっている。Ⅲの部分は、書き手の思考結果による創出内容になっている。

第五章　作文における文章化過程指導の臨床的実験的解明

・場の意識は、「木の生命力」について、読み手に、「説明文」として「読んでもらう」ために書くと、内観的に記述されている。完成作文も、ほぼ、この執筆意識のように仕上げられている。
・叙述層は、全23文によって、説明層として形成されている。

（4）詩における叙述形成の傾向
① 創構過程における叙述形成の傾向
　2種類のエッセイについての感想は、エゾマツ→ヤクスギの順序で記されている。エゾマツは、1文1段落で2段落に構成されている。ヤクスギは、同じく1文1段落で4段落に構成されている。エゾマツでは、前段で倒木更新という事態について「説明」的に述べ、後段では、生存競争という言葉でその事態をとらえた上で、「すさまじさ」「たくましさ」といういう感銘を述べている。これに対して、ヤクスギのエッセイでは、文章を通して形づくったヤクスギの森の印象をエッセイの文章の言葉を引用しながら「描写」的に述べている。どちらかというと、ヤクスギの方は、散文詩風である。
　これらを統合した創構想の内実を形づくるキーワードは、「生存競争」「倒木更新」「圧倒的な存在感」「静謐」「浄化」である。初めの2語は、森林に生起している事態であり、後の3語は、それを包む環境の印象である。つまり、全体として、ある総合化されたイメージを詩的に表現しているということである。標本生は、統合想を文章化するにあたっての執筆意識について、「二つのエッセイを結んで生み出した書くことの内容をまとめるのに、エッセイのどの事柄を生かすかを考えた」、「内容を述べ表すのに、自分が思い描いたイメージが伝わるように具体的に書こうと思った」と内観的に記述している。この意識が統合想の叙述様式（詩的表現）をもたらしたと考えられる。
② 文章化過程における叙述形成の傾向
　〈創構過程から文章化への展開〉は、以下のような傾向を示している。
・文章構成は、統合想（詩形式）では、大きくは2段、細かくは4段で構成されていた。文章化（詩形式）の段階でも、4段で構成されている。しかし、この両者の構成は、必ずしも、照応していない。これは、統合想のテー

マが「森林のいろいろな表情に包まれている倒木更新・生存競争を通しての生命の継続」ということであったのに対して、文章化段階では、「倒木更新・生存競争という生死輪廻の継ぎ目に生きる木の生命力のすごさ」と変容している。このことが、構成上の変化を生んだものと考えられる。
・拡充部分は、課題素材文のうち、特にヤクスギのエッセイから取り入れたものが多い。「木の生命力のすごさ」というテーマに関わる感想は、標本生の創出に依るものである。
・場の意識は、「森林の表情、木の生命力」について、「小説風に」書くという執筆意識が記されている。また、内観記述では、「自分が思い描いたイメージが伝わるように具体的に書こうと思った」と述べている。「小説風」ではないが、形象的文脈で叙述しようとする意図は、明確に存在したと見られる。
・叙述は、詩的な表現を選択している。これは、執筆意識から考えて自然な叙述法である。ただ、課題素材文からの隠引による形象的文脈形成は、どういう表現意識にもとづくものか、直接インタビューして明らかにする外はない。ただ、推測されるのは、ヤクスギのエッセイの文章表現に惹かれて、それを活用したものであろうということである。意図的なレトリックとしての隠引法の利用ということではないと考えられる。この詩的表現は、その萌芽が創構過程の分化想の段階にあり、統合想の段階に入って、詩的表現への方向が定まったと言うことができる。高次の詩的表現であれば、それは、「対応表現」となる。この詩の表現は、やや、説明的である。

## 3　事例分析結果の全体的総括

### （1）創構過程における叙述形成の傾向

①　課題素材の刺激に対する反応として、素材を題材化して触発された想を、2種類の素材別にキーワードを核に組織しようとする創構思考が始まる。その際、自己を相手にした対話的思考（自己内対話）が営まれる。この段階における、創構思考の題材による具体化とその言語化に特定の叙述様式が現

れ始める。主として、課題素材文別に触発された創構内容の言語による外化への促進的刺激は、内容（題材）意識が中心になっていると推測される。論理的文脈を形成する、「記述」・「説明」・「論説」、形象的文脈を形成する「描写」・「説明」などが発現する。しかし、これは、萌芽の段階で、今後の方向を決めるところまでは至っていない。
　②　統合想の創構段階に入ると、課題素材文別の創構想を統合する核となるキーワードが、抽象的観念化（関係レベル・価値レベルの意味化）する傾向を示す。この段階でも、言語化は、自己内対話的になされる傾向を示す。目的意識も他者への伝達、表現というよりも課題素材文別の想（分化想）を統合するという内への意識が濃厚である。この統合想の言語化のための叙述形成を促すのは、統合想の内実と目的意識・相手意識の作用であり、論理的或いは形象的文脈の形成の分化も、これらの作用である。この段階で形づくられた叙述の基本的様式は、このあとの文章化の段階に継承される。ただ、この段階でも、論理的文脈の論説レベルの叙述様式は、他者への意識が顕在化し始めていることを示す。

（２）文章化過程における叙述形成の傾向
　〈創構過程から文章化への展開〉は、以下のように総括できる。
・文章構成は、創構過程の統合想の構成と、基本的には、ほぼ、同じ傾向を示す。
・文章化段階における拡充部分は、課題素材文以外から創出された内容であるものが多い。他方、創構過程では、取り上げていない課題素材文から補充したものもある。
・場の意識は、特に文章化段階で、対他的、客観的になる傾向を示す。叙述形成を促進する場の条件は、目的意識と相手および叙述内容とが有力に作用している。
・叙述層は、論理的文脈の文章形態（意見文・説明文）では、「記述」→「説明」→「論説」が発現する傾向を示し、形象的文脈の文章形態（文芸的随筆文・詩）では、「描写」→「説明」、「描写」（説明と融合的に発現）が発現

する傾向を示す。これらの叙述層の発現順序は、思索的意見文、随筆文は、順不同で発現する傾向がある。

# 終　章　研究の総括と課題

## 第一節　研究の総括

### 第一項　文章化過程における構想過程指導の基礎的研究
　　　　（第一章）の集約

#### 1　垣内松三・金原省吾の構想研究について

　実験的手法を用いた児童の構想作用の研究は、垣内松三を嚆矢とする。垣内の構想論の特色は、インベンションの展開相として構想が成立するとする生成的構想観に認められる。
　これは、『国語の力』（大正11＝1922）において披瀝されていた、Motive force にもとづいてプロットが形成されるとする生成的プロット観に通じる。垣内は、プロット・構想作用発現の源泉は、「視ること」にあり、それは、印象を結び、Situation と連関して構想を形成するという仮説に立っている。この仮説検証のために、児童に刺激絵から触発された文章想を記述させ、書くことへの「順応」の時間、記述の所要時間、記述量について調べ、個人差を明らかにしている。また、発現した構想の諸相を、[1] Symbolization・[2] Temporal Relations ・[3] Spacial Relations ・[4] Complex Relations ・[5] Legal Relations の5類型に分類して示している。
　金原省吾の構想論も垣内と同じく、生成的構想論の立場に立っている。「観ること」「描くこと」が原動力として働き、「視−志」が、構想・表現生成の

促進力となるとしている。構想の展開形式を明らかにするために、児童に課題作文を書かせ、3回にわたる推敲過程を分析して、[1]展開・[2]反復・[3]変換・[4]附加・[5]雑集・[6]混合の6種の類型を整理している。また、この推敲過程において見いだされた実態として、[1]作文の記述テンポと作文の質は相関しないこと、[2]作文能力の差は、構想を展開することができるか否かに現れること、[3]推敲を通して、個性が表れることの3点が指摘されている。金原は、さらに、これらの研究成果にもとづいて、構想を前部構想と後部構想とに分節し、前部は、想の内実のまとまりとして形成され、後部はその想のまとまりが、線条的に展開されたものとする説を立てている。前部は、いわゆる創構に相当し、後部が一般に言われる構想に当たると考えられる。これらの基本にあるのは、ある全体の想が優先的に生成され、それが分化、明確化されていくとする、H．ウェルナーらの微視発生説に通ずるものがある。

## 2　西尾実の構想論について

　西尾実の構想論は、ラファカディオ・ハーンの『創作論（On Composition）』やR・G・モウルトンの『文学の近代的研究』、垣内松三、金原省吾、我が国の伝統的芸術論などの影響のもとに形成されたと見られる。西尾は、構想は、労作としての推敲を通して展開するものであり、それは、種子として胚胎した主題を、幹や枝を具えた成木として発達させることに喩えられる。構想の展開を促し、綴る力の発現を支えるのは、「見る働き」と「考える働き」である。発達的な観点から、行動的のもの・事件的のもの・観察的のもの・思惟的のもの・象徴的のものという構想の5類型の仮説のもとに、長野県下の小学校の児童・生徒（尋常科・高等科）2800名の綴り方作品を対象に発達的実態的研究を実施している。

　その結果、構想の類型については、行動的・事件的・思惟的・観察的の4類型を検証するとともに、叙述様式との相互関係をも明らかにしている。それは、以下の通りである。

終　章　研究の総括と課題

```
構　想                          叙　述
行動的展開　…………………… 表出的
事件的展開　…………………… 記述的
　　情意的　…………………… 表現的
思惟的　　展開
　　　知　的　…………………… 論証的
　　　情意的　…………………… 描写的
観察的　　展開
　　　知　的　…………………… 説明的
```

　西尾の発達的実態的構想研究の成果には、今日の認知心理学的実験研究の成果にも通ずるところを有している。

## 3　作文の構想過程モデルについて

　昭和初期に始まった実験的実態的構想研究の成果をふまえ、その後の研究の発展の軌跡を辿った後に、構想過程のモデルを作成して、実証研究の仮説としようとした。モデル作成に資することのできる先行研究の成果を、次のようにまとめた。

① 　「見る働き」「考える働き」を構想展開の基底的促進力ととらえる構想論（垣内松三・金原省吾・西尾実）
② 　対象の現象的表層的把握から本質的把握へと層的に深化するとする生成的構想論（垣内・金原・西尾）
③ 　行動的認識活動としての推敲によって生成、展開するとする構想論（西尾）
④ 　文章産出過程を規制し、作文スタイルを形成するモニタリング作用としてのプランニング（構想）論（内田伸子・安西祐一郎）
⑤ 　局所プランと全体プランとの関連を、「手段－目標」の再帰構造の観点からとらえるプランニング（構想）論（安西）
⑥ 　「感激を契機に成立した「全体」を「前部構想」とし、それを「見取

*283*

り図」としての「節意（スケッチ）」に展開させたものを「後部構想」とする構想生成、展開論（金原）
⑦　「同時的全体」を「継時的全体」へと、視点を分割して配賦することであるとする構想展開論（今井文男）
⑧　仮想視点に立つことにより、その人物のもつ「文化的資源」を獲得し、想像力を働かせて対象把握の拡充を図ることができるとする構想展開基礎論（若林健二ほか）
⑨　単一視点から多視点的対象把握へと発達するとする構想発達論（飯田恒作・都立研）
⑩　「思想の蒐集」を「構想」に展開する基底力に「境遇」と「実感」を置く構想展開基礎論（芦田恵之助）
⑪　構想の静態的認識である文章構成の類型論（森岡健二）

以上の成果にもとづいて構想過程モデルを作成するに当たって、以下の4点に留意することを条件にモデルを立案し、図式化した。
①　創構過程における初発の想（金原の「感激」）の発現を促す「場」（大西）の作用と「境遇」（芦田）の作用とを関係づけて位置づけること。
②　構想の展開過程における視点配賦（今井）の役割を位置づけること。
③　構想展開の活動としての推敲（西尾）とモニタリングと関係づけて位置づけること。
④　構想展開過程における、全体プランと局所プランとの力動的関係（内田・安西）を位置づけること。

モデル図については、77頁を参照されたい。

## 第二項　文章化過程における叙述過程指導の基礎的研究（第二章）の集約

叙述過程指導の方法原理を明らかにするための基礎研究として、修辞学・表現学・文章論の各分野における先行研究を探究し、その成果をもとに叙述過程モデルを策定した。その結果を集約する。

## 1 修辞学・表現学・文章論の先行研究諸説について

### (1) 修辞学の場合（武島又次郎・五十嵐力・佐々政一）

　文章形態形成の規制要因については、3者とも、直接的には述べていない。ただ、文章形態を構想の種類と対応するものとして説いている。すなわち、記事文は、天地間にある物体を記述して、これを眼前に彷彿せしめるものと定義する。記事文の一類である叙事的記事文と、いわゆる叙事文とは、「叙事」という点では共通するが、「記述」と「歴叙」という述べ方の違いは、執筆の目的の違いがもたらす構想の種類の差によるとしている。文章形態の形成要因として、書き手の目的意識が大きな働きをもつと考えられているということである。武島の構想論は、Invention（武島は「構想」と訳す）を基軸としている。そのため、創出された「感想（アイディア）」とその配列とが連続的に捉えられている。この構想が、記述・歴叙・解釈(説明)・論弁といった述べ方の違いを生み出し、規制するとするのである。創出された「感想」の配列は、文章の主題想の展開を叙述として定着させる骨格となるものである。

　武島・五十嵐・佐々の3者に共通する文章形態形成の規制要因は、おおよそ、目的・題材（内容）・書き手・読み手・述べ方・読者への効果、にまとめられる。これらを統合して捉える視点として注目されるのは、五十嵐力のコミュニケーションとしての文章の働きの見方である。すなわち、「何故に、何人が、誰れに対し、何時、何処にて、如何なる事を如何様に言ふか又言ふべきか」という六何の法に、文章形態形成の契機を見いだすことができる。

### (2) 表現学の場合（松永信一・土部弘）

　松永と土部の見解には、共通するところと相違するところとがある。松永は、説明的文章表現を「対象表現」、文学的文章表現を「対応表現」としているのに対して、土部は、説明的文章表現と文学的文章表現を同一次元に置いて、「対象表現」と「叙述者表現」とに分けている。松永の言う「対応表

現(文学的文章表現)」は、土部説では「対象表現」に、同じく松永が「対象表現」に分類している「説明的表現Ⅲ(三次式＝論説)」は、「叙述者表現」に分類されている。この相違点は、その判断規準としている原理論の差にもとづくものと考えられる。土部は、表現主体の対象への関わりの姿勢から生起する、題材・趣意・要求の3要因の相乗的な作用によって表現機能が発現し、文章様式を成立させるとしている。それに対して、松永は、対象表現と対応表現とが、発生、分化、生成されるのは、大脳生理学の知見にもとづき、第2信号系理論を採用して説明することのできるシンボルの発生、分化の結果であるとする。

両者に、このような差があるものの、文章表現の成立を二元的に捉えている点は共通している。その規制契機についても、書き手・読み手・対象(題材)・意図(動機)・述べ方の5つを、共通点として見いだすことができる。

(3) 文章論の場合 (相原林司・長田久男)

相原と長田の文章論は、その根底にある文章観は異なるが、両者の説には、文章成立の規制要因について共通するところがある。相原があげているのは、ア) 主題・イ) 文章の論理・ウ) 時間的なもの・エ) 空間的なもの・オ) 可読性・カ) 表現効果、の6要因である。長田が示しているのは、①題・②相手・③意図・④完成予定日時・⑤完成予定の分量の5条件と、⑥成立要因としての間・⑦線条性、とを併せた7要因である。相原のウ)・エ)と長田の④・⑤とは、ほとんど同じであり、他のものも表現は異なっていても、内容としては、共通する意味を内包していると考えられるものがある。例えば、ア)と①、イ)と⑥・⑦、オ)と②、オ)・カ)と③といったものである。長田の説で注目すべきは、文章答問説による問いの考え方である。これは、文章産出活動の発動力として作用するものと見ることのできるものである。その意味で、問と意図とは、深く関わり合って作用する要因と考えられる。

## 2　作文の叙述過程モデルについて

　文章形態を特色づけるのは、文章の叙述様式である。したがって、文章形態を規制する要因に関する先行研究から、叙述を促進する仕組みについての仮説策定に資する成果を摂取するとともに、すでに作成している、創構過程モデル・構想過程モデルをもふまえて、以下のような仮説を策定し、それにもとづいて叙述過程モデルを作成した。

　創構内容を文章化するには、主題想（統合想）を分節化し、線条的に配置することが求められる。分節化とその配置を推進する作用因は、内容を形成する題材の論理、相手（読み手）のリーダビリティ（可読性）、主体の目的・意図である。この分節化と配置については、構想作用が働き、それにもとづいてモニタリングが行われる。いわゆる推敲活動である。この段階は、叙述過程に連続的に展開する。この過程においても、誰が（書き手主体）、誰に（相手）・何のために（目的）・何を（内容）・どのように（表現方法・形態）という具体的な言語活動場面における活動の条件は作用し続ける。そのためには、「場面」を「境遇」として認識し、状況的に捉え続けていることが重要である。書き手主体は、それまでに長期記憶化していた表現語彙・表現方法などを動員して、分節化し、線条的に配置した内容を言語表現化する。その際、主体の目的意識や相手意識が、すでに創出、組織されている内容にふさわしい文脈を形成し、特定の叙述様式をもった文章を構成する。すなわち、目的意識に対応して、論理性を主とする文脈か形象性を主とする文脈かの、いずれかに傾斜のかかった文脈を形成し、論理的文章とか文学的文章とかいった文章形態を成立させる。それぞれの文章形態には、それぞれに応じた叙述法が選択される。

　叙述過程モデルについては、100頁を参照されたい。

*287*

## 第三項　作文教育における条件作文法に関する基礎的考察
　　　　（第三章）の集約

### 1　条件作文法の問題史的考察について

　明治期の上田萬年から昭和戦後期の大西道雄に至る、課題条件作文法の考え方を展望すると、以下のように概括できる。
　語→文→文章（段落）という各段階の作文技能を論理的に分析、系統化し、再生作文（レプロダクション）法によって習得させようとする練習的条件作文指導法から、具体的な書くことの場の条件にもとづいて析出された、語→文→文章（段落）の各レベルの作文条件による系統的指導法へと進展してきている。大正期の友納の練習目的論は、自作文（自己の思想の表現）の方法によって、文章構造の部分から全体へという論理的系統のもとに、学習者の作文心理に配慮した課題条件法を創案している。
　昭和戦後期の和多史雄・巳野欣一・藤原与一・大西道雄の条件作文論は、書くことの生活の場に立って、そこで生きて働く作文技能を析出し、語→文→文章（段落）といった文章機構の単純なものから複雑なものへという配列で練習的に学習させるという点で共通している。また、基礎的作文技能の取り立て指導だけでなく、具体的な書くことの場の条件を生かした、リアルな作文活動を通して文章力を育成することを企図している点も共通する。ただ、場の条件を生かした作文学習を組織するに当たって、その場の条件を、創構過程・構想過程・叙述過程のそれぞれの作文活動の促進条件としてどのように措定したらよいかが課題として残っている。

### 2　条件作文方法論について

　条件作文論の問題史的考察の結果、浮かび上がってきた課題について考究した内容を箇条書き的に集約する。

① すべての作文は、書く場から導き出された条件を充足する営みという意味で、条件作文であると言うことができる。
② 書く場は、主体と、書くことの対象となる事態との間に生じる緊張関係である状況性に包まれており、その状況と向き合うことによって、主体は、書き手としての問題意識を持つ。
③ 場の状況性に喚起された問題意識は、表現欲求に促されて文章の内容を生成する方向に進展する。それを促進する刺激条件は、「境遇」「場面」であり、それぞれの段階の具体化された形成要因が、刺激条件として想の展開に作用する。
④ 作文過程は、「書く場の認識過程」「創構過程」「文章化（構想・叙述）過程」「活用過程」の4分節に分割できる。
⑤ 作文の条件は、この作文過程の4分節に即して析出、設定される。
⑥ 作文の条件は、書く場の条件（誰が・誰に・何のために・何を・どのように）と各分節の作文法の技術と方法の条件とにもとづいて設定される。
⑦ 作文法の条件は、文章のジャンルによって異なる。その表現技法（記述・説明・論説）の複合的活用によって叙述層が形づくられる。文学的文章は、その表現技法（描写・説明・対応）の複合的活用によって叙述層が形づくられる。
⑧ 推敲（セルフ・モニタリング）は、場の条件の充足意識にもとづいた作文活動の全過程において行われるが、文章としての整備が要求される文章化過程が中心となる。

## 第四項　作文の文章化過程指導の実践的検討（第四章）の集約

　ここで取り上げた実践事例は、小・中・高等学校ともに、筆者（大西）が提唱している場の条件を生かした作文指導の考え方に理解を示しつつ、独自の実践的方法を考案して取り組まれたものである。
　小学校の3例のうち、己斐東小の場合は、授業形式による調査である。場

の条件を意識させることによって、内容、叙述の仕方に変化が生じる傾向を示した。安田小の場合は、ディベートによって生み出された意見を、自己の立場で再構成し、相手を意識して説得する意図をもって文章化されたものである。これも、相手を説得するという意識が論理的叙述の上に反映していることが確かめられた。青葉小の事例は、筆者（大西）のコミュニケーション作文に関する理論を中心とした作文指導論を踏まえ、独自の見解を加えた指導仮説のもとに実践されたものである。この実践結果によっても、場の条件を生かすことの有効性が検証されている。

　中学校の事例については、状況性のある場の条件にもとづいて具現すべき作文条件を発見し、文章に具体化した作文例を検討することを通して、状況性のある場の条件にもとづく作文指導法の有効性を検証した。特に、自己の持つ問題の解決という目的の切実性が、相手理解（相手の置かれている境遇への配慮）を、細やかに、かつ深くさせるとともに、内容とその述べ表し方を適切なものにさせる。目的・意図が手紙という伝達方法を選択させている。

　高等学校の実践は、Ａ・Ｂ・Ｃの３実践例にもとづいて検討した。これらを通して明らかになったのは、場の力動的作用を生かした問題意識喚起の方法の開発、その問題意識の展開であるインベンション（創構）の方法としてのブレーンストーミング、それを組織するキーワードの発見と活用（語彙指導）の有効性についての所見、文章化への段階である線条化構想の手だてとしての「文章構成の型」という思考パターンの導入の有効性の確かめ、さらには文章展開は、重層構造をなしており、その形成のための操作技法の具体的解明、といったことである。この実践の理論仮説には、筆者（大西）の提唱した理論が援用されている。

## 第五項　作文の文章化過程指導の臨床的実験的解明
　　　　（第五章）の集約

　文章過程の臨床的実験的解明結果のまとめは、全体的傾向の集約、およびジャンル別の事例分析の集約とそのジャンルを越えた事例分析の結果のまと

めをしている。ここでは、ジャンルを越えた事例分析の結果の集約を示すことにする。

創構過程と文章化過程の２段階に分けて述べる。

## 1　創構過程における叙述形成の傾向

①　課題素材に対する反応として、素材を題材化して触発された想を、２種類の課題素材別に、キーワードを発見し、それを核に組織しようとする創構思考が始まる。その際、自己を相手にした対話的思考（自己内対話）が営まれる。この段階における、創構思考の題材による具体化とその言語化に特定の叙述様式が現れ始める。主として、課題素材別に触発された創構内容の言語による外化への促進的刺激は、内容（題材）意識が中心になっていると見られる。論理的文脈を形成する「記述」・「説明」・「論説」、形象的文脈を形成する「描写」・「説明」などが発現する。しかし、これは、萌芽の段階で、今後の方向を決めるところまでは至っていない。

②　統合想の段階に入ると、課題素材別の創構想を統合する核となるキーワードが、抽象的観念化（関係レベル・価値レベルの意味化）する傾向を示す。この段階でも、言語化は、自己内対話的になされる傾向を示す。目的的意識も他者への意識が濃厚である。この統合想の言語化のための叙述形成を促すのは、統合想の内実と目的意識・相手意識の作用である。論理的文脈、形象的文脈への分化、形成も、これらの作用である。この段階で形づくられた叙述の基本様式は、この後の文章化の段階に継承される。ただ、この段階でも、論理的文脈の論説レベルの叙述様式は、他者への意識が顕在化し始めていることを示す。

## 2　文章化過程における叙述形成の傾向

〈創構過程から文章化への展開〉は、以下のように総括できる。

①　文章構成は、創構過程の統合想の構成と、基本的には、ほぼ、同じ傾

向を示す。
② 　文章化段階における拡充部分は、課題素材文以外から創出された内容であるものが多い。他方、創構過程では、取り上げていない課題素材文から補充したものもある。
③ 　場の意識は、特に文章化段階で、対他的、客観的になる傾向を示す。叙述形成を促進する場の条件は、目的意識と相手および叙述内容とが有力に作用している。
④ 　叙述層は、論理的文脈の文章形態（意見文・説明文）では、「記述」→「説明」→「論説」という叙述様式が発現する傾向を示す。形象的文脈の文章形態（文芸的随筆文・詩）では、「描写」→「説明」、「描写」（説明と融合的なもの）が発現する傾向を示す。これらの叙述層の発現順序は、思索的意見文、随筆文では、順不同の様相を示す。

終　章　研究の総括と課題

## 第二節　残された研究課題

（１）小学校・中学校における文章化過程の臨床的実験的解明
　本研究では、文章化過程の臨床的実験的解明は、高等学校については行っているが、小学校・中学校は、未実施である。高等学校の成果を生かして実験的調査の設計をし、臨床的実験的に解明するとともに、発達の様相を明らかにする必要がある。

（２）ジャンル別の文章化過程の臨床的実験的解明
　高等学校の実験的調査によって、場の条件の意識化のありようにもとづいて、同一刺激材（課題素材）を提示しても様々な文章形態が発現することが判明した。そこで、当該文章ジャンルの文章化を促す条件、作文技法を仮説的に設定して、臨床的実験的にその妥当性を検証する必要がある。

（３）条件作文としての作文指導の系統的目標の設定
　（１）・（２）の解明結果を生かして、文章化技能の発達的形成の観点から系統的目標を策定することが求められる。

（４）海外における実践的研究成果の摂取とそれにもとづく本研究結果の再検討
　本研究では、明治以降の文章化過程研究の成果については探索し活用している。けれども、海外の研究成果については目配りができていない。本研究の報告の前に、海外の研究情報を探索し、本研究に資する必要があった。このことも、これからの課題の１つである。

（５）文章化過程指導の実践事例の蓄積と検討

本研究結果の有効性を確かめるために、小・中・高等学校における実践を重ね、その成果を蓄積することは、本研究の結果を実践に向けて展開する上で、重要である。実践事例を蓄積してそれを分析することで、より有効な指導法を開発することができるものと考えられる。

# 引用・参考文献

1 　相原林司著『文章表現の基礎的研究』明治書院　1984
2 　芦田恵之助著『綴り方教授』育英書店　1913
3 　R・G・モウルトン著『文学の近代的研究』1915
4 　安西祐一郎・内田伸子「子どもはいかに作文を書くか」「教育心理学研究」第29巻4号　1981
5 　安西祐一郎著『問題解決の心理学』中央公論社　1985
6 　飯田恒作著『綴る力の展開とその指導』培風館　1935
7 　五十嵐力著『文章講話』早稲田大学出版部　1905
8 　五十嵐力著『新文章講話』早稲田大学出版部　1908
9 　今井文男著『文章表現法大要』笠間書院　1975
10　上田萬年著『作文教授法』冨山房　1895
11　H・ウェルナー、B・カプラン共著　鯨岡俊他訳『シンボルの形成』ミネルヴァ書房　1974（原著　1963）
12　大西道雄「作文教育における構想指導の基礎的考察」井上尚美編『言語論理教育の探究』東京書籍　2000　所収
13　大西道雄著『短作文指導の方法―作文の基礎力の完成―』明治図書　1980
14　大西道雄著『作文教育における創構指導の研究』渓水社　1997
15　垣内松三著『国語の力』不老閣　1992
16　垣内松三「構想の諸相」雑誌「国文教育」1928.1
17　垣内松三「構想の諸相（二）」雑誌「国文教育」1928.3
18　樺島忠夫著『情報・文章・システム』毎日新聞社　1970
19　金原省吾著『構想の研究』古今書院　1933
20　輿水実著『表現学序説―作文教育の改造―』明治図書　1969
21　国立国語研究所報告書『小学生の言語能力の発達』明治図書　1964
22　佐々政一著『修辞法講話』明治書院　1917
23　武島又次郎著『修辞学』大日本図書　1898
24　東京都立教育研究所国語研究室（新井研一他）「児童の作文に見られる父親のとらえ方の研究―想を中心に―」東京都立研究所紀要第8号　1971.10

25　東京都立教育研究所国語研究室（中島国太郎他）「作文学習における題材・発想・着想とのかかわりに関する研究―事例研究による一考察―」東京都立教育研究所紀要第24号
26　友納友次郎著『綴方教授法の原理及実際』目黒書店　1918
27　長田久男著『国語文章論』和泉書院　1995
28　長田久男「文章を作る行為の過程」『表現学大系30　表現指導の原理と方法』教育出版センター　1992　所収
29　西尾実「綴方における推敲と写生について（講演記録）」1931『西尾実国語教育全集』教育出版　1975　所収
30　西尾実著『国語国文の教育』1929『西尾実国語教育全集』教育出版　1975　所収
31　西尾実著『綴り方教授体系』岩波書店　1937
32　波多野完治著『現代レトリック』大日本図書　1973
33　土部弘著『文章表現の機構』くろしお出版　1973
34　藤原与一著『国語教育の技術と精神』新光閣書店　1965
35　宝代地まり子「巳野欣一の表現授業の成立と展開（その五）」「国語教育攷」第19号　兵庫教育大学言語系教育講座「国語教育攷」の会　2004
36　松永信一著『言語表現の理論』桜楓社　1971
37　南田和博「表現者の内的機構に着目した表現指導―受容主体の形成―」第42回九州地区高等学校国語教育研究大会発表資料　1998
38　南田和博「意見・論説文における内容生成過程へのアプローチ」第43回九州地区高等学校国語教育研究大会発表資料　1999
39　南田和博「論理的思考を鍛える意見・論説文指導」鹿児島県高等学校研究会国語部会第13次研究会発表資料　2000
40　巳野欣一「課題条件作文の指導」「課題条件作文の題材開発」「課題条件作文の年間指導計画」奈良県国語教育研究会編『課題条件作文法による作文指導　小学校編・中学校編』明治図書　1990
41　森岡健二著『文章構成法』至文堂　1963
42　ラファディオ・ハーン著『創作論 On Composion』『ラファディオ・ハーン著作集第九巻』恒文社　1988　所収
43　若林健一他「仮想視点からの作文」国立国語研究所「研究報告集13」1992
44　和多史雄著『条件作文と客観評価』謙光社　1962

# あ と が き

　本書は、すでに発表した論文とあらたに書き下ろした論考とで構成されている。各章に収めた論文と書き下ろし論考とは、以下のようになっている。
　第一章　作文の構想過程指導に関する基礎的研究
　　○昭和初期の「構想」研究に関する一考察
　　　　　　──垣内松三・金原省吾を中心に──（1997）
　　○昭和初期の「構想」研究に関する一考察
　　　　　　──西尾実の場合その一──（1999）
　　○作文の構想過程モデル作成の試み（1999）
　　○昭和初期の「構想」研究に関する一考察
　　　　　　──西尾実の場合その二──（2000）
　第二章　作文の叙述過程指導に関する基礎的研究
　　○文章形態形成の規制要因に関する一考察
　　　　　　──文章制作指導の理論的基礎を求めて──（2001）
　　○作文の叙述過程モデル作成の試み（2002）
　第三章　作文教育における条件作文法の考究
　　○作文教育における条件作文法に関する一考察（2003）
　　○作文教育における条件作文法の問題史的考察（書き下ろし）
　第四章　作文における文章化過程指導の実践的検討
　　○本章全体書き下ろし
　第五章　作文における文章化過程指導の臨床的実験的解明
　　○作文における叙述の生成過程の解明
　　　　　　──事例分析を中心に──（2003）
　　○上掲論文の他の部分を書き下ろし
　思えば、本書の前に出版した『作文教育における創構指導の研究』のテーマに取り組んだのは、昭和48年（1973）のことであった。当時勤務していた広島県立教育センターにおいて、所員の研究課題として作文教育に取り組む

ことになり、その指導を広島大学にいらっしゃった野地潤家先生に仰いでいた。創構（インベンション）指導のことをお話いただいたのは、指導主事や現場の国語担当の教諭と大学教授で構成されていた、研究協力員会議の席上であった。それから理論的実験的に研究を進め、何編かの論文にまとめて発表した。野地先生のご推薦をいただいて、福岡教育大学に採用され、引き続いて創構指導の研究を進めた。その成果をまとめたのが、『意見文指導の研究』（溪水社　1990）であった。幸い、この著作は、全国大学国語教育学会石井賞に選ばれるという光栄に浴した。野地先生からは、これを契機に学位請求ができるような研究として深化、発展させるようにとの励ましをいただいた。それから7年、平成9年（1997）に「作文教育における創構指導の研究」という論文で、広島大学から教育学の学位を授与されたのであった。その間、野地先生は、広島大学を定年退官され、鳴門教育大学に移られた。枢要な役職にお就きになり、多忙を極めておられるなかにもかかわらず、折りに触れて懇切なご指導をたまわった。学位論文を出版して、お礼にお宅に参上した帰りがけに、「次は、構想指導の研究ですね。」と、一言さりげなくおっしゃってくださった。研究が一段落して、ほっとした気分に浸っていた私は、そのお言葉にはっと目が覚める思いであった。再就職した安田女子大学の定年までに、創構指導に続く研究をしあげたいものと、少しずつ論文にまとめて発表し続けてきた。また、二七会でも発表して野地先生や会員のみなさんから懇切な助言をいただいた。この上もない導きと励ましになった。ありがたく心に思いしめている。

　第一章～第三章における理論仮説の構築に関わっては、本書中に述べているように、多くの先学諸賢に学んでいる。記してその深い学恩に謝したい。

　第四章の実践的検討の対象に取り上げた実践をご提供くださった、広島市立己斐東小学校の先生方、福岡市立青葉小学校の平川徳幸教諭（当時）、安田学園安田小学校の新田哲之教諭、広島市立安佐中学校の大下恵子教諭（当時）、鹿児島県鹿児島実業高等学校の南田和博教諭のみなさんに心からのお礼を申し上げる。特に、第五章の文章化過程指導の臨床的実験的解明のための授業実施にお力を貸してくださった、安田女子高等学校の服部里香、津田

あ と が き

智子両教諭並びに同校の国語科の先生方に衷心より謝意を表するものである。

　溪水社社長木村逸司氏には、出版に関わる万般にわたって、周到なご配慮をいただいた。また、福本郷子氏には、面倒な原稿に丁寧に目を通してくださり、校正事務に、細やかで行き届いたご助力をいただいた。記して深謝申し上げる。

　いささか私事にわたって恐縮であるが、本書の出版に援助を惜しまなかった義母の宮滝久栄、研究者としての生活に入ってから三十有余年、変わらずあたたかく支え続けてくれた妻千恵子に感謝の言葉を贈りたい。

　平成16（2004）年9月

大　西　道　雄

著者紹介

大 西 道 雄 （おおにし みちお）

昭和6年（1931年） 7月、広島県に生まれる。
昭和29年（1954年） 3月、広島大学教育学部卒業。広島県立三原高等学校教諭・広島県立広島国泰寺高等学校教諭・広島県立教育センター指導主事を歴任。
昭和56年（1981年） 4月、福岡教育大学に移る。
昭和58年（1983年） 4月、福岡教育大学教授。
昭和61年（1986年） 4月より3年間、附属福岡小学校校長を併任。
平成4年（1992年） 3月より2年間、福岡教育大学附属学校部長を併任。
平成7年（1995年） 3月、福岡教育大学定年退官。
平成7年（1995年） 4月、安田女子大学教授。
平成9年（1997年） 3月、博士（教育学）号取得 広島大学。
平成12年（2000年） 3月より2年間、安田女子大学大学院文学研究科日本語学・日本文学専攻専攻長。
平成15年（2003年） 3月、安田女子大学定年退職。

主要著書（単著のみ）
『短作文指導の方法——作文基礎力の完成——』（明治図書 昭和55年4月）
『学習の手引きによる国語科授業の改善』（明治図書 昭和62年4月）
『意見文指導の研究』（渓水社 平成2年3月）
『短作文の授業』（国土社 平成3年3月）
『作文の基礎力を完成させる短作文指導』（明治図書 平成3年6月）
『短作文の評価と処理』（明治図書 平成6年4月）
『国語科授業論叙説』（渓水社 平成6年12月）
『作文教育における創構指導の研究』（渓水社 平成9年12月）
『総合的学習が要求している表現力』（明治図書 平成12年3月）


作文教育における文章化過程指導の研究

平成16年10月1日 発行

著者 大 西 道 雄
発行所 株式会社 渓 水 社
広島市中区小町1-4（〒730-0041）
電話 (082) 246-7909
FAX (082) 246-7876
URL http://www.keisui.co.jp/

ISBN4-87440-834-6  C3081